U0907707

政府购买服务绩效评价理论、实践与技术

熊羽 罗杰 刘敏 编著

全面实施预算绩效管理系列丛书

丛书主编 刘国永

江苏大学出版社
JIANGSU UNIVERSITY PRESS
镇江

图书在版编目(CIP)数据

政府购买服务绩效评价：理论、实践与技术 / 熊羽，罗杰，刘敏编著. — 镇江：江苏大学出版社，2021.12
ISBN 978-7-5684-1583-5

Ⅰ. ①政… Ⅱ. ①熊… ②罗… ③刘… Ⅲ. ①社会服务－政府采购制度－经济评价－中国 Ⅳ. ①D669.3

中国版本图书馆 CIP 数据核字(2021)第 237096 号

政府购买服务绩效评价：理论、实践与技术
Zhengfu Goumai Fuwu Jixiao Pingjia: Lilun Shijian yu Jishu

编　　著/熊　羽　罗　杰　刘　敏
责任编辑/汪　勇
出版发行/江苏大学出版社
地　　址/江苏省镇江市梦溪园巷 30 号(邮编：212003)
电　　话/0511-84446464(传真)
网　　址/http://press.ujs.edu.cn
排　　版/镇江市江东印刷有限责任公司
印　　刷/南京艺中印务有限公司
开　　本/787 mm×1 092 mm　1/16
印　　张/13.75
字　　数/325 千字
版　　次/2021 年 12 月第 1 版
印　　次/2021 年 12 月第 1 次印刷
书　　号/ISBN 978-7-5684-1583-5
定　　价/46.00 元

序　一*

刘仲藜

财政是国家治理的基础和重要支柱，财税体制在国家治理中发挥着基础性、制度性、保障性作用。1993 年初夏，党中央做出了实施财税体制改革的重大战略部署，一场影响深远的财税体制改革自此拉开了序幕。十八届三中全会以来，财税体制改革全面发力、多点突破、纵深推进，预算管理制度更加完善，财政体制进一步健全，税收制度改革取得重大进展，现代财政制度框架基本确立。2017 年，党的十九大报告从全局和战略高度要求加快建立现代财政制度，建立全面规范透明、标准科学、约束有力的预算制度，全面实施绩效管理。

回顾这些年财税体制改革的历程，全面实施预算绩效管理是深化财税体制改革的重要内容，也是新形势下的必然之举。深化财税体制改革的内容涵盖预算管理制度、税收制度和财政管理体制三个领域，其中预算管理制度改革是基础。十八大以来，中期财政规划、预算公开、地方政府债务管理等一系列预算管理制度改革举措的落地实施，为全面实施预算绩效管理夯实了基础条件。从另一个角度看，全面实施预算绩效管理要求强化预算为民服务的绩效理念，促进预算更加公开透明，增强对重大战略任务的财力保障，平衡好促发展和防风险的关系，这些要求则进一步明确了预算改革的目标导向原则，拓展了预算管理的广度和深度，加快了财税体制改革的实施进程。

进一步讲，全面实施预算绩效管理是推进国家治理体系和治理能力现代化的内在要求。我国的财税体制改革始终紧密围绕推进国家治理体系和治理能力现代化的总目标推进。随着改革的逐步深入，国家治理体系中一些深层次问题仍有待解决，如政府和市场资源配置效率不高、事权和支出责任关系未理顺、公共服务供给不平衡不充分、绩效理念尚未牢固树立、政府部门履职成效有待提高等。全面实施预算绩效管

* 本序作者刘仲藜系中华人民共和国财政部原部长。

理，不单单是财政资金的管理，其实是在更深层次上将理财与理政结合在一起，将全面实施预算绩效管理转化为完善国家治理体系、促进发展质量效益提升的动力和重要手段。

纵观我国预算绩效管理的发展过程，自 20 世纪 90 年代探索绩效评价试点开始，我们先后历经了绩效评价扩点增面、全过程预算绩效管理等阶段。历经多年探索，2018 年《中共中央 国务院关于全面实施预算绩效管理的意见》正式发布，为全面实施预算绩效管理做出统筹谋划和顶层设计，预算绩效管理改革按照"全方位、全过程、全覆盖"的框架体系进入全面深化阶段。

当前，我国已进入新发展阶段，随着国内外形势发生深刻复杂的变化，为推动构建新发展格局，必须持续深化财税体制改革。"十四五"时期的财政改革发展各项工作，从强化高质量发展目标引领，注重宏观政策协调配合，促进财政政策提质增效，到深入推进预算管理制度改革、进一步理顺财政体制等，都对绩效管理提出了更高更新的要求。

作为一项长期的、系统性的工程，全面实施预算绩效管理需要在工作实践中不断完善和动态改进。在这个过程中，需要解决的难题很多，需要理顺的关系很多，需要研究的课题很多；在这个过程中，需要汇聚各方力量，各尽其责、各展所长，广泛深入开展研究，为全面实施预算绩效管理建言献策。

刘国永教授及其团队在预算绩效管理领域深耕多年，长期奋战在业务一线，不仅具有深厚的理论基础、专业素养，同时也积累了丰富的实践经验，并于 2019 年推出《全面实施预算绩效管理系列丛书》。几年时间里，我国预算绩效管理体系不断完善，预算绩效管理的范围和层次较以往均有了较大的拓展。刘国永教授及其团队本着与时俱进、精益求精的一贯精神，结合新的实践经验，组织对《全面实施预算绩效管理系列丛书》进行修订，并增编了《政府购买服务绩效评价：理论、实践与技术》《政府债务预算绩效管理路径探索：基于代际公平和投融资机制的视角》等新著，对绩效如何融入全口径预算管理的具体实施路径进行了诸多有益的探索，对如何推动绩效和预算更全面、更实质性地融合等问题的研究更为深入系统，还重点关注了基层政府如何开展预算绩效管理等，案例也很有新意、很具有代表性，应该会激发一些有价值的讨论。

相信系列丛书的新出版发行，会加深读者对"全面实施预算绩效管理"的认识和理解。书中提供了颇多开展绩效管理的方法体系和技术工具，有助于绩效管理改革创新，希望能够给各类读者提供有益的借鉴。

忝为序。

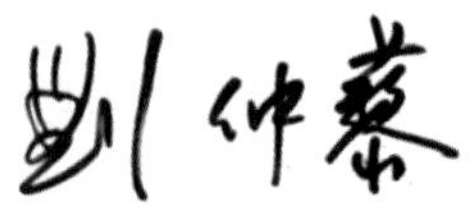

序　二*

马蔡琛

财政为庶政之母，预算乃邦国之基。2018 年 9 月发布的《中共中央 国务院关于全面实施预算绩效管理的意见》（以下简称《意见》）提出："力争用 3 至 5 年时间基本建成全方位、全过程、全覆盖的预算绩效管理体系，实现预算和绩效管理一体化，着力提高财政资源配置效率和使用效益，改变预算资金分配的固化格局，提高预算管理水平和政策实施效果，为经济社会发展提供有力保障。"三年多以来，财政部门围绕落实《意见》目标，精心谋划、认真组织、大力推动，经各方共同努力，全国各地区各部门强化绩效意识，努力推进改革，已取得诸多成绩。然而，全面实施预算绩效管理这项工程庞大而复杂，由于各地实践的具体环境与所处阶段各有不同，当前对于预算绩效管理先进经验的总结、理念和方法的探讨非常有必要。

上海财经大学公共绩效研究院刘国永教授及其团队多年来一直基于实践，系统性地展开预算绩效管理领域的研究，这套《全面实施预算绩效管理系列丛书》(修订版)就是他们不断探索的重要成果。这确实是一件值得祝贺的事情。

这套丛书在 2019 年版本的基础上进行了修订和拓展，更成体系，内容更广泛。前两册专业基础和实践指导围绕"四本预算"进行了修订，包括理论梳理、实践论证；全新编撰的第三册《全面实施预算绩效管理案例解读（2021)》则基于各地实践，筛选近年来的典型案例特别是绩效管理探索创新的实践内容，进一步丰富案例积累；新纳入的第四册《政府购买服务绩效评价：理论、实践与技术》立足于政府购买服务绩效评价亟待解决的问题，搭建形成包括理论基础、实施路径、指标体系、评价机制在内的政府购买服务绩效评价理论体系；第五册《政府债务预算绩效管理路径探索：基于代际公平和投融资机制的视角》对全面实施预算绩效管理背景下政府债务如何

* 本序作者马蔡琛系南开大学经济学院教授，博士生导师。

“全方位、全过程、全覆盖”绩效管理的实施路径进行了探索。丛书内容丰富，相关经验及方法的分享实践指导意义颇大，其体例在国内亦为新颖，编者的研究视野和成书勇气都非常值得肯定。该丛书对于推进全面实施预算绩效管理实践具有很大价值，不仅可为预算绩效领域的研究者提供参考资料，还可以为各级政府部门、第三方绩效评价机构提供有用的实践方法。

我们可以看到，自新《预算法》实施以来，我国一般公共预算、政府性基金预算、社会保险基金预算、国有资本经营性预算这一整套全口径预算管理体系已然基本形成。在此基础之上，考虑到全面实施预算绩效管理的新要求，如何将预算绩效管理的覆盖面从一般公共预算延展到其他“三本预算”，加快建成全方位、全过程、全覆盖的预算绩效管理体系，对当前的预算绩效管理提出了全新的挑战。

将政府性收支最大限度地纳入政府预算管理之中，是全覆盖预算绩效管理行之有效的重要前提，而我国目前“四本预算”之间的界限并不十分清晰，这将在相当程度上制约预算绩效管理的改革进程。这种界限不清集中体现在以下三个方面：

第一，目前我国的“四本预算”之间仍存在“交叉重叠”部分。举例来说，一般公共预算和政府性基金预算存在相同或相似科目。譬如，二者均设置了“城乡社区支出”“交通运输支出”的类级科目。其中一般公共预算设置了“城乡社区公共设施”“城乡社区环境卫生”两个款级科目，政府性基金预算则设置了“城乡基础设施配套费安排的支出”这一相似的款级科目。对于此种相似领域资金的重复覆盖，将会导致预算绩效实时监督的障碍和矛盾。

第二，政府性基金预算的界限模糊，内容范围规定尚待完善。目前，新《预算法》中已然对政府性基金的征收方式、征收对象和征收依据做出了说明，但由于政府性收费本身数量和种类都较为繁杂，且地方政府性收费一度随意性较强，实际上难以统计和管理。因而，很多具有政府基金性质的杂项收费都并未在法律层面提供有效的划分依据，而各种政府性基金的盈利和增值，也并未纳入政府性基金管理。

第三，国有资本经营预算存在覆盖缺口。目前，国有金融类企业和国家政策性企业的收入尚未纳入国有资本经营预算范围，且未能全面反映国有资本的存量和增量。

而在“四本预算”绩效管理体系的建立之中，需要重点关注两个问题。一是，目前的预算编制、调整权力集中在各级财政部门，由于行政隶属关系的制约，财政部门实际上很难深入国有资本经营预算和社会保险基金预算的编制与决策过程。以国有资本经营预算为例，预算编制的视角应下沉到具体项目和项目承载企业中去，充分考虑实际项目情况。因而预算管理部门在编制预算的过程中，为保证其科学性和合理性，需要适当考虑业务部门的实际，但也不宜过于放权，否则将会致使管理混乱。二是，原来的预算绩效管理主要针对的是一般公共预算，对另外“三本预算”的绩效管理不够规范和完整。不仅难以对其提炼出高质量的绩效信息，对“四本预算”整体预算绩效进行评估更无从谈起。实际上，另“三本预算”的绩效管理各有其特点，政府性基金预算绩效管理应重点关注基金政策设立延续依据、征收标准、使用效果等情况，国有资本经营预算绩效管理要重点关注贯彻国家战略、收益上缴、支出结构、使用效果等情况，社会保险基金预算绩效管理要重点关注各类社会保险基金收支政策效果、基金管理、精算平衡、地区结构、运行风险等情况。因而，规范化“四本预算”的资金管理，精准定位不同评价主体和不同评价对象在预算活动中的功能特点，制定与之契合的绩效目标和评价体系，既是“四本预算”绩效管理中的重点，也是痛点。

在全面实施预算绩效管理背景下，通过全口径预算绩效管理体系的构建，不仅对各本预算进行独立绩效管理，更要将之有机衔接起来，最终织就一张全覆盖的预算绩效管理网。在理论和实践上还有诸多具体问题有待解决，我们在《全面实施预算绩效管理系列丛书》的前三册中可以看到实践者是如何用智慧化解的，也能看到将来还有哪些问题有待更好地完善。

再说对政府购买服务进行绩效评价。当下，“政府购买服务”已然成为包括我国在内的世界主要国家公共治理的核心政策工具，而政府“花钱必问效，无效必问责”已被提至新高度，因此与老百姓关系密切的约 1 万亿元规模的政府采购服务绩效评价备受关注，也是“全面实施预算绩效管理”需纳入讨论的重要内容。近年来，《财政部关于推进政府购买服务第三方绩效评价工作的指导意见》《政府购买服务管理办法》等先后发布，政府购买服务绩效评价规则进一步细化，但是在评价过程中可能依然会出现以下几个误区：第一，过分强调形式上的“结果”，违背满足社会公众需求的最初目标。如果执着于绩效评价结果，过度强调供给规模，可能反而导致服务质量、供给有效性和效率性下降。第二，政府购买服务的边界不清晰。对于不同性质的公共服务，政府部门和社会组织应当承担的责任是有差别的。因而，应当结合实际情况，明确政府购买服务清单或负面清单，有选择性地推广政府购买服务。第三，不同层级政府和社会公众之间职责分工不明确。应当合理界定政府与社会之间的角色定位和责任分工，充分协调合作，尽可能避免不同合作部门之间的“踢皮球”现象。如何走出误区，更为高效、科学地进行政府购买服务绩效评价？本丛书第四册《政府购买服务绩效评价：理论、实践与技术》给出了最新的探索与实践案例。

最后，我们谈谈丛书第五册《政府债务预算绩效管理路径探索：基于代际公平和投融资机制的视角》涉及的话题“政务债务预算绩效管理”。党的十九大报告中指出：“我国经济已由高速增长阶段转向高质量发展阶段。”当前，我国财政运行处于紧平衡状态，经济下行压力加大的同时，财政收入增长动力会有所减弱。一些地方收支矛盾更为突出，有的财力紧张，资金使用固化、僵化问题不同程度存在，保工资、保运转、保基本民生面临困难。地方政府债务能不能发挥预期效果，关系到我国财政长期预算平衡，以及能否为经济社会发展持续提供税源。构建全覆盖预算绩效管理体系过程中，推进政府债务预算绩效管理体系建设也是重要的一环，有助于科学合理配置财政资源，防范地方政府债务风险，提高地方债资金使用效益，实现积极财政政策的

“提质增效”。这本书的探索能够给当前的研究和实践带来一些启发：一是根据债务管理主体职责、债务项目生命周期、债务偿还渠道和债务资金投向等特征，如何构建多位绩效目标体系；二是从债务管理、预算管理和绩效管理一体化的视角，如何构建符合政府债务特征的全过程绩效管理模式。

加快建立现代财政制度，建立全面规范透明、标准科学、约束有力的预算制度，必须以全面实施预算绩效管理为关键点和突破口，推动财政资金聚力增效，提高公共服务供给质量，提升政府公信力和执行力。在实践中，我们需要以预算推动治理，以绩效看待发展，将实施落到实处，《全面实施预算绩效管理系列丛书》（修订版）确实进行了实实在在的探索，取得了颇为可观的研究成果，相信阅览此书的读者诸君一定会获益良多。

是为序。

自　序*

构建预算绩效管理新范式：数据驱动、标准支撑、业财绩融合

刘国永

自《中共中央 国务院关于全面实施预算绩效管理的意见》发布以来，各地纷纷按照3至5年时间基本建成全方位、全过程、全覆盖的预算绩效管理体系的目标推进各项工作。在“三全”的框架体系之内，各地还不断尝试创新突破，有的实施基于成本核算的预算绩效管理，有的开展下级政府财政运行综合绩效评价试点，有的开展绩效标准建设，应该说都具有各自的亮点和特色。当然，各地也都面临一些问题和挑战，并总结了一些经验和教训。目前，各地的预算绩效管理工作，既处在阶段收官的成果验收期，也处在再度出发的未来展望期。值此全面实施预算绩效管理的关键时刻，基于对历史的总结和未来的期待，我们重新修订了《全面实施预算绩效管理系列丛书》，从各地已经面临或即将面临的挑战出发，有针对性地总结出五个亟待进一步深化破解的难题，并对应地提出了一系列看法，以期帮助读者把握未来预算绩效管理工作的主要方向。

一、质量为基：预算绩效管理提质扩围

构建全方位、全过程、全覆盖的预算绩效管理体系，是全面实施预算绩效管理的主要目标。随着各项工作的不断深入，预算绩效管理改革也进入了“深水区”，管理对象进一步拓展，延伸到政府性基金预算、国有资本经营预算和社会保险基金预算其他三本预算，以及一般公共预算中的政府采购项目、政府购买服务项目、政府和社会资本合作（PPP）项目、政府债务项目、政府投资基金等。从这些管理对象的特点来

* 本序作者刘国永系上海财经大学公共绩效研究院副院长、全国财政信息化标准化工作组委员、上海闻政管理咨询有限公司董事长、上海市公共绩效评价行业协会会长、海南省财政绩效评价行业协会会长。

看，与以往纳入绩效管理的对象相比，主要有以下四个特点：一是管理目标更综合、更立体，例如，上述对象可能与国家关于政府职能转变、理顺政府间财政关系、国有资本保值增值等目标相关联，也会涉及具体某个管理环节的特定要求；二是对财政收入绩效管理提出了明确要求，其他“三本预算”均可能涉及预算收入的绩效管理内容；三是财政管理与其他行业管理特征交织，例如基金、债务等项目还需要结合金融及资金运行风险的相关管理要求；四是管理对象的层次更高，例如一级政府的财政运行情况、某个社会保险基金整体运行情况等。由于这些管理对象存在上述特点，导致在全面实施预算绩效管理之前，大多数财政部门不将这些对象纳入管理范围。

但是，“三全”的管理要求，使得对这类对象的管理需求与日俱增，相关的研究和试点也在陆续展开中，如何有效地将管理范围拓展到这些对象、推动全面实施预算绩效管理工作持续深入，已经成为摆在各级财政部门乃至各级党委政府面前的重大课题。因此，要实现全面实施预算绩效管理的持续深入，有待于进一步明确目标、把握特征、完善路径。明确目标，就是要基于全方位的视角，将目标定位于建立管理对象的目标体系、内容体系、方法体系和标准体系；把握特征，就是要按照全覆盖的要求，在管理过程中充分体现不同对象的不同特征；完善路径，就是要提炼全过程的经验，搭建形成相关管理对象覆盖事前评估、目标管理、运行监控、绩效评价、结果应用等环节的闭环系统。

二、标准为本：预算管理一体化科学化

实现预算与绩效管理一体化是全面实施预算绩效管理的根本目标，集中体现了绩效为预算管理服务，通过绩效管理提升预算管理水平，进而推进预算管理科学化的基本方向。绩效标准体系是全面实施预算绩效管理的基础，也是预算和绩效管理一体化的核心，包括目标标准、支出标准和评价标准三项内容。其中，目标标准是支出标准的依据，支出标准是目标标准的约束，评价标准是目标标准和支出标准的调节机制。“十三五”期间，我国通过推进全面实施预算绩效管理，在完善绩效管理流程、加大绩效管理覆盖范围、强化预算和绩效管理衔接等方面取得了较大进展。但是，在绩效管理的深度上，由于绩效目标标准和支出标准缺乏衔接，绩效管理和预算管理的一体化仅停留在流程和形式上，绩效和预算“两张皮”、预算编制和执行“两张皮”等问题仍然没有解决。只有健全绩效标准体系，以绩效标准作为支出标准的依据，才能进一步发挥绩效标准在预算和绩效管理中的基础支撑作用，从而实现预算和绩效管理全过程的实质性一体化融合。

健全预算绩效标准体系，应以绩效指标建设为基础，包含三方面内容：一是以目标标准与基本公共服务标准、支出标准衔接匹配为原则，建立以规划政策和部门职责为先导，以质量和效益为核心的目标标准；二是要在保障财政资源统筹的基础上，坚持先有目标再有预算，分析实现目标标准的科学合理支出水平，建设财政支出标准；

三是要健全各类绩效评价方法、规则、模型和管理标准等，研判支出安排和目标标准的匹配性，以评价标准的建立促进目标标准和支出标准的动态调整。目标标准、支出标准和评价标准等三项构成了绩效标准的完整体系，需要整体设计和全面推进。绩效标准体系建设的水平和质量，也反映了预算绩效管理的水平，也是实质性通过预算绩效推进预算管理科学化的关键。这也是党的十九大对预算管理改革的要求。

三、主体责任：业、财、绩融合的行业绩效管理体系

在全面实施预算绩效管理的整体背景下，通过若干年的工作实践，预算绩效管理工作已不再是财政部门的“独角戏”，相关要求已经转化为不少行业领域主管部门的自身诉求。这种转变得益于以下三点：一是预算绩效管理正在成为行业主管部门开展内部管理的重要工具，通过将业务和财务相互融合，厘清主管部门和单位之间、机构内部不同处室之间的权责利关系，将绩效管理作为预算部门开展内部管理的新手段、新方法；二是预算绩效管理有助于明确政府开展行业监管和补贴的标准，建立以绩效数据为支撑的行业监管体系，确立行业监管的绩效标杆；三是预算绩效管理可以实现行业管理的进一步科学化、精细化，树立绩效标杆，解决部门预算资源配置效率最大化的问题。

这种转变的产生，来自行业领域主管部门不同的管理诉求，主要包括：第一，行业领域主管部门是预算绩效管理的责任主体，更多的部门预算自主管理权限体现为对行业领域特征的关注；第二，与财政部门更关注资金相比，行业领域主管部门更关注预算绩效管理与部门运转、项目管理、业务开展、部门履职等方面的联系；第三，由于还存在业务方面相关的考核评估，行业领域主管部门还对预算绩效管理与各种形式的督导、考核、评估、评价能否相互融合较为关注。因此，在后续搭建行业领域绩效管理体系的过程中，主要要做到以下三点：一是立足绩效，建立覆盖部门内部所有绩效管理需求的管理体系，覆盖管理的多个层次，实现多类绩效管理需求的统合；二是聚焦财务，抓住资金管理主线，以绩效视角改变传统记账式财务、向管理会计转型，以融合创新支撑财务治理能力现代化；三是专精业务，涵盖运转、人事、资产等各个方面的管理内容，以数据驱动行业领域智能管理、智能决策。因此，预算绩效管理对于部门单位的最大价值是通过优化资源配置，提升部门决策和管理水平。

四、治理规制：基层政府预算绩效决策体系

基层政府是我国政府治理的基础，承担着多数公共服务的主体责任，既向普通民众直接提供教育、卫生、公共安全、住房、文化等基本公共服务，也通过国有企业间接提供供水、供热、公交、环卫等公用事业服务。在履行上述政府职能的过程中，基层政府始终面临着财权事权不匹配、经济基础薄弱、人力资源紧张、管理手段匮乏、预算标准缺失等诸多问题。不同于其他更高层级政府的管理现状，对于基层政府而

言，如何紧紧抓住全面实施预算绩效管理的改革契机，充分发挥绩效“指挥棒”的工具属性，厘清县乡两级政府的财政事权和支出责任，最大限度简化管理流程和降低管理难度，将预算绩效与基层财政资源的整合及配置决策联系起来，既是最为迫切的需求，也是亟待解决的难点。

相对于其他层级政府将项目和政策作为主要绩效管理对象的通行做法，基层政府应立足于自身财政资源的整体配置规划，缩短绩效管理行为与财政资源投入决策之间的半径，按照基层政府财力与事权相匹配的原则，通盘考虑如何有效率、均等化、可持续地回应普通民众希望获得公共服务的基本诉求。为此，对于基层政府而言：一是要推进基本公共服务绩效分析及标准建设，以绩效标准为引领全面盘活县乡两级财政资源，破解当前有限资源和高质量发展目标之间的矛盾难题；二是要加快公用事业国有企业财政补贴标准及机制建设，合理划分政府与市场的边界，提升公用事业的服务供给效率；三是要推进一级政府财政运行综合绩效决策分析，提供县级和乡镇经济社会发展状况的衡量工具，及时发现影响高质量发展的重大风险因素。

五、数据驱动：预算绩效管理大数据分析应用

当前，大数据应用日益成为“数字政府”转型的重要基础和新的驱动力，推动政府数据开放共享，促进社会事业数据融合和资源整合，开展数据应用，将极大提升政府履职能力。财政和预算部门作为绩效管理的责任主体，既有条件，也有必要依托这一抓手，加快推进绩效大数据应用，充分整合和挖掘数据资源，促进政务信息化由传统流程化管理向数据资源价值发挥，支持科学决策的重大转变。预算绩效管理作为贯穿预算编制、执行、监督和决算全过程的管理活动，预算绩效管理的大数据分析应用不应局限于财政自身数据，也需要将各个预算部门和单位的业务数据纳入进去，同时还需要整合政务数据之外的外部数据。

要整合内外数据，开展预算绩效管理大数据分析应用，就需要进一步完善具体的应用路径，具体来说：一是要建立应用机制，加快推动形成以党委领导、政府统筹、政务信息化主管部门协调、行业需求部门主导参与、相关部门单位积极配合的工作格局，深度挖掘行业领域预算绩效管理的需求，通过多种方式支持与专业企业开展合作，理顺大数据建设过程中的权责关系，建立预算绩效大数据的统一标准规范；二是要明确应用场景，将相关场景完全贴合预算管理实践，面向实践工作中面临的难点问题，使得大数据分析应用在预算编制、执行、监督和决算的全流程中充当监管工具、衡量工具、模拟工具；三是要设计应用功能，按照应用场景的基本定位，提供全景现状、问题诊断、仿真模拟等分析功能，有效满足财政部门和预算部门掌握预算绩效全景现状、识别资源配置主要风险、了解不同配置策略下预算绩效变化趋势等管理诉求。

在我国全面实施预算绩效管理即将取得阶段性成果，但预算绩效管理工作亟待持

续深化的大背景下，今天呈现在大家面前的《全面实施预算绩效管理系列丛书》（修订版），是我们近年来按照预算与绩效管理一体化的要求不断探索和实践的结果，凝结了我们多年的心血。与上一版相比，本次修订主要有以下特点：第一，按照目前政府治理、财政和预算管理的一系列新形势、新背景、新政策，对丛书涉及的相关概念、数据和知识体系进行了完善更新，特别对四本预算、部门行业绩效管理、绩效标准和大数据建设应用进行了丰富和拓展；第二，基于我们近两年的深耕，结合我们在各地开展预算绩效管理实务工作的经验，形成了全新的案例解读，更贴近读者工作实际；第三，按照预算绩效管理范围不断拓展的要求，依托近年来我们参与财政部政府购买服务、政府债务等部省共建联合研究课题的成果，特别撰写形成了关于政府购买服务和政府债务预算绩效管理两册专著，以期帮助读者进一步深入理解预算绩效管理在各个财政专题中的深入应用。

从整体内容上看，本套丛书从理论、实践到案例，内容完整，且更加丰富；从篇章结构上看，在知识梳理、路径划定、经验描述方面，也尽量做到简洁清晰、相互呼应。因此，我们有理由相信，本套丛书的再次修订出版，一定会对读者了解预算绩效管理、认识预算绩效管理乃至开展预算绩效管理有所助益。

我们也希望预算绩效管理领域的有志之士能够不断创新，持续研究，大胆实践，共同承担更多责任，为我国深化预算绩效管理改革贡献更多力量。

是为序。

目录

第四章 政府购买服务及其绩效评价的国内实践

第五章 政府购买服务绩效评价实施路径

第六章 政府购买服务绩效评价典型案例

第七章 政府购买服务绩效评价信息技术应用

本书导读*

《中共中央 国务院关于全面实施预算绩效管理的意见》指出，全面实施预算绩效管理是优化财政资源配置、提升公共服务质量的关键举措，要求积极开展涉及一般公共预算等财政资金的政府购买服务等项目绩效管理。2020 年 1 月，财政部印发了《政府购买服务管理办法》（中华人民共和国财政部令第 102 号）（以下简称《办法》），提出要全面推进政府购买服务的全过程绩效管理。

随着我国各地政府购买服务范围的进一步拓展和购买力度的不断加大，客观上对完善公共服务供给模式、优化政府购买公共服务方式、提高政府购买服务的质量和效率提出了更高的要求。将绩效评价作为深化落实政府购买服务改革、推进服务标准建设、衡量购买服务效果的重要抓手，已逐步成为各级政府部门和财政部门的重要共识。

本书立足于政府购买服务绩效管理改革实践，以问题为导向，从理论研究、实践案例、信息技术应用等方面，详细阐述政府购买服务绩效评价的内涵要求、路径和方法，着重研究政府购买服务绩效评价中的难点问题。同时，本书收集和归纳了美国、英国、澳大利亚、日本及韩国等国家政府购买服务绩效评价所取得的经验，并详细阐述了我国政府购买服务及绩效评价改革发展历程，其中重点介绍了上海、宁波、广州等地的绩效管理实践模式和特色，整理了不同类别和具有相应代表性的绩效评价参考案例；按照政府信息系统整合共享和财政信息系统一体化的具体要求，以信息化工具和大数据应用为分析手段，就推进政府购买服务绩效评价信息平台建设的框架路径、核心内容、参与主体、应用场景等内容做了较深入的研究，以期对政府购买服务绩效评价工作有所助益。

* 本书基于 2017 年财政部与共建高校联合研究课题“关于政府购买服务第三方绩效评价机制研究”上海财经大学研究成果。

第一章

政府购买服务及其绩效评价概述

政府购买服务，是指通过发挥市场机制作用，把政府直接提供的一部分公共服务事项及政府履职所需的服务事项按照一定的方式和程序，交由具备条件的社会力量和事业单位承担，并由政府根据合同约定向其支付费用。2020 年 1 月，财政部发布的《政府购买服务管理办法》（中华人民共和国财政部令第 102 号）提出了要在政府购买服务领域全面实施绩效管理的要求，并将绩效目标管理、绩效运行监控、绩效评价、评价结果应用等全过程绩效管理内容作为管理工作的组成部分。在整个政府购买服务绩效管理内容中，政府购买服务绩效评价又处在核心位置。

政府购买服务绩效评价工作的开展标志着政府购买服务改革向着高质量方向进一步推进。本章在梳理政府购买服务、政府购买服务绩效评价等基本概念的基础上，描述了我国政府购买服务的制度框架，界定了政府购买服务绩效评价的内涵、原则和主要内容，并对政府购买服务绩效评价与一般财政项目支出绩效评价进行了比较。

｜第一节｜ 政府购买服务

一、公共服务

公共服务是政府购买服务的主要对象。最早的“公共服务”概念是由法国公法学派代表莱昂·狄骥（Leon Duguit）于 1912 年提出来的。狄骥对“公共服务”的定义是：任何因其与社会团结的现实与促进不可分割，而必须由政府来加以规范和控制的活动，就是一项公共服务，只要它具有除非通过政府干预，否则便不能得到保障的特征①。在内涵界定上，狄骥借用了“社会团结”“社会连带”的观念，前者指人们的共同需要，只有通过共同的社会生活才能实现自己的目标；后者则指人们有不同的旨趣和能力，必须通过分工并交换彼此的服务才能满足各自的需要。为了维护这两种连带关系，人们需要各种各样的规范，即经济的、道德的和法律的规范。

① ［法］莱昂·狄骥．公法的变迁：法律与国家［M］．郑戈，冷静译．沈阳：辽海出版社、春风文艺出版社，1999：446.

（一）公共服务的定义

公共服务是现今公共行政和政府改革的核心内容。广义的公共服务包括公共部门提供的所有服务；狭义的公共服务则剔除了不能使公民的特定需求得到满足的行为，包括政府的行政管理行为、维护市场秩序和社会秩序的监管行为，以及影响宏观经济和社会整体的操作性行为等。也就是说，狭义的公共服务是指政府面向全体公民或某一类社会群体，运用公共权力和资源，组织协调或直接提供公共产品和服务，以满足公民的生存、生活与发展的某种直接需求，能使公民受益或享受的活动总和。本书讨论的内容，基本限定在狭义的概念范围内。

公共服务以合作为基础，强调政府的服务性和公民的权利，体现了公共性和公益性的特征，相应的开支从公共财政中进行支付，终极目的是为了满足民众不断增长的公共服务需求。在制度设计中，公共服务首先要供给经济功能、社会功能相对薄弱的儿童、青少年、老年人、残疾人、妇女、灾民、移民、流动人口及相关困难群体，为其构成一道重要的民生保障底线；其次要让社会大众都能平等地享受社会发展所带来的成果，实现社会公平的价值追求；最后要紧跟时代发展的潮流，让民众能自由享受到自身发展的所需社会成果。

（二）公共服务的特征

从上述公共服务定义的论述中，我们可以看出，公共服务虽是政府提供的公共产品，但又不仅仅是公共产品。除了公共产品所具有的公共性特征（非竞争性、非排他性①）以外，它还具有以下几个特征：

1. 公益福利性。政府所提供的公共服务通常具有公益福利性，是政府利用所拥有的公共资源为公民及其组织提供公共利益方面的维护，体现了政府的法定职责。

2. 规范性。在现代社会，公民具有享受公共服务的权利已经成为一种基本共识。可以通过相关法律法规等制度和政策安排，对公共服务提供的组织和过程等进行规范性的界定和说明。

3. 收益性。虽然公共服务是一项公益性质的公共事业，但是也对国民的整体发展起到一定的促进作用，能间接实现其潜在收益，但这一过程不易量化，主要体现在整体经济文化水平的增长方面。

4. 发展性。在不同的社会阶段，随着生产力和生产关系的不断进步，公共服务的内容和提供方式也在不断发展，与时俱进是公共服务的鲜明特征之一。现代公共服务是伴随着城市化和工业化进程出现的，是适应公民对公共服务不断增长的要求和政府提供公共服务的能力不断扩展的趋势而逐渐演进的。

① 蒋洪．公共经济学（财政学）［M］．上海：上海财经大学出版社，2006：61－62.

二、政府购买服务的概念

(一) 政府购买服务的背景

政府购买服务是西方政府改革的直接产物，源于西方国家的社会福利制度改革，并且在欧美一些发达国家得到更广泛的应用。20 世纪 60 年代西方福利国家的普遍危机引发了欧洲各国以公共服务改革为核心的政府改革运动，并使得“公共服务购买合同制”（POSC，Purchase of Service Contracting）成为西方发达国家主要的公共服务供给方式。事实证明，政府购买服务政策的实行，是政府职能转变的需要，也是提高公共财政使用效率、增强公共服务供给效力的需要。政府把购买公共服务作为其改革方向，从目前来看，主要的原因在于：（1）社会大众对公共服务需求日益增长，而政府原来提供公共服务的方式已不适应新形势发展的需要，如由于提供公共服务的低效率引发公众不满；（2）由于新公共管理运动的发展，社会组织自身不断完善，为政府改革公共服务方式提供了有利的条件。

中国推行政府购买公共服务起步较晚，经历了向西方社会管理制度模仿学习阶段到适应自身社会发展并逐步改造与创新的阶段，初步转化成政府履行公共服务职能的常规性政策安排，这是当前中国行政管理体制改革中的重大制度转型。近年来，中国经济进入“新常态”后，社会经济由追求高速增长转为追求经济结构调整优化，财政收入状况也随之发生变化。为适应上述变化，加快建设服务型政府，进一步推进政府职能转变，购买服务供给方式被各级政府采纳推广。购买公共服务被各级政府探索并应用于各个领域，尤其是政府向社会组织购买公共服务发展迅速。党的十八届三中全会以来，政府购买公共服务被普遍认为是推动政府职能转变和建设服务型政府的重要途径，是创新公共服务供给模式的主要手段，在全国全面展开，受到社会各界的普遍关注。

(二) 政府购买服务的定义

政府购买服务是政府部门履行公共服务职能、以满足公民对公共服务的需求、依照法定程序、借助公共服务市场化、以一定方式实现公共服务供给最优化的政府行为过程。按照财政部 2020 年 1 月公布的《政府购买服务管理办法》（中华人民共和国财政部令第 102 号）具体规定，政府购买服务既包括直接受益对象为社会公众的公共服务，也包括直接受益对象为政府自身的履职所需的辅助性服务。但应当看到，政府购买公共服务是《政府购买服务管理办法》约束的主要内容，它的目的在于政府通过市场化手段将原本由自身承担的公共服务转交给社会组织、事业单位和企业履行，从而提高公共服务供给的质量和财政资金的使用效率，改善社会治理结构，进而满足公众的多元化、个性化需求。因此，政府购买服务与政府购买公共服务两个概念之间存在着一定的差异，在一定条件下可以替换使用。本书除特别章节外，一般采用“政府购买服务”的表述。

三、政府购买服务与政府采购

中国自2003年实施政府采购法以来，已经建立了政府采购的制度框架，政府采购在财政乃至国民经济中的地位越来越重要。随着政府购买公共服务改革深入推进，促进服务类采购需求增加，采购规模大幅增长，服务采购规模由保障自身需要的服务不断向社会公众提供的服务快速拓展。随着政府购买服务持续升温，政府采购与政府购买服务再次成为大家关注的热点。政府采购与政府购买服务都是政府部门为完成特定的履职目标而实施的一种购买行为，二者之间既有相同点，也有不同点。

（一）政府购买服务与政府采购的相同点

1. 以合同形式强调契约要求

政府采购与政府购买服务一旦确定供应商或承接主体，需要通过书面合同的方式对双方的权利义务进行规定。合同应当明确购买对象的内容、期限、数量、质量、价格等要求，以及资金结算方式、双方的权利义务事项和违约责任等内容。对于后续可能出现的合同变更、中止或终止事件，签约双方需要根据合同的具体规定承担相应的赔偿责任。

2. 以采购方式规范操作流程

一是购买主体的确定。政府购买服务承接主体的确定和政府采购供应商的确定基本遵循相同的方式方法，即采用公开招标、邀请招标、竞争性谈判、单一来源采购等方式进行确定。《政府购买服务管理办法（暂行）》（财综〔2014〕96号）明确规定：与政府购买服务相关的采购限额标准、公开招标数额标准、采购方式审核、信息公开、质疑投诉等按照政府采购相关法律制度规定执行。二是购买计划的确定。在购买（采购）预算下达后，均需根据政府采购管理要求编制政府采购实施计划，报同级政府采购监管部门备案后开展采购或购买活动。

3. 以信息公开实现透明施政

无论是政府购买服务，还是政府采购，财政部门和购买（采购）主体均应当按照《中华人民共和国政府信息公开条例》《政府采购信息公告管理办法》及公开预算的相关规定，公开财政预算及部门和单位的政府购买服务（采购）活动相关信息，涉及国家秘密、商业秘密和个人隐私的信息除外。

4. 以目录更新推进简政放权

政府购买服务和政府采购活动都需要依托具体的采购目录实施购买或采购行为。实际操作过程中，政府购买服务指导性目录和政府集中采购目录都是基于具体的需求来制定，具有一定的实效性。随着社会的持续发展、人民日益增长的物质文化需要不断变化，政府购买服务指导性目录和政府集中采购目录也需要随之进行更新调整，以契合当下公众与购买主体的实际需求。

（二）政府购买服务与政府采购的不同点

1. 性质功能方面

政府购买服务是依照市场化手段将原本由自身承担的公共服务转交给社会组织、事业单位或企业来履行，其功能定位在于为政府“减负”，是“小政府大社会”理念的一种具体探索实践，是我国向服务型政府转型的重要改革措施，是实现创新社会治理体制的途径之一。政府采购则是政府运用财政资金以合同的方式从市场获得货物、服务和工程的一种行为过程。它是20世纪七八十年代经济转轨与政府财政收支体制改革的产物，是历经了近四十年发展的相对稳定的公共采购管理制度。

2. 目标定位方面

政府购买服务作为政府职能转型的一项制度安排，它有着自身独特的使命。《国务院办公厅关于政府向社会力量购买服务的指导意见》（国办发〔2013〕96号）指出：“推行政府向社会力量购买服务是创新公共服务提供方式、加快服务业发展、引导有效需求的重要途径，对于深化社会领域改革，推动政府职能转变，整合利用社会资源，增强公众参与意识，激发经济社会活力，增加公共服务供给，提高公共服务水平和效率。”可以看出，推进事业单位去行政化改革、理顺上下关系，培育发展社会组织力量、盘活市场是政府购买服务的两大主要目标。

3. 参与主体方面

一是政府购买服务的购买方限定范围较窄。政府采购的采购人包括依法进行政府采购的国家机关、事业单位、团体组织，包含全口径的事业单位和全口径的社会团体；政府购买服务的购买主体是各级行政机关和具有行政管理职能的事业单位。由此可知，只有国家各级行政机关、具备行政管理职能的事业单位拥有同时开展政府采购与政府购买服务的资质，其他的事业单位和社会团体组织等均不可以实施政府购买服务。

二是政府购买服务的承接主体资质要求更加严苛。政府采购活动的供应商参加政府采购活动需要具备独立承担民事责任的能力、良好的商业信誉、健全的会计制度、履行合同必需的设备、专业技术能力、依法缴纳税收和社会保障资金的良好记录等几大基本条件，政府购买服务在政府采购对承接主体资质要求的基础上，增加了“通过年检或按要求履行年度报告公示义务，信用状况良好，未被列入经营异常名录或者严重违法企业名单”“符合国家有关政事分开、政社分开、政企分开”等要求。实践中，政府采购的承接者多为企业，政府购买服务的承接者多为社会组织。

4. 实施方式方面

根据政府购买服务的不同方式，政府购买服务项目可以分为合同制项目和凭单制项目两类。对于合同制政府购买服务项目，其确定承接主体的方式基本遵循政府采购的流程。但是，凭单制下的政府购买服务项目，购买主体只是确定多家提供同类服务的机构，通过发放服务券的方式将选择权交给有资格享受服务的社会公众。在这一点上，政府购买服务与政府采购存在着显著差异。

5. *购买内容方面*

政府购买服务的购买内容是适合采取市场化方式提供、社会力量能承担的服务事项。政府采购的采购内容不仅包含服务，还包括货物和工程。后者覆盖从科学研究与实验开发、信息技术服务、房地产服务、工程咨询管理服务及金融服务等多项内容，不仅包含政府自身需要的服务，也包含政府向社会公众提供的公共服务，采购内容的范围更广。

6. *监督管理方面*

政府购买服务在服务项目的质量监控层面更加严格。具体表现在以下两个方面：一是购买主体需要加强购买合同管理与后续验收管理。购买主体需督促承接主体严格履行合同，及时了解掌握购买服务项目实施进度，严格按照国库集中支付管理有关规定和合同执行进度支付款项，并做好相关沟通与协调工作。服务事项结束后，购买主体应当及时组织对履约情况进行检查验收，并依据现行财政财务管理制度加强管理。二是承接主体需要主动接受监督。政府购买服务的承接主体应当按照合同履行提供服务的义务，认真组织实施服务项目，按时按质完成服务项目任务，并主动接受有关部门、服务对象及社会监督。此外，政府购买服务严禁转包行为，这些都是政府采购并未要求的。

| 第二节 | 政府购买服务制度框架

政府购买服务是公共服务的契约化。政府通过购买公共服务，可以转变政府职能，提高政府管理效能，推动非营利社会组织的发展，提高公共服务的效率和质量，更好地为人民服务。随着改革开放不断深化，政府购买服务的广度和深度不断增加，政府购买服务的制度化建设越发重要和迫切。

政府购买服务的原则包括：积极稳妥，有序实施；科学安排，讲求绩效；公开择优，以事定费；改革创新，完善机制。依据上述原则，政府购买服务在制度规范、主体、内容、程序等方面都有明确的要求。

一、政府购买服务的制度规范

与政府购买服务规范相关的法律主要包括：一是 2015 年 1 月 1 日起施行的《中华人民共和国预算法》和 2003 年 1 月 1 日起施行的《中华人民共和国政府采购法》。二是与这两部法律相配套的两个实施条例，即 2020 年 10 月 1 日发布实施的《中华人民共和国预算法实施条例》和 2015 年 3 月起施行的《中华人民共和国政府采购法实施条例》。三是财政部于 2020 年 1 月发布的《政府购买服务管理办法》（中华人民共和国财政部令第 102 号）。除以上法律规章外，政府购买服务的制度规范还包括《国务院办公厅关于政府向社会力量购买服务的指导意见》（国办发〔2013〕96号）等。

二、政府购买服务的主体

政府购买服务的主体分为购买主体和承接主体。

购买主体包括：（1）各级行政机关；（2）中国共产党各级机关；（3）各级人民代表大会及其常务委员会机关；（4）中国人民政治协商会议各级委员会机关；（5）各级监察机关；（6）各级审判机关；（7）各级检察机关；（8）各民主党派的各级机关；（9）按照事业单位分类改革政策规定，划为承担行政职能的事业单位；（10）纳入行政编制管理的群团组织机关。

承接主体包括：（1）依法在民政部门登记成立的社会团体、基金会、社会服务机构等社会组织，以及经国务院批准免予登记但不由财政拨款保障的社会组织；（2）依法在工商或行业主管部门登记成立的企业等从事经营活动的单位，以及会计师事务所、税务师事务所和律师事务所等社会中介机构；（3）按事业单位分类改革的政策规定，划为公益二类的事业单位或从事生产经营活动的事业单位。

按照《政府购买服务管理办法》的规定，作为承接主体的组织机构应当具备以下基本条件：

（1）依法设立，具有独立承担民事责任的能力；

（2）治理结构健全，内部管理和监督制度完善；

（3）具有独立、健全的财务管理和资产管理制度，会计核算符合国家统一的会计制度要求；

（4）具备提供服务所必需的设施、人员和专业技术能力；

（5）前三年内在依法缴纳税收和社会保障资金、按要求履行信息公示义务方面无不良记录；

（6）前三年内无重大违法记录，未被列入严重违法失信名单（“黑名单”）；

（7）法律、行政法规规定的其他条件。

三、政府购买服务的内容

政府购买服务的具体范围和内容实行指导性目录管理。通过制定政府购买服务指导性目录，明确政府购买服务的范围、性质和种类。

政府购买服务指导性目录在中央和省两级实行分级管理、分部门编制，实施政府购买服务的部门具体负责编制本部门（垂直管理系统包含各级派出或分支机构）指导性目录，报同级财政部门审核同意后组织实施，并按规定向社会公开。省以下是否分级分部门制定政府购买服务指导性目录由省级财政部门根据本地区情况确定。

随着市场经济的成熟，当前我国民生需求的多层次、多样性趋势愈加明显，政府职能转变和履行职能方式的改革，使得原来没有纳入购买内容的公共服务现在也可以列入政府购买服务的范围，而另一些服务则移出了购买目录。因此，制定政府购买服务指导性目录时，需要充分征求相关方面意见，并结合经济社会发展变化、政府职能转变及公众需求等情况，按程序及时进行动态调整。按照《政府购买服务管理办法》中第十三条的规定，有关部门应当根据经济社会发展实际、政府职能转变和基本公共服务均等化、标准化的要求，编制、调整指导性目录。编制、调整指导性目录应当充分征求相关部门意见，根据实际需要进行专家论证。

应当纳入政府购买服务指导性目录的公共服务事项包括但不限于：

（1）基本公共服务。教育、就业、人才服务、社会救助、养老、扶贫济困、优抚安置、残疾人服务、食品药品安全、医疗、公共卫生、人口和计划生育、住房保障、科技推广、文化、体育、公共安全、交通运输、农业、水利、生态保护、环境治理、城市维护、公共信息等领域适合采取市场化方式提供的服务事项。

（2）社会管理性服务。社区治理、社会组织孵化培育、社会工作服务、法律援助、防灾救灾、人民调解、社区矫正、流动人口管理、安置帮教、志愿服务运营管理、公共公益宣传等领域适合采取市场化方式提供的服务事项。

（3）行业管理与协调性服务。行业规划、行业调查、行业统计分析、行业职业资格和水平测试管理、行业规范、行业标准制修订、行业投诉处理等领域适合采取市场化方式提供的服务事项。

（4）技术性服务。技术评审鉴定评估、检验检疫检测、监测服务、会计审计服务等领域适合采取市场化方式提供的服务事项。

四、政府购买服务的实施程序

根据《政府购买服务管理办法》的相关表述，政府购买服务的程序应大致包括以下八个步骤：

（1）编制服务目录。财政部门、有关部门应当根据经济社会发展实际、政府职能转变和基本公共服务均等化、标准化的要求，编制、调整政府购买服务指导性目录。

（2）确定购买需求。服务购买需求应符合政府购买服务指导性目录的相关要求，并且需要结合预算编制、相关可行性论证和需求调研情况对采购需求进行论证。政府向社会公众提供的公共服务项目，购买主体应当就确定采购需求征求社会公众的意见。

（3）开展购买活动。购买主体应当按照服务购买需求编制预算，在购买预算下达后，根据政府采购管理要求编制政府采购实施计划，报同级政府采购监管部门备案后开展采购活动。购买主体应当及时向社会公告购买内容、规模、对承接主体的资质要求和应提交的相关材料等相关信息。

（4）确定承接主体。购买主体应当按照政府采购法的相关规定，采用公开招标、邀请招标、竞争性谈判、单一来源采购等方式确定承接主体。

（5）签订购买合同。按规定程序确定承接主体后，购买主体应当与承接主体签订合同，并可根据服务项目的需求特点，采取购买、委托、租赁、特许经营、战略合作等形式。合同应当明确购买服务的内容、期限、数量、质量、价格等要求，以及资金结算方式、双方的权利义务事项和违约责任等内容。

（6）实施服务项目。承接主体应当按合同履行提供服务的义务，认真组织实施服务项目，按时完成服务项目任务，保证服务数量、质量和效果，主动接受有关部门、服务对象及社会监督，严禁转包行为。

（7）加强履约管理。购买主体应当加强购买合同管理，督促承接主体严格履行合同，及时了解掌握购买项目实施进度，严格按照国库集中支付管理有关规定和合同执行进度支付款项，并根据实际需求和合同规定积极帮助承接主体做好与相关政府部门、服务对象的沟通、协调。

（8）加强检查验收。承接主体完成合同约定的服务事项后，购买主体应当及时就履约情况进行检查验收，并依据现行财政财务管理制度加强管理。政府向社会公众提供的公共服务项目，验收时应当邀请服务对象参与并出具意见，验收结果应当向社会公告。

｜第三节｜　政府购买服务绩效评价

党的十八大以来，随着政府购买服务改革的不断深入，各地遵循“政府采购、合同管理、绩效评价、信息公开”的管理路径，强调对公共服务的产出、效益及服务对象满意度等进行绩效评价，逐步建立起按绩效付费的理念与模式。本节重点对政府购买服务绩效评价的定义、内涵、原则和主要内容进行阐述。

一、政府购买服务绩效评价的定义

预算绩效评价，指财政部门、预算部门和单位，依据设定的绩效目标，对财政资金的经济性、效率性、效益性和公平性进行客观、公正的测量、分析和评判。政府购买服务绩效评价，既包括对购买行为本身效率所进行的评价，也包括对购买效果的评价，其结果是政府向社会公众展示工作成果、接受公众监督的重要依据。这从整体上了解和做好政府购买服务绩效评价提供了帮助，有利于提高政府购买绩效、提升公共服务水平和政府形象。绩效评价还可以综合考察政府购买服务是否达到预期目标，及时发现和修正政府购买公共服务管理过程中出现的绩效偏差，以确保公共服务质量的提升，这也有利于推动政府购买服务健康可持续发展。

二、政府购买服务绩效评价的内涵

政府购买服务绩效评价是政府购买服务改革的重要举措，也是财政项目支出绩效评价的特殊应用。

首先，政府购买服务绩效评价是政府购买服务改革的重要组成部分，与事业单位分类改革相互联系。通过开展政府购买服务绩效评价，一是可以规范政府购买服务行为，提高公共服务质量和效率；二是可以促进公共服务购买主体职能转变、推动公共服务监督职能强化；三是可以配合推进防范化解政府债务的重大风险、减少变相举债融资等行为的出现。

其次，政府购买服务绩效评价也是一种特殊的财政项目支出绩效评价。政府购买服务的经费来源于财政资金，政府购买服务的经费纳入政府预算管理的范畴，开展政府购买服务绩效评价应当遵循财政项目支出绩效评价的一般方法。但政府购买服务绩效评价又不同于其他一般的财政项目支出绩效评价，需要围绕服务购买合同开展整个评价工作，评价的内容是公共服务购买合同的缔结、执行、完成和终止等，涉及的主体不限于一般财政支出项目的受益方，还包括政府购买服务项目中的承接主体、购买主体和受益对象。政府购买服务绩效评价在评价对象、评价主体与具体的评价内容方面都与一般意义上的财政项目支出绩效评价存在着较大差异。

三、政府购买服务绩效评价的原则

政府购买服务绩效评价应坚持以问题导向、分类实施、标准统一、聚焦重点、统筹协调、公开透明为原则。具体而言：

一是坚持问题导向。针对当前政府购买服务存在的问题，准确把握公共服务需求，以着力解决管理问题为目标，使政府购买服务绩效评价成为推动政府购买服务改革的重要措施。

二是坚持分类实施。结合政府购买服务指导性目录编制工作，总结评价相关经验，逐步覆盖服务目录中各项具体内容。

三是坚持标准统一。评价试点工作应结合服务目录设计科学的指标体系，按照统一标准、统一模式、统一规范的要求开展评价。

四是坚持聚焦重点。评价试点工作应结合实际，聚焦与民生密切相关、社会关注度高的重点领域和重点公共服务项目。

五是坚持统筹协调。按照政府购买服务绩效评价工作的指导意见，评价工作应统筹考虑各地区、各部门政府购买服务和评价工作开展状况等实际情况，提高评价实效。

六是坚持公开透明。遵循公开、公平、公正原则，鼓励竞争择优，注重规范操作，充分发挥专业评价机构的专业优势，确保评价结果客观、公正、可信。

四、政府购买服务绩效评价的参与主体

《国务院办公厅关于政府向社会力量购买服务的指导意见》规定的绩效评价参与主体是：购买主体、服务对象及第三方。政府购买服务作为公共财政支出的一部分，

绩效评价工作的评价主体是各级财政部门、各级预算单位和业务主管部门。近年来，预算绩效评价工作尤为强调第三方的绩效监督作用，委托中介机构广泛参与绩效评价的方案撰写、调研、绩效信息收集、报告撰写等工作。2018 年财政部发文明确委托第三方进行绩效评价。承担绩效评价工作的“第三方”，是具备相应专业知识，拥有绩效评价能力的社会专业机构。本书中提及的第三方，一般指独立的第三方社会专业机构，承接主体不属于第三方的范畴。

五、政府购买服务绩效评价的主要内容

政府购买服务绩效评价的主要内容体现在四个方面，分别是必要性、程序性、效益性、持续性。

必要性主要回答“是否需要进行政府购买服务”的问题，与购买主体的部门职能、购买服务目录、绩效目标相关，也与承接主体的资质相关，一般从服务购买依据的充分性、服务购买需求相关性、项目设置重复性等三个方面进行评价。其中，服务购买依据的充分性是指服务购买是否与国家及地方宏观政策、行业政策相关，是否与申请部门职能相关，是否与购买服务目录相关；服务购买需求相关性是指购买服务是否存在现实需求，需求是否迫切；项目设立重复性是指政府购买服务项目在本部门内或与其他部门是否存在重复立项。例如，在对某区政府向社会组织购买的养老服务进行评价的过程中，可以从当前国家养老政策、该区民政部门政府购买服务指导性目录、该区当前老年人的养老现状、该区民政部门或其他部门养老服务相关项目等方面入手评价政府购买养老服务的必要性。

程序性主要回答“政府购买服务是否规范”的问题，主要考察购买程序执行、合同拟定和服务监管的规范性，一般从购买主体和承接主体两方面入手。对于购买主体，关注采购计划、质量标准体系、服务定价体系等内容的健全性，关注是否设置不合理条件、是否按照法律法规要求推进、是否合理确定承接主体等服务购买等程序的公正性，关注日常管理、监督管理、检查验收等相关制度的健全性；对于承接主体，关注服务方案的合理性、组织机构资质的健全性、相关管理制度的健全性和执行有效性、财务制度的健全性和规范性。同样以上述政府购买的养老服务为例，开展程序性评价的过程中，既要关注民政部门是否掌握本区老年人养老状况、是否有政府采购的相关预案、计划预案的相关内容是否充实、是否严格按照政府采购的相关程序执行，也要关注提供养老服务的社会机构是否拥有相关资质、内部是否有一整套行之有效的管理制度、是否有一整套完整合理的养老服务方案。

效益性主要回答“政府购买服务后公共服务质量是否提升”的问题，主要考察直接效益、间接效益和满意度。其中，直接效益从服务的数量、质量、时效和成本是否符合预期目标的角度进行考察；间接效益从购买服务对社会发展、经济发展、生态环境所带来的相关影响的角度进行考察；满意度从服务对象、社会公众和购买主体对服

务提供的满意程度进行考察。在考察过程中，除对照绩效目标评价目标达成情况外，特别需要注意采用购买服务方式前后公共服务质量状况的对比分析，从而突出考察采用购买服务方式的改革成效。此外，对于效益具有滞后性的政府购买服务项目，可从项目实施对项目规划完成的贡献度、当期绩效对总体绩效的贡献度、项目实施与管理长效机制的构建等方面来考察其预期效益。同样以政府购买养老服务为例，效益性评价既要关注服务覆盖的人群，也要关注助餐、上门服务、心理关怀等服务内容的质量，还要关注老年人人均寿命的提升情况和老年人的满意度。

持续性主要回答“是否与开展购买服务的方向和要求相符”的问题，需要从政府购买服务改革的总体要求切入，主要从两个角度开展评价：一是考察与改革前相比，政府购买服务项目设立后，基本支出中的人员经费支出是否进行了相应的压缩，购买服务项目经费是否存在进一步增多的情况；二是考察与改革前相比，政府购买服务项目设立后，公共服务的供给效率是否得到提升，服务水平是否与经费保障水平相匹配。在开展政府购买养老服务的持续性评价的过程中，既要关注是否存在政府扶持的社会机构和公立养老服务机构对同一批人群提供服务的情况，也要考察预算经费是否节约、支出规模与当前养老服务质量是否匹配。

六、政府购买服务绩效评价的实施手段

由购买主体、服务对象及第三方组成综合性评审机制，对购买服务项目数量、质量和资金使用绩效等进行考核评价，这是《国务院办公厅关于政府向社会力量购买服务的指导意见》的具体要求。目前，在各地财政部门内部均成立了专门的绩效管理机构，引入社会第三方力量进行绩效评价的地方也很多。对政府购买服务等体现政府工作绩效的行为进行“打分”，第三方评价是一种重要手段。对于一些专业性比较强的公共服务如环境保护、法律援助，可以充分借助专业独立的第三方全程参与监管，建立专业评价体系，对购买公共服务的质量、成效等指标进行分析比较、综合评估，强化监管的有效性，并且将评价结果作为后续购买公共服务的重要依据和参考。同时，委托专业监管机构进行监管，本身也涉及政府购买服务，必须按照相关流程来开展。

七、政府购买服务绩效评价与财政项目支出绩效评价

政府购买服务绩效评价作为财政项目支出绩效评价的特殊应用，在具体实施过程中，同样需要考察和评价购买服务的经济性、效率性、效益性等内容。与此同时，其与一般的财政项目支出绩效评价相比，政府购买服务在评价对象、评价主体、评价内容等方面都存在一定的差别。

（一）在评价对象上的差别

财政项目支出绩效评价的对象是具体的财政资金，立足于“以财评事”。整个评价工作主要围绕资金筹集的经济性、资金使用的效率、资金发挥的效益来展开。同

时，在实际评价过程中也需要从资金延伸到职能部门的具体活动，即从资金的角度来对政府部门的具体活动进行绩效状况的评判。

政府购买服务绩效评价的对象是公共服务本身，立足于“财事共评”。按照公共服务自身的要求，可以衍生出政府购买服务绩效评价对象的三个特征：一是政府职能转变状况，政府购买公共服务导致政府职能产生相应变化，服务提供主体变为非政府部门；二是政府人员编制变化状况，政府购买公共服务导致购买主体原有基本支出内容应变为项目支出内容，引起人员编制变动和预算编制方式变化；三是公共服务效率提升情况，与政府自己提供服务相比，政府购买公共服务的提供方式应使得效率有所提升，并使得服务提供成本有所下降。

（二）在评价主体上的差别

财政项目支出绩效评价一般涉及实施主体和受益对象两个主体。其中，实施主体一般主要是政府相关职能部门、受益对象主要是特定受益群体或社会公众。在绩效评价工作的实际实施过程中，无论是财政评价、部门评价抑或是单位自评，评价主体多为相关政府职能部门、受益主体，如接受财政资金的特定主体——获得奖补资金的企业，通常在评价过程中以配合数据采集和结果应用等为主。

在政府购买公共服务的方式下却涉及购买主体、承接主体和受益对象三者的关系。其中，购买主体和承接主体之间有委托—代理关系，这要求对购买主体和承接主体的资金使用责任进行划分。从目前的相关规定来看，购买主体主要对购买服务的决策、承接主体的确定、服务合同的约定、对承接主体实施服务的监管等方面负责，而承接主体则在规范服务制度、合理配置资源、履行服务合同、用好服务资金等方面负有相应责任。

（三）在评价内容上的差别

公共服务购买合同，是政府购买服务绩效评价特殊性的重要体现，也是政府购买服务绩效评价的内容依托。为此，财政部发布的《政府购买服务管理办法》（中华人民共和国财政部令第 102 号）特别将合同及履约管理作为单独章节开展重点论述，特别就履约要求、履约期限、履约责任做出明确规定，要求购买主体“与承接主体签订书面合同，明确服务对象，服务的内容、期限、数量、质量、价格等要求，相关绩效目标、指标和权重，以及资金结算方式、双方的权利义务事项和违约责任等内容”，并就采用合同制的政府购买服务项目和采用凭单制的政府购买服务项目的合同管理方式做出了特别规定。

为了考察公共服务合同绩效状况，政府购买服务绩效评价内容应涵盖公共服务提供方式的经济性、公共服务购买主体购买服务的必要性、公共服务承接主体的确定方式、公共服务合同的订立和履约、公共服务提供的效率性和效益性等。当然，由于财政资金在公共服务提供中发挥的具体作用，必然在评判公共服务提供的效率、效益等方面牵涉到资金使用效率性、效益性等财政项目支出绩效评价内容。

第二章

政府购买服务及其绩效评价理论基础

政府购买服务起源于西方国家，在国外已经有几十年的发展历史，在实践中证明其对减轻政府财政负担，提高社会质量与效率有深远影响。20 世纪 70 年代末以来，政府购买服务依据公共管理理论、公共服务理论、公共财政相关理论等，在全世界形成一股政府治理与服务创新的潮流。从 80 年代末开始，多个主要国家政府进行行政体制改革，探索提供公共服务的其他途径，形成了政府购买公共服务的新治理模式。当前，政府购买服务已经成为大多数发达国家提供公共服务的主要手段之一。

作为政府购买服务绩效评价的理论基础，政府购买服务的理论背景主要包括新公共管理理论、新公共服务理论和新公共财政相关理论。本章论述了新公共管理运动及在此基础上产生的新公共管理理论的理论渊源，回顾了新公共服务理论产生的背景、理论基础及其基本内容，强调了公共财政理论的核心思想，并重点阐述了新公共管理理论、新公共服务理论、公共财政相关理论对政府购买服务绩效评价的启示。

| 第一节 | 新公共管理理论与政府购买服务绩效评价

新公共管理理论的兴起是政府购买服务绩效评价的重要理论前提。20 世纪 70 年代以来，西方面对各类经济社会问题，尤其是全球化、国际冲突、信息革命、知识经济、环境保护等带来的压力，传统的官僚制度已经普遍力不从心，并且西方各国政府规模臃肿、角色膨胀、效率低下的状况愈发严重。在这种历史背景下，以英国和美国为代表的西方发达国家掀起了一场后来称之为“新公共管理运动”的政府改革运动。尽管各国的改革在广度、深度和成效方面存在差异，称谓也不尽相同，但都涉及公共管理模式的根本性变革，表现出对传统公共行政模式的否定，意在以政府职能的市场化作为改革的基本取向，探求寻找能替代官僚制组织的政府治理模式。因此，一种新的公共行政理论和管理模式——新公共管理理论——应运而生。

一、新公共管理理论的主要内容

新公共管理理论主要包括奥斯本与盖布勒的企业家政府理论、霍哲的政府绩效评估与全面质量管理理论和哈默的流程再造理论，具体如下：

（一）企业家政府理论

戴维·奥斯本和特德·盖布勒在《改革政府：企业精神如何改革着公营部门》中将“新公共管理”看作单一的模式概念，提出了新公共管理模式的十大基本原则，即（1）起催化作用的政府，掌舵而不是划桨；（2）社区拥有的政府，授权而不是服务；（3）竞争性政府，把竞争机制引入到提供服务中去；（4）有使命的政府，改变按章办事的组织；（5）讲究效果的政府，按效果而不是按投入拨款；（6）受顾客驱使的政府，满足顾客的需要，而不是官僚政治需要；（7）有事业心的政府，有收益而不浪费；（8）有预见的政府，预防而不是治疗；（9）分权的政府，从等级制到参与和协作；（10）以市场为导向的政府，通过市场力量进行变革。

因此，他们认为，应该用企业家精神去改造政府，并且把企业经营管理的一些成功方法移植到政府中来，使政府这类公共组织能像私人企业一样提高效率。其中最重要的一点就是以顾客为中心，即强调服务提供者应对他们的顾客负责，在提供服务过程中不断进行革新，寻求减少成本和增进质量的方法，聆听顾客的呼声，让顾客做出选择，把资源放在顾客手里让他们挑选。

（二）政府绩效评估与全面质量管理理论

美国著名公共管理专家马克·霍哲把政府绩效作为切入点，提出把绩效评估作为改进绩效的一种管理工具，并将合理的绩效评估系统概括为以下七个环节：（1）识别要评估的项目，即必须对欲评估的项目进行清楚的界定；（2）阐述目的并确定所需结果，即一个政府机构提出一项战略计划，阐明其使命、目的和目标；（3）选择评估标准或指标；（4）设立绩效和后果（成就目标）的标准；（5）监督结果；（6）绩效报告；（7）评估结果和绩效信息的利用。

此外，马克·霍哲还提出了基于回应性的政府全面质量管理理论，主要内容包括：（1）以顾客为中心，顾客满意是任何组织都必须最优先考虑的项目，政府公共组织当然也不例外；（2）持续改进，持续改进所关注的焦点不是产出而是投入和过程，把焦点更多地放在过程和投入上最终将会导致有绩效的后果；（3）最高管理层的承诺和领导，全面质量管理应通过最高管理层来加以实施，并在组织文化的评估和变革中扮演关键性角色；（4）授权与协作，任何绩效改进举措的实施都必须得到管理层下属雇员的支持。

（三）流程再造理论

1990年，哈默（Michael Hammer）在《哈佛商业评论》上发表了题为《再造：不是自动化，而是重新开始》的文章，提出业务流程再造的概念，在业界引起了极大的轰动。1993年，哈默与钱皮（James Champy）合著的《企业再造：企业管理革命的宣言》正式把企业的业务流程再造定义为：“针对企业业务流程的基本问题进行反思，并对它进行彻底的重新设计，以便在成本、质量、服务和速度等衡量企业业绩的这些重要的尺度上取得显著的进展。”

这一“流程再造”理论在公共管理领域主要针对官僚制，强调对官僚制进行重新改造和超越。其内容主要包括：（1）对工作流程进行重新设计，以提高效率、效能和质量。（2）以业务流程为改造对象和中心，以顾客需求和满意度为目标，对现有业务流程进行根本的再思考和彻底的再设计，以打破传统的职能型组织结构，建立全新的过程型组织结构，从而实现组织在成本、质量、服务和速度等方面的巨大改善。

二、新公共管理理论的重要特点

第一，政府的管理职能“应是掌舵而不是划桨”。“新公共管理”理论提倡通过“政府公共政策化”将政府从管理的具体事务中解脱出来，从根本上解决机构臃肿、预算超支、效率低下、官僚主义与腐败盛行的顽症。“新公共管理”理论认为，政策组织与规制组织的职能是负责“掌舵”，而服务提供组织与服从型组织的职能是“划桨”。这样做可以自然而然地达到消肿减肥的目的，减少开支、提高效率。

第二，将企业化的管理方式引入公共部门。“新公共管理”理论认为，企业先进的管理方式和手段、服务理念都可以为公共部门所用。应该打破政府部门的垄断，通过公开竞标的方式将公共服务承包出去，实行全面的质量管理和目标管理；对产出和结果高度重视，而不是只管投入，不重产出；人事管理上实现灵活的合同雇佣机制和绩效工资制，而不是终身任职。

第三，营造“顾客导向”的行政文化。新公共管理理论认为，政府的社会职责是根据顾客的需求向顾客提供服务，政府服务以顾客或市场为导向，只有顾客驱动的政府才能满足多样化的社会需求并促进政府服务质量的提高。于是，“新公共管理”理论改变了传统公共行政的政府与社会之间的关系，政府不再是凌驾于社会之上的、封闭的官僚机构，而是负责任的企业家，公民则是其“顾客”。

第四，采用授权或分权的方式进行管理。新公共管理理论提倡以授权、分权的办法来对外界变化迅速做出反应。与集权的机构相比，授权或分权的机构有更多优点，比集权的机构有更多的灵活性；对于新情况和顾客需求的变化能迅速作出反应；比集权的机构更有效率；比集权的机构更具创新精神；能够比集权的机构产生更强的责任感、更高的生产率。

第五，实施明确的绩效目标控制。新公共管理理论主张放松严格的行政规制，实行严密的绩效目标控制。即确定组织、个人的具体目标，与之签订绩效合同，并根据绩效目标对完成情况进行测量和评估。这是组织由过去的“规则驱动型”向“任务驱动型”转变。

第六，考虑外部性问题。新公共管理理论认为由于公共产品消费的非排他性，政府可以将一些公共产品实行经营权与所有权分离，实行公共产品消费低收费制，从而减少人们对公共产品的消费额，同时也改变公共服务者激励机制，减少公共产品带来的外部性。

第七，强调人力资源管理。新公共管理理论强调人力资源管理，提高了在人员录用、任期、工资及其他人事管理环节上的灵活性，如以短期合同制替代常任制，实行不以固定职位而以工作实绩为依据的绩效工资制等。

三、新公共管理理论对政府购买服务绩效评价的启示

新公共管理理论主张建立以顾客为导向的企业型政府，而公共部门预算绩效管理也正是20世纪70年代开始风靡西方发达国家政府管理改革的重要举措。在这场声势浩大的改革运动中，经济和社会发展的客观需要促进了对公共部门绩效的重视。在新公共管理思想的指导下，预算绩效管理提倡从目标和结果出发的“花钱买服务、买效果”的预算观，注重公共服务的产出；重视顾客利益，突出顾客意识，坚持以顾客满意为管理导向，提升服务效率和服务质量；坚持以定量方法来客观地界定和评估政府绩效目标；倡导管理层级的减少和扁平化管理。通过政府再造，实现政府结构在成本、质量、服务和速度等方面的巨大改善。

在具体的实践中，政府购买服务绩效评价需进行全方位的综合考量。针对政府管理中存在的问题，应在结合本国国情的基础上，合理借鉴目标管理的经验和成果，将新公共管理理论和目标管理有机结合起来，以提高效率、效益为核心，明确公共管理的方向和定位。只有这样，才能真正促使政府不再是公共产品和服务的唯一提供者，而是公共事务的促进者和管理者，进而有助于提高公共服务提供的有效性和实现社会可持续发展。

政府角色定位正确与否直接关系着政府工作效率的高低。所谓政府角色定位，就是要明确政府活动的边界，即政府介入市场的程度和范围。新公共管理理论强调政府的角色应是“掌舵”而非“划桨”，应明晰政府和市场的边界，确保政府角色不错位、不缺位、不越位。在社会经济发展的过程中，政府不是“无所不能”，不应“无所不包”，而应回归公共责任主体，该让位于市场时就让位。长期以来，造成我国政府工作效率不高的一个重要原因就是政府定位不够明确。公共资金必须用于增进公共利益，用于“买服务、买效果”而非“养机构、养人”。预算绩效管理重视公共支出所达到的产出和效果，将有利于树立科学的理财观，改善机构臃肿、人浮于事、行政效率低下的情况，也将为建设高效、廉洁、负责任的政府奠定坚实的基础。

传统的政府管理采用的是“行政命令—执行”模式，实质上是一种过程管理。这种管理模式在应对突发事件时具有优势，但在日常管理中，上下级部门之间的信息不对称极易导致决策失误。在公共资金的管理和分配上，这一模式确实能有效控制资金的支出方向，但并未兼顾目标和结果，造成各部门之间目标不明确、职责不分明，产生扯皮、浪费现象，进而导致拨款和效果的脱节，最终影响资金使用效率的提高。

新公共管理理论主张以企业家精神改造政府，将企业管理方法用于公共管理领

域，以科学观念衡量政府工作绩效，促使政府工作人员树立目标—结果导向观念，增强其责任意识，进而推动整个政府服务质量和工作效率的提高。促使向“企业式行政”发展，不仅是深化政府机构改革的题中之意，也是与国际接轨的战略举措。就政府购买服务绩效评价而言，应根据绩效目标的思想，重新设计财政管理工作流程，使得绩效目标管理全面、高效地实施，从而真正实现目标管理的价值。

| 第二节 | 新公共服务理论与政府购买服务绩效评价

20 世纪 90 年代，出现了一种引人注目的公共服务理论——新公共服务理论。新公共服务理论是作为新公共管理理论的替代模式被提出的，是在以往各种政府管理理论基础上发展而形成的一种真正以公民为中心的政府管理理论。公共服务理论的产生源于对新公共管理理论的反思，它吸收并融合了当代民主治理的先驱理论，从公民权利、信任建构和公共对话三个维度树立了检验公共行政发展的标尺，创立起比较完整的理论体系和概念框架，较为有效地构建起政府购买服务绩效评价的应用理论基础。

一、新公共服务理论的主要内容

所谓新公共服务理论，是指以公民为中心的公共管理理念。登哈特认为，政府应该把政策制定（掌舵）和提供公共服务（划桨）分开，政府应该建立一套明显且具有完善整合力和回应力的公共机构，进行公共管理、执行公共政策时必须要以公民为本。具体而言，新公共服务理论的理论基础包括：民主社会的公民权理论、社区和公民社会模型、组织人本主义、新公共行政及后现代公共行政。

（一）民主社会的公民权理论

民主和公民权是政治伦理和社会理论价值体系中的一个重要话题。许多学者认为，公民权涉及个人对集体政治体系的影响能力和影响路线，意味着对政治和公共事务的积极参与和对广泛公共利益的关注。桑德尔（Sandel）认为，个人具有参与权力分配的欲望和热情，这是一种政治本能。从长远来看，这是对国家与自己订立的契约的尊重，因此会在某些时候牺牲个人利益，以谋求长期契约的实现。曼斯布里奇（Mansbridge）认为，公民的呼求从只维护个人利益向维护公民群体利益转变的过程，不仅将促进社会的进步，同时也会带来公民群体的成熟，使公民群体的利益得到长远的满足。

（二）社区与公民社会理论

登哈特（Denhardt）认为，美国人对人性化社会、良好的社会环境和道德、稳定的经济环境的渴望促进了社区与公民理论的广泛讨论。加德纳（Gandner）指出，社区里的“共同利益”，其实指的就是参与者通过协调和博弈使整个体系平衡，以保护这个充满不同利益的系统。社区的重要功能即提供一个中介，使个人之间、个人与整体之间保持平衡。在社区内，公民可以进行平等的对话和沟通，这是民主的最基本形式。当越来越多的公民将精力投入到社区和公民社会中，期望建立一个新型政治关系和更大范围的政治秩序时，连政府也不得不承认这一民主形式的影响力，并将其作为民主社会建设的重要渠道。

（三）组织人本主义和新公共行政

组织人本主义认为，应该注重公共行政组织中人的主体性，反对组织受到权力和权威的干扰。阿基里斯（Argyris）提倡组织中应关注人性的发展，关注“人的品行、真实性和人的自我实现”。弗雷德里克森（Frederickson）指出，公共行政不应该只根据效率标准来评价，因为其本质上是为了给公共问题提供公平的解决方案。这就意味着公共行政不仅要为所有的人提供同样的服务，更重要的是要为那些更需要此类服务的人们提供更高层次的服务。罗伯特·格林比威斯基（R. Glembiewsky）认为，组织管理要在个人与群体之间建立一种信任机制，努力创造一种解决问题而不是逃避问题的开放性氛围，努力为组织内部成员增加自我控制和自我管理的空间，努力增强对团队过程和绩效的认识。新公共行政学派还强调需要用一些新的更加人性化的模式来替代旧有的官僚组织模式，强调公共行政人员更加积极的角色及价值观在公共管理过程中的指导作用。

（四）后现代公共行政

后现代公共行政质疑理性的公共行政实证主义，并从研究方法上给予新公共服务以理论支持。后现代公共行政理论家主要信奉“对话”的理念，认为需要通过公众沟通来复兴公共官僚机构的生机，并重建公共行政领域的合法性认识。他们看到了当今世界中人们相互联系的事实，他们觉得公共问题通过对话要比通过理性分析或“客观”测量更有可能得到解决，因而提倡以各个社会主体，包括政府和公民之间开诚布公的公共对话为基础的公共治理。对话的理想模式是被召集到一起谈话的人不仅是自利的理性个体，而且是相互依赖关系中的参与者，在进行协商和达成共识的过程中，充分体现人性的各个方面，不仅是理性，还包括直觉、经验和情感等。

二、新公共服务理论的重要特点

第一，服务而非掌舵。这个特点强调政府的任务在于利用有共同价值观的领导来帮助公民明确表达并实现其共同利益，而不仅在于控制或引导社会的发展方向。根据这一观点，新公共服务理论强调政府的核心职能应该是服务。这不同于新公共管理理论所认为的政府的核心职能是掌舵，即自觉主动地制定积极的政策，以适应经济和社会全面发展的需要，有助于进一步明确政府购买服务的内容前提。

第二，追求公共利益。新公共服务理论认为，政府应着力于建构一种集体的、共同的公共利益观。这个目标不是要找到由个人意愿驱动的解决问题的方法，也不是个人自身利益的简单叠加，而是要争取公民共同的利益和共同的责任。同时，政府还应确保在整个过程中的社会公平、公正，从而确保能得到公共利益和解决办法的一致。

第三，战略性思考，民主化行动。新公共服务理论认为，满足公共需要的政策和方案，只有通过全社会集体努力和共同合作才能得到最有效、最负责任的完成。这一观点对在政策规划时的政府而言，不仅意味着需要进行具有科学性、前瞻性、战略性的思考，更意味着以公民的各种诉求和需要为导向、以全局和长远的眼光来协调社会冲突，还意味着政府要在某种共同利益目标下，通过制定相应的制度和责任机制将各个社会群体联合起来参与到政策执行过程中。

第四，服务于公民，而非服务于顾客。公共利益并不是个人利益的简单叠加，而是社会公众利益的有机组合，是个体对共同利益进行对话沟通的复合体。因此新公共服务理论认为，政府与公民的关系并不是市场与顾客的关系，公务员不能只响应顾客的需求，而更应关注公民，并且与公民之间建立信任与合作的关系。新公共服务理论倡导对公民做出回应而不是对顾客做出回应。政府不仅要关注公民的需要和利益，同时也要鼓励公民对邻居和社区事务承担个人义务，更要关注建立政府与公民之间、公民与公民之间的公平、信任与合作关系。

第五，责任是多重的，而非单一的。新公共服务理论认为，公共服务中的责任问题是非常复杂的，政府责任包含着法律责任、政治责任、道德责任、民主责任，以及一系列政府应承担的其他专业责任。这就要求公共行政人员要受包括公共利益、宪法法律、社区价值、政治规范、职业标准及公民利益等制度和准则在内多种因素的影响，更重要的是，公共行政人员受之影响并为之负责的这些准则和制度还复杂地交错在一起。也就是说，上述因素与公共行政人员之间相互影响：一方面影响复杂社会体系中的规则制定；另一方面其自身也受它们影响，两者相互作用、相互制约。

第六，重视人，而非仅仅重视效率。从长远来看，公共行政人员参与的公共组织和网络如果能通过尊重人的合作过程与共同领导来运作，则更有可能取得成功。新公共服务理论在管理方法和组织原则上强调“民治”，重视共同领导、合作和组织授权，在重视效率和绩效测量之外，更应该关注组织内部成员的个人价值和个人利益。效率工具和绩效测量工具并不能产生负责任、重参与、具有公民意识的公共行政人员和公民，所以最重要的还是对个人的尊重。

第七，公民价值和服务高于企业家精神。新公共服务理论认为，致力于为社会做出有益贡献的行政人员和公民比具有企业家精神的公共管理者更能促进社会公共利益的实现。新公共管理倡导公共行政人员要具有企业家精神，即要最大化生产效率，满足顾客需求，利用机会并承担风险。而新公共服务理论认为，公共行政人员应清醒地认识到公共项目和资源并不属他们私人所有，不能用企业家的思维来最大化效用。公共行政人员应该扮演公共资源管理员、公共组织监管员、民主对话和公民价值促成者及基层社区领导者等多种角色，他们应保障公民的公共利益不受侵害，要与公民协同工作、平等沟通、共享权利、追求共同利益。

三、公共服务理论对政府购买服务绩效评价的启示

政府的主要职能是公共服务，而非只是通过制定规则和法令指示民众行动，政府也不能包办全部。我国传统的政府管理模式的特点是：审批繁杂，许可、备案、登记制度不够；处罚多、收费多、服务少；政府直接管理多，中介作用不大、不全；一切以政府为中心，不以方便公民为目标①。传统的预算管理也是如此，公共项目审批复杂，各项资金调配不到位，缺少预算绩效思想和成本效益分析思想，偏好项目规模大、资金量大的形象工程，预算目标的确定并没有以公民和市场为中心，也没有以服务为本的设计理念。公共服务理论要求预算绩效管理应该以强化倡导政府对社会的服务意识和服务行为为目标；在公共服务中引入竞争机制，并确立以服务对象满意度为核心的政府绩效评估标准体系；在政府购买服务绩效评价过程中也应该以评估服务质量为核心。

新公共服务理论还认为，政府应承担的责任包括政治责任、法律责任、民主责任和其他专业责任，其平衡的因素是公民参与、政府授权和平等沟通。这些责任把公共行政人员的角色界定为引导者、催化剂和服务员。因此，政府购买服务绩效评价工作也应该体现政府应承担全面责任的理念，在评价指标体系设计的过程中，应尽量均衡各相关利益群体的满意度；在评价实施过程中，也要按照合理合法、公平公正、高效便民的原则来执行；对结果应用而言，绩效评价结果较好的项目可以推广进行，不好的项目相关部门也要为自己的行为承担相应的责任。此外，在这个管理过程中，要做到权责统一。政府购买服务绩效评价也要有一套较为完善的责任机制，这种责任机制应该是结果导向型责任机制，即政府部门不仅要对其行为的过程负责，更要对其行为的结果负责。

｜第三节｜ 公共财政相关理论与政府购买服务绩效评价

政府购买服务绩效评价实施的前提是公共财政框架的建立。公共财政的诞生，成为促使现代公共财政相关理论进一步产生和发展的实践基础。

一、公共财政相关理论的主要内容

公共财政相关理论认为，公共性是公共财政的核心内涵，主要体现在三个方面：一是公共财政内容的公共性；二是公共财政决策主体的公共性；三是公共财政程序的公共性。上述公共性的内涵特征，促使学者在公共产品、公共选择、公共财政等方面进行理论探究，从而产生了相关理论。

① 岑红，范锋．中国传统政府管理模式的分形特征［J］．河北大学学报（哲学社会科学），2013：32（2）．

公共产品理论是现代西方公共财政理论体系的基石，解释了公共财政最主要的职能，即为社会公众提供公共产品。公共产品理论研究的核心内容是对公共产品内涵和外延的界定，现已经形成相对稳定的理论体系。公共产品的概念最早是由马斯格雷夫（Richard Abel Musgrave）提出，指的是充分满足非排他性和非竞争性两个条件的产品。

所谓“非排他性”，是指公共产品不可能排除任何人对它的消费。公共产品的非排他性包括三层含义：（1）任何人都不可能不让别人消费它，即使有些人有心独占对它的消费，但在技术上是不可行的，或虽然技术上可行但成本却十分高，因而是不值得的；（2）任何人都不得不消费它，即使有些人不愿意消费它，也无法对它加以拒绝；（3）任何人都可以恰好消费相同的数量。

所谓“非竞争性”，是指一旦公共产品提供出来，没有必要排斥任何人对它的消费，因为该产品消费者的增加不引起边际成本的任何增加。这里所谓的边际成本没有增加可以从两个方面理解：一是生产方面，根本不需要追加资源的投入；二是消费方面，根本不会减少其他人的满足程度。在现实生活中，以上所讲的纯公共产品并不普遍存在。一些产品虽然具有消费的非竞争性，但在技术上却能够实现受益的排他性。

二、公共财政相关理论的重要特点

第一，公共财政的公共性特征决定了供给方式多样性。公共产品理论认为，公共经济和政府介入应限制在市场失效的范围内，而提供公共产品正是政府最主要的活动之一。公共产品的非竞争性和非排他性这两个特征导致由市场机制决定公共产品的供给始终无法达到最优配置状态，即市场在提供公共产品方面是失灵的，此时政府介入就成为必要。因此，在公共产品理论中，政府财政在经济活动中的主要职能是公共产品的供给，供给的方式可以多种多样，由政府直接供给，或委托其他组织供给。

第二，公共决策主体的公共性特征决定了供给主体分离性。公共服务和公共产品的内容范围较为庞杂，但涉及的角色主要包括三类：安排者、生产者、消费者。安排者负责将公共服务和产品分配给消费者，做好日常的维护工作，并对服务和产品的使用承担责任；生产者负责服务和产品的谋划、实施直至提供使用，既可以是政府机构自身，也可以是民间组织；消费者是直接使用公共服务产品的群体，可以是特定区域的人或特定组织。在政府购买服务的公共服务供给模式中，购买主体是安排者，承接主体是生产者，受益对象是消费者。

第三，公共财政程序的公共性特征决定了供给手段市场化。公民对公共产品和服务的需要是一种整体的、多数人的需要，具有强烈的外溢性特征。政府作为公共部门，直接提供某些公共产品和服务，弥补了市场的不足。然而，由于政府的内在特性，很难同时扮演安排者（监督者）和生产者（提供者）两种角色，最后很可能导致公共产品和服务供给过剩及成本增加，造成供给效率低下。因此，需要采用市场化的供给机制来解决公共产品和服务供给效率低下的问题。

三、公共财政相关理论对政府购买服务绩效评价的启示

公共财政相关理论是预算绩效管理的理论起点，也是政府购买服务绩效评价的理论基础。公共财政相关理论的核心内涵是“公共性”，要求政府针对公共需求做出财政分配，履行财政职能，公开财政活动，接受公众监督。第二，政府提供的公共产品和服务可通过政府购买服务的方式实现，这就要求政府购买的服务内容必须具有公共性特征。第三，公共财政通过本身的收支活动，为政府提供财力，引导资源的流向，弥补市场的缺陷，最终实现全社会资源配置的最优状态。这就要求财政有效地分配和使用资金，达到资金使用效益最大化。在上述背景下，预算绩效管理的兴起成为必然趋势。此外，公共财政相关理论强调以“市场”为基础，关注公平、平等理念，这与政府购买服务绩效评价的基本思想一致。

此外，在公共财政理论框架下，财政最主要的职能是为社会公众提供公共产品及服务。政府购买服务绩效评价要从公共产品与服务的提供、生产及满足程度来考察政府和财政职能的实现情况。政府购买服务绩效评价的前提是预算绩效目标的管理，就是在预算环节要求预算部门（单位）申报绩效目标，目标内容包括需要多少公共资金（投入）和实现多少公共价值（产出和效果）。

第三章

政府购买服务及其绩效评价的国际经验

20世纪中后期，西方发达国家为了解决其国内严重的信任危机和巨大的财政赤字问题，开始推动公共管理改革，通过实施公共服务的私有化和社会化以达到缩小政府规模、削减财政支出、提高公共服务效率与质量的目的。经过数十年的探索，英美澳等发达国家逐步形成了相对完整的制度体系，在政府购买服务及绩效评价方面积累了丰富的实践经验。

这一政治效益与经济效益兼得的制度安排，因为其良好的示范效应逐步流行起来。本章基于上述背景，阐述了以美国、英国、日本、澳大利亚为代表的外国政府购买服务发展沿革，归纳了合同外包、公私合营、凭单制度、转移支付等几种主要的政府购买服务模式，梳理了包括美国、英国、日本三个典型国家在内的外国政府购买服务绩效评价的主要历程，总结了外国政府购买服务绩效评价的整体模式，以期为后续政府购买服务绩效评价工作的开展提供有益的决策参考。

｜第一节｜ 国外政府购买服务发展沿革

随着行政管理改革的持续深入，政府购买服务已经成为全世界公共行政改革的重要实践内容。目前，国外政府购买公共服务有多种方式，合同外包方式占据着绝对主导地位，本节接下来将以“合同外包”为主要线索，阐述国外政府购买公共服务的发展过程。

一、美国政府购买服务的历程

美国政府购买服务的尝试始于20世纪30年代，罗斯福新政（The Roosevelt New Deal①）中的“以工代赈”政策是探索国家购买服务的成功案例。20世纪50年代，德怀特·艾森豪威尔（Dwight Eisenhower）政府在1955年发布了“通知55－4（Bulletin Number 55－4）”，该通知明确说明“联邦政府将不再开始或承担任何提供

① Schlesinger, Arthur M. The Coming of the New Deal, 1933－1935 (The Age of Roosevelt, Vol. 2) [M], Mariner Books, 2003.

服务或生产自用产品的商业行为，倘若这些产品和服务可以被私营部门承担”。

20 世纪 60 年代，林登·约翰逊（Lyndon Johnson）政府的预算局（Bureau of the Budget，总统预算管理办公室“OMB”的前身）于 1966 年颁布了“A－76 号通告（Circular A－76①）”。约翰逊政府认为，该通知可以统一政府指导原则，并协助政府决定是否需要购买产品或服务，从而改善政府支出状况并维持私营部门的信心。

随后，“A－76 号通告（Circular A－76）”在 1967 年、1979 年、1983 年、1991 年、1999 年、2003 年不断修改完善。由于 2003 年美国联邦政府财政状况得到极大改善，该年乔治·布什（George Bush）政府对“A－76 号通告”进行了大范围的拓展修订。另一方面，美国国会 1998 年又通过了《联邦政府活动目录改革法》（The Federal Activities Inventory Reform Act② of 1998，FAIR），其中的部分条款被认为是“A－76 号通告”的延伸，并在该通告 1999 年的修订中得以应用。该法案要求各机构准备并向 OMB 提交其商业活动的详细目录（Inventories）。

2008 年金融危机使美国联邦政府的财政支出受到了极大的考验。贝拉克·奥巴马（Barack Obama）签署了“2009 年综合拨款法案（FY2009 Omnibus Appropriations Act③）”，暂停了“所有新的通过‘A－76 号通告’所开展的研究”。唐纳德·特朗普（Donald Trump）政府时期，是否重启“A－76 号通告”则成了舆论争论的话题。

在制度层面，以“A－76 号通告”与以“联邦政府活动目录改革法”为核心的文件和法律为美国联邦政府购买服务提供了制度支撑，同时美国地方政府也依据该通告并结合自身不同情况制定了类似的指导文件。该通告的发布标志着美国在联邦政府层级对政府购买公共服务（Outsourcing）形成了相对成熟的管理制度。

“A－76 号通告”阐明“无论何时，为了达成更高效率与生产率，联邦政府应当管理公共部门与私营部门之间的竞争，以决定谁将承担某项工作”。但要特别指出的是，总统预算管理办公室的“A－76 号通告”仅仅存在于政策层面，并不具有法律的强制力。

在其他政府购买服务方面，联邦政府机构主要需要遵循以下法律：《社会保障法》《联邦政府采购条例》《老年人福利法》《残疾人教育法》《联邦财产与行政管理服务法》《合同竞争法》《诚实谈判法》《购买美国产品法》《小企业法》《信息自由法》《及时支付法》《WTO 政府采购协议》及《联邦采购条例》等。

二、英国政府购买服务的历程

英国政府通过社会组织来提供公共服务的探索于 16、17 世纪便已经开始，1601 年的《慈善使用条例》和 16 世纪末期的《伊丽莎白济贫法》都显示英国政府已经在

① Defense outsourcing: The OMB circular A－76 policy VB Grasso－2005.

② Federal activities inventory reform act of 1998 A Act － Public Law, 199.

③ The America COMPETES Act and the FY2009 budget DD Stine－2008.

第三方提供公共服务的探索上建立了相应制度。

第二次世界大战后，由于“福利国家”在英国的快速发展，政府开始提供“从摇篮到坟墓”的公共服务，到 20 世纪 60 年代，英国政府对公共服务的供给达到了顶峰，国家公共部门承担了广泛了的社会公共服务职能。20 世纪 70 年代，由于传统行政模式的僵化和低效，巨大公共服务规模使英国政府承受了巨大负担，同时居民的获得感并没有因为更高的公共服务支出得到提高，这种政府部门大包大揽的公共服务提供模式受到了广泛的质疑和挑战。70 年代末，英国政府着手开展政府市场化改革运动。

保守党政府（Conservative Government，1979—1997 年）时期，首相玛格丽特·撒切尔（Margaret Thatcher）开启了公共服务改革，通过引入市场竞争机制，将公共服务委托给私营部门和社会部门，以求提升公共服务领域的经济与效率。同时英国部分地方议会（Council）也开始将小部分服务通过订立合同外包给私营部门。

1991 年，首相约翰·梅杰（John Major）则开展“竞争求质量”运动，其发布的《竞争求质量》白皮书主张引进竞争机制，提高政府能力。梅杰政府又通过总结以往经验，认识到了强调适度竞争机制的安排对提升公共服务质量的重要性，正式引入强制性竞争招标制[①]（Compulsory Competitive Tendering，CCT），将部分公共服务和政府内部工作外包。1992 年，《地方政府法案》（Local Government Act 1992[②]）更是使 CCT 深入融合到了地方政府的公共管理服务当中。

工党政府（Labour Government，1997—2010 年）时期，首相托尼·布莱尔（Tony Blair，任期为 1997—2007 年）意识到应当通过社会建设、国家投资来形成积极的福利社会，从而解决“福利国家”所带来的弊病。

首先，工党政府用“最佳价值（Best Value）”替代了保守党政府的强制性竞争招标制。1998 年所发布的《现代化政府》明确论述了通过“最佳价值”提升地方政府服务品质与绩效的方式，1999 年通过的《地方政府法——最佳价值》则将其以立法的方式引入。

第二，工党政府在政府购买服务方面引入了“准市场（Quasi－Markets）”与“公私合作（Public Private Partnerships[③]）”概念。“准市场”概念在购买服务交付方面大规模出现，显著提高了英国公共服务购买市场化水平。“公私合作”概念在大型长期公共服务购买方面则增强了保守党政府的“民间金融倡议（Private Finance Initiative）”，以求改善政府购买长期公共服务的质量，尤其是基础设施建设服务。

第三，工党政府制定了一系列政策和法律法规对购买公共服务行为进行规范。除

① S Szymanski. The impact of compulsory competitive tendering on refuse collection services Fiscal Studies, 1996.

② Indicators of sustainable tourism in New Zealand: A local government perspective SJ Dymond － Journal of sustainable tourism, 1997.

③ Public－private policy partnerships PV Rosenau－2000.

前文提到的《现代化政府》与《地方政府法——最佳价值》外还包括：1998年的福利改革绿皮书《英国的新蓝图：一个新福利契约》，1998年《地区民主与社区领导力》，《2006公共合同法规》（The Public Contracts Regulations 2006[①]）等。

2008年世界金融危机的爆发导致2009—2010财年英国政府年度赤字到达了和平时期的最高值1627.34亿英镑（2019年以前），约占其当年国内生产总值的10.8%。

2010年，联合政府（Coalition Government，2010—2016）上台，首相戴维·卡梅伦（David Cameron）尝试通过构建一个“大社会（Big Society）”，用它来代替工党执政造就的“大政府”。

2011，联合政府年颁布了《开放公共服务白皮书》，并将公共服务划分为“个人服务（individual service）”“邻里服务（Neighborhood Service）”和“委托服务（Commissioned Service）”，希望通过“授权社区（Empowering Communities）”“开放公共服务（Opening up Public Services）”和“社会行动（Social Action）”解决了影响私营部门和志愿部门（Voluntary Sector）进入政府购买服务市场的潜在阻碍，加强了公共服务市场化，从而减少财政赤字，并实现经济总量的增长和社会生活质量的持续提升。同年11月，英国议会与英国皇室又通过了《地方主义法案》（Localism Act）为“大社会”政策提供了法律基石。

2012年，英国上议院通过了《公共服务（社会价值）法案》要求政府在购买公共服务时要考虑该机构提供的服务所带来的社会、经济和环境价值，能否真正为当地社区提供福祉。该法案的通过表明英国联合政府开始在法律层面重视公共服务中的社会价值，并以法律的方式对政府购买公共服务的行为进行规范。

英国脱欧投票之后，英国政府也在继续加强政府购买服务的规范指导。2019年2月，特蕾莎·梅（Theresa May）政府发布了《外包通则：中央政府外包决策与合约指导》（The Outsourcing Playbook：Central Government Guidance on Outsourcing Decisions and Contracting[②]）并提出了11项新政策，以求对现有政府购买公共服务状况进行更加规范性的指导。

三、日本政府购买服务的历程

日本政府在政府购买服务方面的探索发展可以分为三个时期：第二次世界大战前的制度雏形期、战后重建和发展期的制度探索期、20世纪90年代后至今的制度改革期。

日本政府在探索政府购买服务方面可追溯到19世纪。1889年日本政府制定了

① The public contracts regulations 2006 R Williams－2007.

② New development：Managing risk for better performance—not taking a risk can actually be a risk Barrett － Public Money & Management，2019.

《公共会计法》(Public Accounting Law①)，通过招投标方式进行政府采购。1921 年，日本政府又对该法律进行了修订，将“指定竞争投标制”和“自由决定合同”引入了政府采购体系，同时又明确将公共工程（Public Work）与公共服务（Public Service）纳入政府采购范畴。但这些政府采购更多的被日本财阀通过串通投标所获得。

在公共工程的购买方面。二战结束后，日本政府制定了《反垄断法》，并建立了“公平交易委员会”以重塑政府采购方面的公平性与竞争性。同时又引入“投标者预登记制”，将投标者按其能力给予从 A 到 E 的评级，只有符合标准的才有资格进行投标。然而，这些改革并没有解决日本长期存在的串通投标问题。

20 世纪 90 年代初，日本政府爆发了惊人的腐败丑闻。日本副首相、部长和数位地方高官因涉及串通投标被捕，日本政府和社会开始反思政府采购和购买服务中的制度问题，再次开启了改革进程。1994 年，日本政府在大规模建设工程外包的招投标中引入了“开放竞标制度”。随后，于 2000 年所制定的《招标投标法》则确立了“透明”“公平竞争”“适当实践”和“消除不正当竞争”等基本招投标政策原则。同年，《公共服务道德法》出台，并明确说明“官员不得在行使公权力时收受礼品，或做出其他任何会引起公民怀疑或不信任的行为”。2002 年，日本政府又出台了《消除并组织串通投标法》，该法律赋予了“公平交易委员会”更大的调查权，并明确了对参与串通投标的官员的处罚。这些法令的出台虽然限制了串通投标，但又衍生出了低价竞标的问题。

在公共服务购买方面。2003 年，日本政府修订了《地方自治法》，该法开始允许地方政府将公共设施交由私营部门管理。2006 年的《公共服务改革（市场测试）法》将竞争机制引入了公共服务领域。但这种竞争投标和特许经营合同使雇员处在低工资与不安全的工作环境当中。为了改变公共服务雇员的窘迫地位，2008 年以千叶县野田市政府为首的地方政府开始在政府购买公共服务中施行最低工资制度，日本政府也于 2009 年又制定了《公共服务基本法》，保障了公共服务雇员的工作环境并规定其需要提供可靠的、高效的、礼貌的公共服务。2015 年日本总务省向地方自治体发出了《关于推进地方行政服务改革之注意事项》，更详细地划分了四类政府购买服务制度：民间委托制度、PFI 制度、指定管理者制度和市场检验制度。

值得一提的是，日本政府亦在公共服务的采购中重视环境保护与社会公平。在环境保护方面，日本政府于 2009 年出台了《绿色合同促进法》，明确了国家和地方政府在公共采购当中重视温室气体减排的问题。在社会公平方面，日本政府则于 2012 年出台了《促进采购残疾员工服务法》，要求政府必须在公共服务购买中促进残疾人就业。

① The re—emergence of the public accounting profession in China：A hegemonic analysis H Yee — Critical Perspectives on Accounting, 2009.

四、澳大利亚政府购买服务的历程

澳大利亚政府受英国政府的发展理念与模式影响较大，其社会福利制度发展较早，二战后也走上了福利国家的发展道路。由于福利国家的困境及新公共管理运动的影响，澳大利亚也于 1984 年通过了《公共服务改革法案》，开始了公共服务改革。

1993 年的席尔默报告（Hilmer Report）对澳大利亚公共部门改革产生重要影响，促使澳大利亚“国家竞争政策”（NCP）通过外包的方式在公共服务领域实施。“国家竞争政策”则随着 1995 年《公共福利政策改革法》（Commonwealth Policy Reform Act①）的出台而应用于中央和地方政府，例如新南威尔士州出台了“外包与合同管理指南”（Outsourcing and Contract Management Guidelines②）、“服务竞争指南”（Service Competition Guidelines）及“地方政府关于应用‘国家竞争政策’的政策声明”（Policy Statement on the Application of National Competition Policy③）。

第二节　国外政府购买服务主要模式

经过多年的购买服务实践，诸多国家采用了不同的政府购买服务方式，形成了多种行之有效的政府购买服务模式。结合英国、美国、德国、日本等发达国家的工作经验，国外政府购买服务主要模式可以总结为合同外包、公私合作、凭单制度、转移支付等四种。下面，本节将结合各国实践状况对四种政府购买服务主要模式进行详细介绍。

一、合同外包

合同外包（Outsourcing），亦可翻译为公共服务民营化、合同出租等，是指把原来由某政府机构直接向社会公众提供的一部分公共服务项目，转变为通过社会公开招标、政府直接拨款等方式和程序，交给有资质的社会组织、企业、机构等来提供，同时政府从公共预算中根据民营供应商提供公共服务的数量和质量支付费用。该方式是政府购买公共服务中最常见的一种。合同外包起始于 20 世纪 60 年代，它有许多政治上的吸引力，它将地方非政府组织直接纳入服务体系，允许政府在不扩大规模的前提下增加活动范围，有利于分散行政责任与政治风险。

在英国中央政府和地方政府的服务购买合同中，公共服务合同外包可以使用“采

① Critical policy analysis: Exploring contexts, texts and consequences S Taylor — Discourse: Studies in the cultural politics of education, 1997.

② Information systems outsourcing life cycle and risks analysis DC Chou, AY Chou — Computer Standards & Interfaces, 2009.

③ The National Competition Policy: A study of the policy process and network E Harman — Australian Journal of Political Science, 1996.

购”和“委托”两种方法。2000年出台、2005年修改、2008年重印的《资助和采购最佳实务准则》规定了采购的条件，对不同的合同都适用；2009年最新出台的《委托指导》，要求“对某地区人民需要进行评估，设计服务，最后取得合适的服务的运作周期”。根据不同性质的公共服务，英国政府采取多种形式的合同购买。地方政府对于密集型劳务的购买合同采用周密的收费表，事前确定好价格及浮动的上下限，它具有细节详尽、格式规范、规模较大的特点；对于社会福利、医疗卫生、文化娱乐等专业服务的购买，则采用个案合同管理，或者采取金额固定、数量不固定、价格和数量固定等形式。在服务付款的过程中，英国政府采用“基于产出（Outcomes－Based）”和“结果付款（Payment－by－Results）”的付款方式，改善了合同关系，并增强了市场的集中化。在承接主体的确定方式上，英国政府还采用“黑箱委任（Black Box Commissioning）”与“全服务领域投标（Tendering of out of Entire Service Areas①）”的两种新模式，以提高公共服务的递送能力。

在美国的联邦和地方政府中，多数公共服务都采用合同外包的形式，涉及领域广泛。例如，拉米兰达市只有60名政府雇员，而60个承包商则提供了从消防、警备到公共工程等几乎所有的公共服务。据有关数据显示，1982—1997年，美国地方政府在选择替代性服务方式时，90%的服务使用合同外包。美国在公共服务、医疗卫生、教育、国防等领域市场化程度通常比较高。对于这些服务的外包，美国政府从传统的结果导向开始向绩效导向发展，注重公共服务外包的质量与效率。例如，在明尼区阿波利斯市，雇佣了社会第三部门参与学校的管理，工作报酬的高低与是否达到了教育的目标有关，形成了以绩效型为导向的教育体系。

德国通过立法改变了政府部门与非政府部门之间的关系，政府购买公共服务经历了从设计型合同向绩效型基础合同的方向发展，采用绩效导向补偿的原则进行合同外包。总体来看，德国与英、美两国政府外包服务方式不同，英、美更倾向于社会私营企业向社会公众提供公共服务，而德国政府则更倾向于对慈善机构的支持。在公用事业方面，公共服务市场化表现得更为谨慎，为了减少财政负担，其地方政府希望借助市场的力量，把可竞争、可计量的事业型公共物品领域外包给企业，社会性服务外包给了公益性团体。经过长期的实践，德国合同外包的方式主要包括协商方式、招标方式、谈判程序三种。

二、公私合作

公私合作（Public Private Partnerships②）是指在公共项目建设或运营中，政府不需要出资购买私营部门提供的服务，而是充分发挥政府部门和非政府部门的各自

① Competitive tendering and out－of－home care for children：the South Australian Experience Competitive tendering and out－of－home care for children：the South Australian Experience.

② Public－private policy partnerships PV Rosenau－2000.

优势，特许或以其他形式吸引中标的非政府部门共担风险责任、共享收益，相互合作提供公共服务的一种模式，它是一种特殊形式的合同外包。公私合作的形式有多种多样，主要包括：BOT（Build－Operate－Transfer，建设－经营－转让）、BTO（Build－Transfer－Operate，建设－转让－经营），LBO（Lease－Build－Operate，租赁－建设－经营），TOT（Transfer－Operate－Transfer，移交－运营－移交）、BOO（Build－Own－Operate，建设－拥有－经营）、BBO（Buy－Build－Operate，购买－建设－经营）等多种操作方式。

英国在20世纪90年代首先提出了公私合作关系的概念，是公私合作（PPP）模式的发源地，之后在美、日、德等欧美和亚洲等国家得到巨大的响应。90年代，英国进一步将政府向社会机构购买服务的做法常态化、制度化，形成“政府、市场与社区、志愿组织等第三部门”合作机制，使得政府在获得高收益服务的同时，又支持了社会组织发展。在布莱尔政府提出的“第三条道路”理论的推动下，英国采取了公共部门与私营部门之间的合作来提供公共服务。政府在公益性较高、投入较大、风险较高等基础建设领域主要通过此方式进行购买公共服务，例如，在隧道、公路、铁路、港口机场等交通基础建设，国防，公共监狱、污水处理设施等领域。英国采用PPP模式在城市公共设施方面的建设取得了非凡的成绩。

公私合作的方式在美国的应用也非常广泛。例如，在医疗服务领域，既有政府部门负责的公营养老院，也有非政府组织提供的私营老人护理机构。这种模式意味着政府部门要投入更多时间和精力到公共服务的供给中。但是，政府采取此种购买方式并不是以营利为目的，而是要带动社会部门，同时扮演着监管者的角色，通过公私合作的方式促进公共服务效率的提高。政府部门根据社会服务的需求执行服务购买政策，购买者可以是非营利组织或政府部门，但两者都可以共同参与提供公共服务的决策，实现利益的双赢，并共同承担相应的投入成本与风险。公共服务最终到底由谁来承担，通过比较政府与非政府部门提供效率的高低来确定。

为了防止私营部门在公共服务供给领域的垄断，提高公共服务提供的质量和效率，德国政府采取了成本—收益分析、招标管理、全面质量管理等管理方法与措施，促进公共部门与私营部门之间的合作关系。譬如，德国政府在公路、桥梁、隧道、污水处理设施、自来水供应系统等基础设施领域提供公共服务都采用公私合作的方式。据相关学者调查，巴符州博登湖地区果树技术中心基金会就是采用“公私合作伙伴关系”的服务提供方式。该技术中心为1万多户果农提供新技术培训、病虫防治等公共服务，它不仅可以向政府申请科研经费，还可以向企业提供有偿技术服务。这种公私合作关系的购买服务模式起到了利益共享、风险共担的效果。

日本也采用公私合作的服务购买模式，先后经历了民间委托、PFI（PFI，Private Finance Initiative）和市场检验三个制度发展阶段。在1960年至1999年的第一阶段，民间委托制度是日本政府购买服务的唯一制度安排，政府购买服务的内容主要是下水道、医院及城市交通等定型化的公共服务，承接主体包括股份制公司、社团/财团组织、社会福祉机构及志愿者团体等；在1999年至2006年的第二阶段，受20世纪90年代日本经济泡沫的破灭的影响，以民间委托制度为核心的政府购买公共服务也很快陷入停滞状态，日本政府在1999年出台了《利用民间活力等以促进公共设施建设之法律》，随之于2001年设立“内阁府民间资金等活用事业推进室”，责令其制定PFI的操作流程、风险分担、VFM（Value for Money）、合同方式及监管等方面的实施细则，允许政府部门借助社会力量在资金、管理与技术等方面的优势，通过“性能发包”[①]和“项目融资”的方式将公共服务一揽子外包给不同企业组成的“特定目的公司（Special Purpose Compang）”，并根据事前制定的政府购买服务内容和质量要求实施监管；在2006年至今的第三阶段，日本政府开展了模仿英国“强制竞争招标制度”的市场检验制度改革试验，于2006年颁布了《通过导入竞争以实现公共服务改革之法律》，强调官民同台竞争，将价格和质量方面均有优势的一方作为承接主体，通过竞争机制的引入，以实现财政支出的有效削减和公共服务质量的显著提升。

三、凭单制度

凭单制度是政府部门向有资格消费某种服务的社会公众个体发放优惠券。社会公众凭借凭单在政府指定的公共服务生产组织中进行“消费”，然后政府用现金兑换各组织接收的凭单。凭单制度的优势在于，由于消费者手中持有选择公共服务提供方的凭单，消费者会在权衡中选择服务质量较高的提供者，作为公共服务提供者会为了获得消费者手中的凭单，提高服务的质量和效率。这种服务提供模式有利于引入社会监督，使得消费者参与到公共服务采购的监管中来。

凭单制度广泛应用于美国公共服务的许多领域，包括食品与营养、卫生保健、基础教育、住房等，是一项相当成功的公共服务民营化的改革措施。例如，在福利制度的改革中，美国政府把《社会保障法》第20款中有子女家庭补助项目、过渡性儿童保育和大宗发展补助项目所要用的40亿美元都转变成了凭单，使消费者根据手中持有的凭单选择自己需要的医疗保健，此项措施得到了预期的效果。

四、转移支付

英国政府采用个人账户直接付款、补贴和付费相结合的转移支付方式。个人账户直接付款是指政府部门将财政公款直接转入符合相关条件的公民个人账户。例如在英国政府发布的《公共服务开放白皮书》（2011）中贯彻“选择”与“放权”的原则，指出个人服务项目（Individual services）中的成人社会救济（adult social care）、儿童

① “性能发包”指将公共设施建设服务按设计、建设、维护及管理等业务按功能模块的特性分包给不同企业组成的公司，再由该公司发包给相应企业的服务承包模式。

保健（childcare）、残障特殊教育需求（special educational needs and disability）、弱势群体住房（housing for vulnerable people）等服务项目均采用个人账户直接付款的采购服务方式。而补贴与付费相结合的购买服务方式在英国的医疗卫生领域使用的比较多，英国政府给向社会提供卫生服务的公共医疗机构一定的合理经费补助。在总额控制下，采用按病种、按人头等多种付费方式，充分发挥医疗机构的积极性，使医疗机构和医务人员通过主动控制医疗成本、节约医疗资源，获得更多的收入。据统计，2007年，英国卫生费用支出占国民生产总值的8.4%，政府卫生支出占政府总支出的15.6%，在政府卫生支出中，购买社区卫生服务约占80%。

德国联邦补充拨款基本上属于一种无条件拨款的转移支付方式。它不规定资金的具体用途，是对增值税共享和州际横向平衡的补充。联邦补充拨款不采用公式化的办法，而是根据一些特殊的需求来确定补助额，如对于政治性负担高于平均水平的州、财政困难的州和一些存在特殊困难的州等。转移支付的资金需要在政府财政预算中支付，支付时要按规定的专门用途来拨款，实际上，这是一种有条件的支付。德国联邦基本法规定，高等学校（包括医学院附属医院的扩建与改建）、地区经济结构的改善和农业结构和海岸保护改善等三大任务由州和联邦共同拨款。尽管德国各地区经济发展水平不同，有一定的贫富差距，但政府通过以公共服务为重点的财政转移支付，使得所有公民能够享受同等待遇的公共服务。这种购买公共服务模式对于保障公民利益和维持社会的稳定具有重要的价值。

五、特许经营

特许经营（Franchising）是指通过签订合同，特许人将有权授予他人使用的商标、商号、经营模式等经营资源授予被特许人使用，被特许人按照合同约定在统一经营体系下从事经营活动，并向特许人支付特许经营费。美国是最早实施特许经营政策的国家，经过多年以来的实践，美国在特许经营领域已经形成了比较完备的立法体系。美国特许经营的法律规范可分为四类：一是联邦政府的专项法规；二是州政府的专项法规；三是普遍适用的商法法规，如《公司法》《反垄断法》《注册法》等；四是国际特许经营协会及其他特许经营协会的组织规范。

第三节　国外政府购买服务绩效评价模式

自20世纪50年代起，绩效评价逐渐运用在美国绩效预算制度（Performance Budgets）与政府公共管理中，政府预算绩效成了公共管理改革的焦点。政府购买服务绩效评价也主要伴随着预算绩效评价整体的发展而变迁。在政府购买服务的推进过程中，各国政府形成了各自的政府购买服务绩效评价的相关原则、模式、执行主体界定、流程工具、模型及指标体系。本节将就这些内容进行重点阐述，为政府购买服务绩效评价的推进提供有益参考。

一、国外政府购买服务绩效评价所遵循的原则

(一)“成本—效益”原则贯穿始终

无论是绩效前评估，还是绩效监控与绩效评价，政府购买服务绩效评估的核心出发点在于节约政府开支，在外包服务的同时，加强对服务质量的把控，通过简政放权减少了行政程序，不仅强化了政府公共服务的质量，还提高了联邦政府的执政效率。并且，美国还对政府购买服务的类型做了进一步细分，依照是否注重公共服务提供的效率将政府购买的服务划分为硬服务和软服务两种类型。其中，硬服务注重公共服务提供的效率，软服务在兼顾效率的同时更加关注社会公正、公平与社会效益等因素。基于上述标准的划分，不仅能够让联邦政府在选择社会组织时对营利组织和非营利组织加以区分，更在绩效评估的过程中根据服务的性质有针对性地选择评价重点并确定合适的绩效评价方法，进而提供更加具备应用与参考价值的绩效评价报告。

(二) 引入监督框架，明确具体方向

澳大利亚政府人力资源部引入监督框架，用以确保受益对象能够获得合乎标准的服务，为政府部门和社会组织提供更高的清晰度和更加明确的方向。监督框架的设置提供了一种适用于澳大利亚政府购买服务的统一框架，为各个地区绩效评价活动提供了更加透明的操作思路。监督框架的内容包括持续运作的核心监督、年度公开评估、可能的服务评估、服务绩效报告等。

引入“监督协调员”以提高绩效评价效率。根据实际需要，政府将向承接相应购买服务的社会组织指派一名监督协调员，作为项目和服务顾问（PASA），参与到具体的项目监督过程中。在进行年度公开评估时，由该协调员提出“总体性评论”，就具体监督问题展开回答，并对政府购买服务绩效评价提供有价值的参考信息。

(三) 绩效付酬制度

外国政府为了提高购买服务的效果，在某些领域采用绩效付酬的制度，根据绩效评价的结果，决定支付酬劳的费用。该制度最早发源于 PPP 领域，后延伸到购买服务领域，如英国、美国、澳大利亚、加拿大等国家为了解决失业、青少年教育、犯罪、医疗等问题，在这些领域的购买服务采用绩效付酬的方法，首先对这些领域的购买服务的经济价值及社会影响进行双重价值考核，价值的综合成为付费的基本依据。目前在国际上，绩效付酬已经成为政府在购买服务领域实施绩效管理的重要治理工具。

二、国外政府购买服务绩效评价模式

(一) 以合同“标准规格”为重心的评价模式

早期的公共服务外包方式大多采取了任务导向型政府购买服务合同，该合同要求列明服务的具体任务、标准、规格等要素，重在规范社会组织的行为过程，相应的监

督重点也基于服务内容的一系列标准要求是否完成。

（二）以合同“执行过程”为重心的评价模式

20世纪60年代，美国联邦政府对于社会组织的公共资助逐步增加，使得各级政府通过补贴和合同方式缺乏有效指导和严格管控的问题逐步凸显。为了确保政府购买服务机制更加有效地运行，并保证政府构架对于社会组织的充分监管，对于政府履职活动外包的指导变得更加严格，“设计型”下的特定标准的高质量服务成为政府购买服务监管的重点。“设计型”外包方式认为提供目标服务只存在一种最佳路径，即旨在通过合同约束服务提供者的行为，并为投入和过程付费。

（三）以合同“绩效”为重心的评价模式

20世纪90年代新公共管理理念逐步取得主导地位，政府购买服务也随之由“设计型”向“绩效型”转变。较之于“设计型”外包方式，“绩效型”外包方式在处理社会组织和政府部门之间的关系上显示出了更多的灵活空间。“绩效型”外包将服务过程托付给社会组织，以结果为导向，只给达到绩效目标的服务付费。与“绩效型”服务外包方式相对应的是结果导向型合同，该合同基于服务提供者在无约束的环境中能够自发找到最佳效率服务方式的假设，因此结果导向合同更加注重服务的最终效果或服务对象的感受，对于具体的服务过程则没有详细的要求。

三、国外政府购买服务绩效评价执行主体

（一）执行主体为专职公务人员

国外政府大都成立专门机构对购买服务进行绩效评价，该机构由组织内专职公务人员组成，结合部门职能和责任遴选关键绩效指标，确定合理的绩效评价方法，搜集有效数据，通过匹配数据与评价指标获取评价结果，并与事先设定的绩效目标进行比较，得出绩效评价结论，最后公布政府购买服务的绩效评价结果。

美国的行政部门和立法部门都有国家级审计机构开展绩效评价。行政方面，总统预算管理办公室（OMB）亦承担着指导督促等重要职责。立法方面，依据《GPRA现代化法》，根据该法所设立的“绩效促进委员会”重点负责绩效管理的日常运行和操作。国会会计总监局（Government Accountability Office①，GAO）则直属国会，代表国会对政府实施审计和监督。

英国的国家绩效评价部门则是国家审计署（NAO）。国家审计署对绩效评价确定了三项标准，即经济性、效率性、效益性，目的在于激励各部门更好地理解行政程序要素和成本，进而降低程序成本，提高活动管理水平，充分有效地利用好财政资源。英国国家审计署每年向议会下院公共账目委员会提交多份政府绩效报告，指出政府工作中存在的问题，就提高工作绩效提出各种建议并回答所有议员的疑问。

① Outcomes－based performance management in the public sector：implications for government accountability and effectiveness CJ Heinrich － Public administration review，2002.

日本的国家绩效评价部门则是总务省下属的行政评价局。该局可跨越部门界限进行包含政策评价在内的行政评价，并对各府省进行的政策评价行使监督检查职能。

澳大利亚政府在政府购买服务的监控、评估、监督和管理方面由澳大利亚国家审计局（Australian National Audit Office，ANAO）、教育、就业和劳动关系部，以及生产力委员会共同负责。根据具体的绩效评价需求，政府部门内部会从各个地区权力机关抽调相关的公务人员作为代表组建绩效评价工作小组。每个工作小组都要接受筹划指导委员会的指导与监督。

（二）执行主体为政府＋第三方机构

由于目前各国政府购买服务体量较大，单纯依靠政府进行购买服务的绩效评价不能满足要求，因此各国开始采用政府主导并借助第三方机构的力量进行购买服务的绩效评价工作。

美国联邦政府部门受国会委托成立“计划与评估办公室”，进行绩效评价时，会结合“计划与评估办公室”的公务人员及一部分来自于高校、社会的第三方专家进行购买服务的绩效评价工作。

英国的除了国家审计署外，另有以独立第三方机构的形式接受政府部门的委托来进行评价工作。第三方绩效评价的非政府组织主要由绩效专家、社工等构成。较之于国家审计署，该组织的特殊性在于，它在政府购买服务实施之前制定相应的服务质量规范与政策，并且通过上述规范性政策对相应的政府购买服务实施绩效评价，对承接政府购买服务的社会组织进行监督。

澳大利亚为了提高绩效评价效率，采用“监督协调员”制度，在购买服务的过程中，根据实际需要，政府将向承接相应购买服务的社会组织指派一名监督协调员作为项目和服务顾问（PASA），参与到具体的项目监督过程中。在进行年度公开评估时，由该协调员提出“总体性评论”，就具体监督问题展开回答，并对政府购买服务绩效评价提供有价值的参考信息。

四、国外政府购买服务绩效评价流程及工具

（一）覆盖全过程的购买服务绩效评价

各国政府均认识到单纯采用事后绩效评估存在较大的局限性。因此转而采用覆盖全过程的绩效评价对购买服务的效果进行全面的评估。

美国在 1993 年颁布的《联邦政府绩效和结果法》中有一项新的规定：政府在决定某项职能是否适宜进行外包之前，需对公共服务展开绩效评估。绩效评估活动旨在通过比较外包成本与联邦政府自身提供服务的成本支出差异，在确保外包服务具备充分成本优势的前提下，综合考虑外包服务的优缺点、提供服务的社会组织能力、外包服务的质量是否可以监控和评价等。同时实施阶段性绩效评估，对外包服务的质量实施阶段性评估，要求服务提供者进行改进，并决定是否延续政府购买服务合同或更换

服务提供的社会组织。

日本的绩效评估主要包括服务正式实施之前的“前评价”与服务完成以后的“事后评价”。其中，“事后评价”又分为“投入资源”“过程”“结果”和“效果”四个维度，在每个维度下根据具体的服务内容，设置各种针对性的问题，以全面反映整个政府购买服务项目的综合情况。

澳大利亚对于政府购买服务有明确的监督框架，用以确保受益对象能够获得合乎标准的服务，为政府部门和社会组织提供更高的清晰度和更加明确的方向。监督框架的内容包括持续运作的核心监督、年度公开评估、可能的服务评估、服务绩效报告等。

（二）采用专业的绩效评价专用工具及标准化流程

由于国外政府购买服务所涉及的内容较多，在美国的部分州的95%的政府服务采用外包方式，因此针对购买服务往往有一套标准化的流程及专用工具进行绩效评价工作，如澳大利亚开发的针对养老服务的CSI消费者服务工具等。

五、国外政府购买服务绩效评价模型与指标体系

（一）国外政府购买服务绩效评价模型

1. 以效率为主要价值取向的评价模型

20世纪80年代初，国外主要采用以效率为主要价值取向的模型来进行购买服务的绩效评价，包括“3E”评价模型及会计标准委员会设计的评估投入、产出、结果、效率的模型。

2. 以结果为主要价值取向的评价模型

20世纪90年代开始，学者认为不仅应当对效率进行评估，还应该对结果进行评估，因而发展了以结果为主要价值取向的绩效评价模型。1993年，美国颁布的《联邦政府绩效和结果法》以立法形式使结果导向的绩效评价走向制度化，2001年英国发布了《地方政府白皮书：强势地方领导力——高品质公共服务》，强调对公共服务的质量、结果的监督。以结果为价值取向的评估模型主要包括“计划评价”模型和平衡记分卡模型。“计划评价”模型最早在澳大利亚实施，主要从一致性、效率、效果、成本—收益分析四个维度对政府购买服务进行绩效评价。平衡记分卡模型最早发源于美国，最早用来评估企业的发展战略，主要从财务状况、顾客服务、内部流程和学习发展四个层面进行评估，而后被美国等西方国家政府借用，评估政府购买服务的绩效，四个层面被相应地修改成针对政府购买服务特征的体系，包括政府购买服务的财务状况、社会组织的顾客服务水平、整个购买服务的内部流程及遇到问题是否能及时反省并懂得学习和发展的重要性。这四个层面的指标在1996年被美国交通运输部的采购部最先采用，用来开展对政府机构所进行的评估，之后在澳大利亚、新加坡等国的政府部门得到广泛的认可和应用。

3. 以民众为主要价值取向的评价模型

20 世纪 80 年代，随着全面质量管理（TQM）在公共部门中的运用，以及公民责任运动的推进，公共服务绩效评价从过去的效率价值取向转向了结果和公民取向。全面质量管理是源于私人部门的管理措施，要求整合生产力指标、战略计划、评估及结果沟通，关注政府公共服务的改进与测量，强调对服务产出或服务质量的评价。因而中国许多地方政府和研究者开始将民众满意度作为衡量公共服务质量的重要指标。20 世纪 90 年代后，随着顾客满意度测量技术的发展、成熟和运用，通过对公民满意度的测量来提升公共服务绩效的研究与实践开始为更多学者关注。

美国 1993 年颁布了第 12826 号行政命令——“设置顾客服务标准”。要求所有向民众直接提供服务的机构要了解民众所需，公布服务标准以便评价其所提供的服务。这一行政命令确定了政府公共服务的顾客导向，主要包括“总体绩效与间接绩效”结合模型和美国坎贝尔研究所的评估模型。

“总体绩效与间接绩效”结合模型由埃莉诺·奥斯特罗姆等将公共基础设施绩效概括为总体绩效和间接绩效，开发了一套系统的绩效评估系统。其中总体绩效标准包括：经济效率、通过财政平衡实现公平、再分配公平、责任和适应性。（1）经济效率，是由与资源配置及再配置相关的净收益流量的变化决定的，它主要是指资源配置是否符合帕累托最优标准。（2）公平，主要体现在两个方面：一是项目服务的收益与提供该服务的成本之间的财政平衡。也就是说，谁从基础设施中获益，谁就应该承担相应的财政负担，且谁获益较多，就要付出较多。二是基础设施提供中的再分配，要求资源配置给比较穷的人。（3）责任，主要是指政府提供公共设施的责任。基础设施供给必须考虑最终使用者的愿望，避免基础设施建设不当。（4）适应性，指基础设施提供对变化的环境做出反应，否则，基础设施的可持续性很可能遭到破坏。埃莉诺·奥斯特罗姆等还强调对不同绩效标准进行权衡，特别是要在效率和再分配公平之间进行选择与权衡。埃莉诺·奥斯特罗姆所谓的间接绩效是指基础设施提供的成本，包括供给成本和生产成本两个方面，供给成本和生产成本又可分为转换成本和交易成本。此绩效评估模型最初用于评估政府的公共基础设施水平，但是政府购买公共服务的绩效评估与此相似，也可以理解为政府购买有关公共基础设施的服务，由社会组织提供。由此，此模型也可用于评估政府购买公共服务的绩效。之所以将之归结为以民众为价值取向的评估模型，是由于该模型所考虑的公平、责任及适应性等指标都反映了民众的需求。

坎贝尔所设计的绩效评估模型主要包括五个基本维度：（1）财政管理。主要包括政府的举债能力管理是否符合法律规定的比例；退休金管理是否得当；现金管理是否得当，有多少做了风险性投资；政府采购各个环节设计和管理是否合理；项目管理是否合理合法，工程招标是否公开公平；《美国政府财会通则》对账目建立和管理的规定是否得到了严格的执行等。（2）人事管理。人事管理机制复杂、情况各异，许多环节和因素都难以考核，目前主要评估等级工资制度和公务员甄选及退休制度的完善性。（3）信息管理。主要考核计算机的数量和质量，在政府工作中的应用率及所起的作用，计算机是否在最能服务于政府工作的人手中使用。（4）领导目标管理。主要评估领导者战略计划制定是否科学可行、完成得怎样、有什么样的推进措施、正负面的效应如何等。（5）基础设施管理。主要评估公益事业管理的政策法规制定和实施是否及时有效。该评估模型主要针对政府及其工作人员的绩效，但是从其最初的对人事管理及领导目标的重视可以延伸出其对民众及公民满意度的关注，因此将此评估模型归结为以民众为主要价值取向的评估模型是合理的。

（二）国外政府购买服务绩效评价指标体系

国外在进行购买服务绩效评价指标设计时最早基于绩效表现，如美国针对儿童福利机构设置的指标体系中，绩效指标包括测量和追踪寄养儿童获得永久居所的比例，比如寄养儿童与他们的亲生父母重新组建家庭或被收养，但这种指标的广泛应用后出现了一定的问题，甚至产生了一些意想不到的恶果，因此，美国佛罗里达州、缅因州与纽约州先后通过州级法案来适当地修正基于绩效表现的合同管理模式，同时也修正了对应的绩效指标体系，会根据以下（如表 3-1 所示）十个方面的问题进行指标体系的设定。

表 3-1　以结果为导向的指标体系的所考虑的十个问题

序号	问题
1	机构（或其他主体）的需求及资源分别是什么？
2	机构（或其他主体）的目标、目标人数、期待的结果是什么？
3	干预措施如何将知识与实践相结合？
4	要把干预措施付诸实践需要哪些能力？
5	干预措施如何与其他已经应用过的项目相适应？
6	干预措施如何被实施？
7	实施的结果质量如何被评估？
8	干预措施的结果如何？
9	进一步的质量提升策略如何被引入？
10	如何干预措施是成功的，将如何保持它的可持续性？

再如，由于外国公共卫生购买服务开始较早，因此对购买服务的绩效评估是相对全面且较为完善的。例如在英国，绩效评估是财政部和包括卫生部在内的其他部门达成的公共服务协议的一部分，旨在提高卫生和社会服务的产出和效率。设立的指标如表 3-2 所示。

表 3-2 国家卫生服务体系绩效评估框架绩效指标

绩效评估框架领域	序号	指标名称
增进健康	1	男性寿命期望
	2	女性寿命期望
	3	癌症死亡数
	4	循环疾病的死亡数
	5	自杀率
	6	事故死亡率
	7	18 岁以下受孕数
	8	五岁儿童的正常牙齿数
	9	婴儿死亡率
诊疗公平	1	乳腺癌检查
	2	子宫癌检查
	3	冠心病的手术率
	4	置换关节手术率
	5	切除白内障的手术率
	6	全科医生数
	7	滥用毒品者中获得毒品治疗服务的增长
有效提供适当的卫生服务	1	儿童免疫率
	2	流感疫苗率
	3	中风治愈率
	4	髋关节骨折治愈率
	5	初级保健管理——急性症
	6	初级保健管理——慢性症
	7	初级保健中的精神健康
	8	抗菌药的处方率
	9	搞溃疡药的处方率
	10	器官捐赠
效率	1	等待时间
	2	普通处方
	3	门诊病人预约失败率
	4	数据质量

续表

绩效评估框架领域	序号	指标名称
患者/患者家属的感受	1	六个月住院病人的等待时间
	2	十三周门诊病人的等待时间
	3	二周癌症患者的等待时间
	4	延迟出院
	5	得到全科医生诊疗

第四章

政府购买服务及其绩效评价的国内实践

20 世纪 70 年代以来，中国政府行政改革的目标瞄准在如何控制和降低政府行政成本，提升政府行政效能，以及提高公共服务的质量和水平上。在新公共管理改革的浪潮中，我国借鉴外国政府治理经验，积极引入政府购买服务，并结合我国实际国情，建立起具有中国特色的政府购买服务体制机制。为进一步打造责任政府，突出“绩效”理念，政府购买服务绩效评价正于全国逐步推广应用。

本章在全面梳理我国各地政府部门的政府购买服务及绩效评价实践经验的基础上，总结上海、宁波、广州等地的政府购买服务及绩效评价主要做法，提炼我国政府购买服务及绩效评价工作的特征，针对当下政府购买服务评价工作中遇到的问题展开分析，并结合实际情况提出改进建议，为优化当下政府购买服务及绩效评价制度机制进言献策。

| 第一节 | 我国政府购买服务及绩效评价发展历程

自 20 世纪 90 年代起，我国借鉴欧美与亚洲国家（地区）政府治理经验，逐步引入政府购买服务，结合我国实际国情探索建立起政府购买服务及绩效评价体制机制，并在实践中不断深入推广。本节主要梳理政府购买服务及其绩效评价在我国的发展过程。

一、我国政府购买服务发展历程

我国政府购买服务主要可分为 3 个阶段，一是试点阶段（1995—2004 年），二是拓展阶段（2005—2012 年），三是全面推进阶段（2013 年至今）。

（一）试点阶段（1995—2004 年）：零星试点，缓慢推进

1995 年，上海浦东新区社会发展局兴建了罗山市民休闲体育中心，为了提高休闲中心管理效率，该局一改以往依托街道办事处和居委会等传统社区管理组织进行管理的模式，转而通过协商的方式委托上海基督教青年会实施管理，由此拉开了我国政府购买服务改革的序幕。此后，全国其他省市相继开展政府购买服务试点。2004 年 3 月

浙江省宁波市海曙区政府出台养老服务政策，由政府出资，与非营利组织和社区进行合作，向星光敬老协会购买居家养老服务，并聘请就业困难人员作为养老服务项目服务人员，形成了“政府主导、非营利性组织运行、社会共同参与”的运行机制。

（二）拓展阶段（2005—2012 年）：扩大试点，拓展领域

2005 年江苏省无锡市先后将市政设施养护、污水处理、路灯设施维护、环卫清扫保洁、结核病防治等十多项原先由政府部门直接负责的公共服务项目转为政府购买公共服务的形式。该年 12 月，国务院扶贫办、亚洲银行、江西省扶贫办和中国扶贫基金会在北京启动“非政府组织与政府合作实施村级扶贫规划试点项目”，首次通过规范招标程序实施公共服务的购买活动。政府购买服务的零星试点很快形成燎原之势，试点范围逐渐扩大到广东、北京、四川等地，购买范围包括医疗卫生、教育、计划生育、就业培训和社区服务等诸多领域。

2007 年广州市海珠区政府出资 200 万元，向启创社工服务中心购买了 3 条街道和两所中学的青少年服务项目。随后，荔湾区政府投入 100 万元为该区 8 个街道的老年人、青少年、残疾人与困难群众等向广州市大同社工服务中心、广州荔湾区逢源人家服务中心等购买服务。2012 年 3 月第十三次全国民政会议提出，政府的事务性管理工作中适合通过市场和社会提供的公共服务，可以以适当的方式交给社会组织、中介机构、社区等基层组织承担。随后，广东省正式颁布了第一批具备资质的社会组织目录。该年，中央首次通过建立公共财政资助机制安排 2 亿专项资金，用于支持社会组织参与社会服务。这一阶段，社会组织力量不断壮大，政府购买服务内容进一步丰富。

（三）全面推进阶段（2013 年至今）：深化推进，提质增效

2013 年 9 月国务院办公厅颁布《关于政府向社会力量购买服务的指导意见》（国办发〔2013〕96 号），明确了推进政府购买服务的目标：到 2020 年在全国基本建立比较完善的政府购买服务制度。该指导意见的颁布标志着政府购买服务正式进入了以中央为主导的加速推进阶段。随后，财政部连续下发《关于做好政府购买服务工作有关问题的通知》（财综〔2013〕111 号）与《关于政府购买服务有关预算管理问题的通知》（财预〔2014〕13 号），从顶层设计层面对政府购买服务的持续推进与组织实施进行引导规范。

2014 年 1 月，财政部主持召开全国政府购买服务工作会议，标志着我国政府购买服务改革开始提速。在中央的统筹部署下，各地政府积极行动，相继制定了关于政府购买服务的指导意见，一些地区随后颁布了政府购买服务指导性目录。同年 12 月，《政府购买服务管理办法（暂行）》（财综〔2014〕96 号）颁布，对政府购买服务的购买主体、承接主体、购买内容及指导目录、购买方式及程序等做出了明确规定。2016 年，财政部与民政部联合发文《关于通过政府购买服务支持社会组织培育发展的指导意见》（财综〔 2016 〕54 号），提出要在“十三五”时期形成一批运作规范、公信力

强、服务优质的社会组织，为政府购买服务的深入推进奠定市场基础。2017 年召开的党的十九大会议进一步确认政府购买服务实施的重要意义：政府以“委托代理”的方式与社会承购方在社会公共服务购买方面所缔结的契约关系，能够有效盘活社会富余资源，不断地促进政府公共服务管理能力的提升。

截至目前，从服务种类来看，政府购买服务涵盖了基本公共服务、社会管理型服务、行业管理与协调性服务、技术性服务与政府履职所需辅助性服务五大类；从具体服务内涵来看涵盖教育、就业、人才服务、社会救助、食品药品安全、城市维护等多个细分领域；从覆盖地区来看，全国各省、市、自治区均已开始了政府购买服务的实践工作，北京、广东、江苏等 11 个省、市、自治区出台了政府购买服务有关实施意见，一半多的省、市、自治区制定了政府向社会力量购买服务的指导性目录，一批基层地方政府也制定了政府购买服务的实施办法。

二、我国政府购买服务绩效评价发展历程

上海作为政府购买服务绩效评价的首批试点城市之一，继“罗山市民会馆”之后，政府购买服务绩效评价更多地表现为行政机构内部管理的验收考核。直至 2012 年，上海市民政局联合上海市质监局出台了首个关于公益服务项目评估的地方性标准《社区公益服务项目绩效评估导则》，标志着政府购买服务绩效评价试点工作逐步走向制度化与规范化。2013 年，民政部委托清华大学公共管理学院 NGO 研究所对 2012 年中央财政购买社会组织参与社会服务项目实施专业评价，旨在全面了解政府购买服务项目的执行与管理情况。各地相继根据零星的政府购买服务及其绩效评价试点情况出台指导意见，对政府购买服务及其绩效评价进行引导与规范，包括但不限于建立绩效评价机制、落实结果应用与建立信息公开机制等。2018 年财政部出台《关于推进政府购买服务第三方绩效评价工作指导意见》（财综〔2018〕42 号），分别从主体责任、绩效评价范围、指标体系、结果应用、信息公开和监督管理等角度对政府购买服务第三方评价进行规范引导，也标志着我国政府购买绩效服务绩效评价由各地区零星试点逐步过渡到全国统一布局阶段。意见指出，2018—2019 年，选取天津、山西、吉林、上海、江苏、浙江、河南、四川、贵州和深圳共计 10 个省、直辖市、计划单列市开展政府购买服务绩效评价工作的试点，完善政府购买服务绩效指标体系，探索创新评价形式、评价方法、评价路径等，稳步推广第三方评价。该意见的出台标志着我国在政府购买服务第三方绩效评价工作中迈入了新的时期。同年 9 月 1 日，《中共中央国务院关于全面实施预算绩效管理的意见》出台，也明确提出要积极开展涉及政府购买服务的预算绩效管理。

目前，我国各地政府购买服务管理文件中具体关于政府购买服务绩效评价相关内容的表述见表 4-1。

表 4-1　各地政府购买服务管理制度中关于绩效评价相关管理要求的表述

序号	地区	文件	绩效评价相关要求
1	北京	《北京市人民政府办公厅关于政府向社会力量购买服务的实施意见》（京政办发〔2014〕34 号）	购买主体要对承接主体提供服务的数量、质量、服务对象满意度等进行绩效评价。财政部门要对重点领域和重点项目政府购买服务资金使用效益进行监督检查和绩效评价。充分发挥服务对象和第三方在确定购买内容和绩效评价工作中的作用，建立社会力量承接政府购买服务的信用体系
2	北京	《北京市政府购买服务预算管理办法》（京财综〔2020〕510 号）	按照全面实施绩效管理要求，建立健全政府购买服务项目绩效目标设置与审核、事前绩效评估、绩效执行监控、绩效评价及结果运用的全过程绩效管理机制，不断提高政府购买服务质量和效益
3	河北	《河北省人民政府办公厅关于政府向社会力量购买服务的实施意见》（冀政办〔2014〕3 号）	各级财政部门和相关购买主体要按照《河北省人民政府关于深化推进预算绩效管理的意见》（冀政〔2010〕138 号）规定，将预算绩效管理的要求贯穿于购买服务预算编制、执行、监督、评价和问责的全过程，确保财政资金使用效益和公共服务的质量绩效。要建立健全由购买主体、服务对象及第三方组成的综合性评审机制，对购买服务项目数量、质量和资金使用绩效等进行考核评价，评价结果向社会公布，并作为以后年度编制政府向社会力量购买服务预算和选择政府购买服务承接主体的重要参考依据
4	河南	《河南省政府购买服务操作指南（试行）》（豫财综〔2016〕11 号）	财政部门应当推进和加强政府购买服务预算绩效管理工作，同时推进购买主体建立健全政府购买服务绩效评价机制，探索推进第三方评价。购买主体负责组织实施绩效评价。在具体实施中，可以建立由购买主体、服务对象和专业机构组成的综合评价机制，也可以委托第三方实施绩效评价
5	山西	《山西省政府购买服务实施办法》（晋政办发〔2021〕12 号）	购买主体实施政府购买服务项目绩效管理，应当开展事前绩效评估，定期对所购服务实施情况开展绩效评价，具备条件的项目可以运用第三方评价评估。财政部门可以根据需要，对部门政府购买服务整体工作开展绩效评价，或者对部门实施的资金金额和社会影响大的政府购买服务项目开展重点绩效评价
6	山东	《山东省政府购买服务管理实施办法》（鲁财采〔2021〕10 号）	购买主体应当实施政府购买服务项目绩效管理，对所购公共服务应当开展事前绩效评估和实施情况绩效评价，具备条件的项目可以运用第三方评价评估。财政部门根据需要，可对部门政府购买服务整体工作开展绩效评价，或者对部门实施的资金金额和社会影响大的政府购买服务项目开展重点绩效评价

续表

序号	地区	文件	绩效评价相关要求
7	辽宁	《辽宁省政府购买服务管理办法》（辽财综规〔2020〕9号）	财政部门应当按照建立全过程预算绩效管理机制的要求，推进政府购买服务绩效评价工作，加强成本效益分析，控制和降低服务成本，提高政府购买服务绩效。购买主体实施政府购买服务项目绩效管理，应当开展事前绩效评估，定期对所购服务实施情况开展绩效评价
8	黑龙江	《黑龙江省财政厅关于进一步做好政府购买服务管理工作的通知》（黑财综〔2020〕13号）	按照《中共黑龙江省委黑龙江省人民政府关于全面实施预算绩效管理的实施意见》要求，对政府购买服务项目进行全过程绩效管理，着力解决好“买得值”的问题，不断提高政府购买服务的质量和效益，更好地满足人民群众的公共服务需求
9	上海	《上海市政府购买服务管理办法》（沪财发〔2021〕3号）	购买主体应当加强政府购买服务项目预算绩效管理，按规定开展事前绩效评估，编报绩效目标，加强合同履约期间的绩效执行监控，定期对所购服务实施情况开展绩效评价。购买主体应当按规定对政府购买服务项目绩效目标完成情况开展绩效自评。预算主管部门根据工作需要开展部门评价的，应建立由预算主管部门和服务对象组成的评价机制，必要时可以运用第三方评价评估
10	江苏	《江苏省财政厅关于贯彻落实＜政府购买服务管理办法＞规范做好政府购买服务工作的通知》（苏财购〔2020〕34号）	各地各部门在安排政府购买服务项目时应当突出公共性和公益性，按照国家基本公共服务标准的相关要求确定政府购买基本公共服务项目的服务内容、水平、流程等标准要素，并将其纳入政府购买服务绩效评价指标体系。各级财政部门负责组织开展政府购买服务绩效评价工作，包括对部门政府购买服务整体工作绩效评价和重点项目绩效评价。购买主体负责实施政府购买服务项目绩效管理，应当开展事前绩效评估，定期对所购服务实施情况开展绩效评价，其中，对受益对象为社会公众且社会关注度高的民生类政府购买服务项目，或预算金额省级在500万元以上的，市级在300万元以上的，县级在100万元及以上的政府购买服务项目，应当积极引入第三方机构开展绩效评价。购买主体及各级财政部门要加强绩效评价结果应用，将绩效评价结果作为承接主体选择、预算安排和资金支付以及政策调整的重要依据
11	浙江	《浙江省财政厅关于进一步规范政府购买服务采购管理的通知》（浙财采监〔2021〕2号）	购买主体应当加强政府购买服务项目绩效管理。购买主体应当对本部门、本单位实施的政府购买服务项目实施全过程绩效管理。项目实施前应当实行绩效目标评估，项目实施过程中应当开展绩效监控，项目完成后应当实施绩效评价。重大项目可以委托第三方专业机构开展重点评估评价。财政部门可以根据需要，对重大公共服务项目或者社会影响大的政府购买服务项目，组织开展重点绩效评价。绩效评价指标包含项目的经济性、效率性和效益性。购买主体及财政部门应当将绩效评价结果作为承接主体选择、预算安排和政策调整的重要依据

续表

序号	地区	文件	绩效评价相关要求
12	安徽	《安徽省人民政府办公厅关于政府向社会力量购买服务的实施意见》（皖政办〔2013〕46号）	加强对政府购买服务项目的绩效管理，建立健全由购买主体、服务对象及第三方专业机构组成的综合性评审机制。绩效评价结果作为厘定单位职能、优化事业单位机构编制布局和人员结构的重要参考依据，作为结算年度购买服务资金、编制以后年度项目预算、社会组织资质管理、选择承接主体等方面的重要参考依据
13	江西	《江西省人民政府办公厅关于政府向社会力量购买服务的实施意见》（赣府厅发〔2014〕27号）	政府购买服务工作要纳入绩效管理体系，建立绩效评价办法，加强绩效管理。探索建立由购买主体、服务对象及第三方组成的综合性评审机制，对政府购买服务项目数量、质量和资金使用绩效等进行考核评价。鼓励有条件的地方推行第三方评审。坚持过程与结果评审、短期效果与长远效果评审、社会效益与经济效益评审相结合，确保评审工作全面性、客观性和科学性。绩效评价结果，作为单位履职考评、财政预算资金安排和政府购买服务成效的重要参考依据
14	湖北	《湖北省人民政府办公厅关于政府向社会力量购买服务实施意见（试行）》（鄂政办发〔2014〕1号）	建立健全由购买主体、服务对象及第三方组成的综合性评审机制，对购买服务项目的数量、质量和资金使用绩效进行考核评价。评价结果由购买主体向社会公开，并作为下一年度编制政府向社会力量购买服务预算和选择政府购买服务承接主体的重要参考依据
15	湖南	《湖南省政府购买服务管理实施办法》（湘财综〔2020〕6号）	行业主管部门、购买主体、财政部门应当加强政府购买服务绩效管理，完善政府购买服务绩效评价机制，建立健全信息技术为基础的绩效执行评估，不断提高政府购买服务质量和效益
16	深圳	《深圳市人民政府办公厅关于印发政府购买服务的实施意见及两个配套文件的通知》（深府办〔2014〕15号）	绩效评价范围包括财政资金使用绩效和承接主体的服务绩效两个方面。要按照建立全过程绩效管理机制的要求，强调结果导向，加强成本效益分析，切实控制降低公共成本，节约社会资源；购买主体应按照预算编制的要求，编报绩效目标，健全绩效评价指标体系，将服务对象满意度作为一项重要评价指标，坚持过程评审与结果评审相结合、短期效果与长远效果评审相结合、社会效益评审与经济效益评审相结合，力求评审工作全面、客观、科学；财政部门应加强对绩效评价工作的组织指导，根据需要选择部分项目开展重点评价和再评价。逐步引入第三方评审机构进行综合绩效考评，形成由购买主体、服务对象及第三方参与的综合性评审机制；加强政府购买服务绩效评价结果应用，绩效评价结果应在形成后10个工作日内向社会公布，并作为以后年度编制政府购买服务预算和选择承接主体的重要参考

续表

序号	地区	文件	绩效评价相关要求
17	广东	《广东省政府向社会力量购买服务暂行办法》（粤府办〔2014〕33号）	政府向社会力量购买服务的绩效评价，由财政部门组织或通过引入第三方实施；有关部门予以积极配合，并做好绩效自评工作。评价范围包括购买主体购买服务的财政资金使用绩效和承接项目的社会力量的服务绩效两个方面。评价结果作为以后年度预算安排及社会力量承接政府购买服务的重要参考依据
18	广西	《广西壮族自治区财政厅关于贯彻落实政府购买服务管理办法的通知》（桂财综〔2020〕45号）	将绩效管理贯穿政府购买服务全过程，推动绩效目标管理、绩效运行监控和绩效评价实施管理相结合。扎实有序推进政府购买服务第三方绩效评价工作。购买主体开展绩效评价的，应及时向承接主体反馈绩效评价结果，探索将评价结果与合同资金支付挂钩，并作为以后年度选择承接主体的重要参考。财政部门组织开展绩效评价的，应及时向购买主体和承接主体反馈评价结果，提出整改要求，并将评价结果作为以后年度预算安排的重要依据
19	海南	《海南省政府购买服务预算管理办法》（琼财综规〔2020〕17号）	购买主体应按照全面实施绩效管理要求，建立健全政府购买服务项目绩效目标设置与审核、绩效执行监控、绩效评价及结果运用的全过程绩效管理机制，不断提高政府购买服务质量和效益。承接主体应当配合相关部门对资金使用情况进行监督检查与绩效评价。购买主体应当负责组织政府购买服务项目绩效评价，逐步建立由购买主体、服务对象及专业机构和人员组成的综合性绩效评价机制，积极探索推进第三方绩效评价
21	重庆	《重庆市政府购买服务暂行办法》（渝府办发〔2014〕159号）	政府购买服务实行全过程预算绩效管理，建立购买主体、服务对象及第三方有机结合的综合性评估机制。实施购买前，购买主体应充分了解服务对象的需求状况、参考第三方意见，认真制定所购买服务的绩效目标，细化考核标准，作为购买服务的前置条件。实施过程中，应及时监控分析项目绩效运行情况，采取有效措施，确保预期目标实现。项目结束后，应对绩效目标的实现程度、资金使用效果、服务质量、公众满意度等进行严格的绩效考核评估。评估结果向社会公开，并作为结算服务费用、编制以后年度资金预算和选择承接主体的重要依据
22	四川	《四川省政府购买服务管理办法（暂行）》（川财综〔2015〕63号）	财政部门应当按照建立全过程预算绩效管理机制的要求，加强成本效益分析，推进政府购买服务绩效评价工作。建立由购买主体、服务对象及专业机构组成的综合性评价机制，推进第三方评价。政府购买服务绩效评价一般以预算年度为周期，对跨年度的重大服务项目，可根据实际实施阶段性评价。考评结果将按照相关规定在一定范围内向社会公布，并作为以后年度编制购买服务预算和选择承接主体的重要参考依据

续表

序号	地区	文件	绩效评价相关要求
23	云南	《云南省人民政府办公厅关于政府向社会力量购买服务的实施意见》（云政办发〔2015〕62号）	购买主体应会同财政部门，围绕购买服务流程、专业方法、质量控制、监督管理、需求评估、成本核算、招投标管理和能力建设等环节，做好相关标准研究制定，逐步建立科学合理、协调配套的绩效评价指标体系。将政府购买服务资金纳入财政资金绩效管理体系，建立绩效评价办法，探索建立由购买主体、服务对象及第三方组成的综合性评价机制，对购买服务项目数量、质量和资金使用绩效等进行考核评价。评价结果向社会公布，并作为以后年度编制政府购买服务预算和选择承接主体的重要依据
24	陕西	《陕西省政府向社会力量购买服务暂行办法》（陕财办综〔2014〕117号）	财政部门应按照建立全过程预算绩效管理机制的要求，积极推进政府购买服务绩效评价工作。强调结果导向，强化部门支出责任，加强成本效益分析，控制公共成本，节约社会资源，注重结果应用。评价结果向社会公布，并作为以后编报购买服务计划和选择承接主体的重要参考依据
25	宁夏	《宁夏回族自治区关于推进政府购买服务工作指导意见的通知》（宁政办发〔2014〕73号）	加强政府购买服务的绩效管理，严格绩效评价机制。建立健全由购买主体、服务对象及第三方组成的综合评审机制，对购买服务项目数量、质量和资金使用绩效等进行考核评价。评价结果向社会公布，并作为以后年度编制政府购买服务预算和选择政府购买服务承接主体的重要参考依据
26	甘肃	《甘肃省政府购买服务管理办法》（甘财综〔2021〕2号）	政府购买服务应当全面实施绩效管理。购买主体及有关部门应当加强政府购买服务绩效管理，建立健全政府购买服务项目绩效目标设置与审核、绩效执行监控、绩效评价及结果运用的全过程绩效管理机制，不断提高政府购买服务质量和效益。购买主体应当定期对所购服务实施情况开展绩效评价，具备条件的项目可以运用第三方评价评估。财政部门可以根据需要，对部门实施的资金金额较大和社会影响较大的政府购买服务项目开展绩效财政评价
27	青海	《青海省政府购买服务管理实施办法》（青政办〔2020〕82号）	购买主体应当负责组织政府购买服务项目绩效评价，建立由购买主体、服务对象及专业机构组成的综合性评价机制，积极探索推进第三方绩效评价。购买主体应当将绩效评价结果与合同资金支付相挂钩，并将评价结果作为以后年度选择承接主体的重要参考依据。财政部门可根据需要，对部门政府购买服务整体工作开展绩效评价，或者对部门实施的资金金额和社会影响大的政府购买服务项目开展重点绩效评价。其评价结果作为以后年度安排项目预算资金、督促部门改进管理和完善相关政策的重要依据

续表

序号	地区	文件	绩效评价相关要求
28	内蒙古	《内蒙古自治区政府向社会力量购买服务项目监督检查和绩效评价管理暂行办法》（内政办发〔2017〕2号）	购买主体、同级财政部门独立组织或购买主体牵头组织、同级财政部门、服务对象和专业机构运用科学合理的绩效评价指标体系、标准和方法，对购买服务合同的履行、服务数量和质量、受益群体满意度、资金预算绩效的实现等情况进行评价
29	西藏	《西藏自治区政府购买服务管理办法》（藏财综〔2020〕40号）	财政部门应将政府购买服务项目纳入预算绩效管理范围，按照全过程预算绩效管理机制的要求，推进政府购买服务绩效管理工作。购买主体应加强政府购买服务项目的绩效管理，建立健全体现项目特点和要求的绩效指标体系，设置政府购买服务项目绩效目标，及时监控分析项目绩效运行情况，确保预期目标实现，开展对政府购买服务项目的绩效评价，加强成本效益分配，控制和降低服务成本，提高政府购买服务绩效。购买主体实施政府购买服务项目绩效管理，应当开展事前绩效评估，定期对所购服务实施情况开展绩效评价，具备条件的项目可以运用第三方评价评估。财政部门可以根据需要，对部门政府购买服务整体工作开展绩效评价，或者对部门实施的资金金额和社会影响大的政府购买服务项目开展重点绩效评价。购买主体及财政部门应当将绩效评价结果作为承接主体选择、预算安排和政策调整的重要依据

第二节　上海市政府购买服务及其评价经验

作为我国政府购买服务实践首个试点开展城市之一，上海在“罗山市民会馆”政府购买服务试点取得成功之后，很快将政府购买服务试点推向其他领域。通过几年的实践和摸索，上海市政府购买服务的范围和力度逐年扩大。根据上海市社会团体管理局网站公布的统计数据，2017年，上海市、区两级政府购买服务预算总金额为192亿元，相比2016年增幅达26%。截至2021年7月，全市社会团体4296个，民办非企业单位12303个，基金会555个。

一、上海市政府购买服务现状

制度建设层面，上海市相继颁布《上海市市级政府购买公共服务项目目录（2013年度）》《上海社区公益服务招投标项目评估指标体系（暂行）》等文件，并根据《上海市人民政府关于进一步建立健全本市政府购买服务制度的实施意见》（沪府发〔2015〕21号）的指示，于2017年7月对原先的政府购买服务目录进行修订更新，随后颁布了《上海市市本级政府购买服务实施目录（2017年度）》，对政府购买服务大类与具体服务内容进行了明确列示。2021年《上海市财政局关于印发〈上海市政府购买服务管理办法〉的通知》（沪财发〔2021〕3号）标志着上海市政府向社会组织购买公共服务基本制度框架初步形成。

随着政府购买服务的持续推进，上海市逐步形成了“政府承担、定向委托、合同管理、评估兑现”的运作模式。其中，“政府承担”指的是政府购买服务项目经费由财政承担，“定向委托”是政府与社会组织进行合作的主要方式，“合同管理”是政府购买服务项目的监管模式，“评估兑现”是一种为了确保公共服务质量，采取通过评估之后才能支付合同全部资金的政府购买服务支付方式。

（1）政府承担：政府购买服务所需资金从部门预算经费或者经批准的专项资金等既有预算中统筹安排。通过建立政府承担的经费保障机制，确保上海市政府购买服务的顺利推进。

（2）定向委托：对购买服务需求标准统一的项目，应采用最低标价法确定承接主体；对招标需求标准差异较大或者没有统一标准的项目，可按照最有利标的的决标原则，采用综合评分法确定承接主体。对采购需求具有相对固定性、延续性且价格变化幅度小的服务项目，可结合实行中期财政规划管理改革，签订履行期限为1～3年的政府采购合同，有效调动各类承接主体优化资源配置、降低服务成本的积极性；对金额较大、履约周期长、社会影响面广或者对供应商有较高信誉要求的服务项目，可探索运用市场化手段，引入政府采购信用担保，通过履约担保促进服务质量提升和服务水平提高，积极培育政府购买服务供给市场。

（3）合同管理：按规定程序确定承接主体后，购买主体应及时与承接主体签订购买服务合同，明确购买服务的内容、期限、数量、质量、价格等要求，以及资金结算方式、双方的权利义务事项和违约责任等内容。

（4）评估兑现：购买主体应加强对承接主体提供服务的监控监督，及时了解掌握购买项目实施进度，严格按照国库集中支付管理有关规定和合同约定支付款项。承接主体实施完成合同约定的服务事项后，购买主体应按照合同规定的技术、服务和安全标准等组织对供应商履约情况的检查验收，最后支付剩余款项。

二、上海市政府购买服务绩效评价发展概况

最早可追溯的政府购买服务绩效评价记录是2012年，上海市技术质量监督局发布上海市地方标准的《社区公益服务项目绩效评估导则》（DB 31/T583—2012），该导则遵循顾客满意度测评通则（GB/T 19039—2009），选用了项目完成情况、服务满意率、财务状况、组织能力、人力资源、综合效能六大核心指标对社区公益服务项目进行评价。

2013年，上海市杨浦区着手探索构建政府购买服务绩效评价体系。该年9月底，杨浦区发布《杨浦区政府购买社会组织公共服务项目绩效评估办法（试行）》，首次对政府购买服务绩效评价的定义、适用范围、组织管理、评价方法与程序、评价结果及应用等进行了明确。2015年，上海市政府印发了《关于进一步建立健全本市政府购买服务制度的实施意见》（沪府发〔2015〕21号），从市级层面对政府购买服务绩效评

价主要内容与要点进行了明确要求。2016年，上海市财政局会同市民政局、市社团局印发了《关于进一步支持和规范本市社会组织承接政府购买服务工作的通知》（沪财预〔2016〕108号），提出加强服务项目的质量标准体系建设，完善社会组织承接购买服务的监督管理。要求购买主体加强项目全过程监控监督，建立健全由购买主体、服务对象和第三方专业评审机构组成的综合性绩效评价机制；财政、审计等部门加强监督审计，完善事前、事中和事后监管体系；民政部门加强社会组织信用体系建设，完善跨部门信息共享机制。至此，上海市政府购买服务全过程绩效管理体系基本形成。上海市政府购买服务及绩效评价发展过程中的制度文件汇总如表4-2所示。

表4-2 上海市政府购买服务及绩效评价制度文件汇总

序号	年份	制度文件名称
1	2013	《上海市市级政府购买公共服务项目目录（2013年度）》
2	2013	《上海社区公益服务招投标项目评估指标体系（暂行）》
3	2015	《上海市人民政府关于进一步建立健全本市政府购买服务制度的实施意见》（沪府发〔2015〕21号）
4	2015	《关于印发＜上海市市本级政府购买服务实施目录＞的通知》（沪财预〔2015〕75号）
5	2016	《关于印发＜上海市市本级政府购买服务实施目录＞的通知》（＜沪财预〔2016〕133号）
6	2016	《关于＜上海市市本级政府购买服务实施目录＞的补充通知》（沪财预〔2016〕221号）
7	2017	《上海市市本级政府购买服务实施目录（2017年度）》（沪财预〔2017〕98号）
8	2021	《上海市财政局关于印发〈上海市政府购买服务管理办法〉的通知》（沪财发〔2021〕3号）

三、上海市政府购买服务绩效评价的做法

政府购买服务工作经验积的淀使上海市形成了具备自身特色的政府购买服务绩效评价制度。

（一）采取以“买”定“评”的实施模式

从评价委托方或实施主体来看，上海市政府购买服务绩效评价采取“谁购买、谁评价”的做法；在具体的评估方法选择上，通常采取自评价和财政评价（包括第三方评价）相结合的方式，确保评估结果的客观性。

杨浦区作为上海市最早试点政府购买服务绩效评价的区之一，经过多年的发展，形成了具有杨浦特色的政府购买服务绩效评价模式。

1. 组织架构

杨浦区设置了政府购买社会组织公共服务联席会议办公室（以下称联席会议办公室），统筹负责区政府购买服务及绩效管理相关工作。具体的评价工作

中，根据政府购买服务项目的个性化特征，通常存在两种操作模式：一是由联席会议牵头，从政府部门与受益对象中抽选专职人员组成第三方评估小组；二是直接委托专业的、有评估资质或者相关评估经验的第三方评价机构。

2. 评估内容

(1) 项目完成情况。通过收集项目资料、各种统计数据及问卷调查结果，对项目进展与项目标书、项目策划、项目服务计划的一致性及其优化程度进行评估。通过对项目服务人数、服务频次、服务类别、服务区域等方面的测定，对服务产出进行评估，对给服务对给象带来的实际成效进行评估。

(2) 服务满意率。通过问卷、访谈等方式，了解服务对象的满意率。征询项目购买方对项目实施情况的意见、建议及评价。

(3) 财务状况。通过参照相关法律及项目合同等法律性文件，对项目资金支出的合规性进行评估。通过与多个同类项目的服务单价进行比较，对项目资金支出的合理性进行评估。通过审核项目预算执行及预算调整手续的完整性、规范性，对项目的预算管理进行评估。通过审核项目会计核算、账户管理、资金管理等内容与《民间非营利组织会计制度》和《会计基础工作规范》相关要求的符合情况，对项目的财务管理进行评估。通过审核项目内部资产的配置、使用、处置，及其收益的合规性，对项目的资产管理进行评估。

(4) 组织能力。对项目实施方组织管理架构、项目管理能力、社会动员能力、可持续发展能力等方面进行综合评估。

(5) 人力资源。对项目要求相适应的人员数量、专业人员数量及对员工或志愿者提供培训的能力等方面进行评估。

(6) 综合效能。对同类服务、项目执行组织、同类行业、社会整体发展的影响程度进行评估。

3. 评估程序

(1) 机构自评。在服务周期的中期（由双方约定或购买方指定具体日期）及服务项目期限届满后的15天内，服务提供机构根据项目投标书、预算表和项目合同书，就其服务内容、服务数量及服务成果、服务质量、运作管理、财务状况等情况进行自我评估，形成自评报告报项目购买方和联席会议办公室。

(2) 实施评估。联席会议办公室在收到服务提供机构自评报告之后，按有关规定，可组织实施评估或委托第三方机构对服务项目进行绩效评估。绩效评估时间一般不超过30个工作日。评估结束后，第三方机构应当向联席会议办公室提交绩效评估综合报告、评分表及评估结果。

(3) 评估结果公开。绩效评估结果可在一定范围内通报，也可按照政府信息公开的有关规定在一定范围内公布。

（4）申诉与复核。联席会议办公室应当在绩效评估结束后，向项目购买方和服务提供机构通报评估结果，并接受服务提供机构的申诉。受理机构须在受理申诉后的30日内，组织专门工作小组进行复核，复核结果为最终结果。

（二）实施全过程绩效管理

在评估环节上，分为前评估、运行监控评价和绩效评价，基本覆盖了政府购买服务项目绩效管理的全过程。其中，政府购买服务前评估环节，对于情况比较复杂、难以形成统一标准的服务项目，建立综合性评审机制，通过跨部门的联合会审，不断提高预算编制的科学性、规范性和准确性。运行监控评价环节，重点关注购买服务的项目管理情况、服务产出情况及提供服务的效果情况。通过现场勘查与资料分析，发现偏差并及时提出整改建议。绩效评价环节，重点对购买服务项目的资金使用绩效、服务质量及公开透明程度等进行综合、客观、公正的考核评价，以作为后续合同验收与资金结算的重要依据。

（三）实施多层次结果应用

在结果应用层面，上海市将社会组织服务对象的满意度和社会认可度作为支付剩余款项的重要依据。将项目费用支付与评价结果挂钩，不仅有助于改善项目管理，还可以有效提升社会组织的服务能力。此外，绩效评价结果还将作为后续购买服务合同签订的依据，也是社会组织资质审查的主要参考之一。

以杨浦为例，上海市杨浦区政府购买服务绩效评价结果应用主要有以下几种方式：

1. 作为结算经费依据。项目购买方根据绩效评估结果，与承接服务的社会组织进行项目经费结算。项目内容部分更改，需经项目需求方确认。评估结果为“合格”及以上等次并完全履行了购买服务合同要求的，可支付结算尾款费用；评估结果为“不合格”的服务项目，应按项目实际完成情况扣减相应费用并按合同约定追究违约责任。

2. 项目优先权。社会组织承接的购买服务项目评估结果为“优秀”的，该社会组织在同等条件下具有获得次年承接政府同类购买服务项目的优先权，连续两年绩效评估为“优秀”的社会组织，经项目购买方同意第三年该项目可转为定向委托（按有关规定必须公开招投标的项目除外），定向委托最长不得超过5年。实行定向委托项目一旦期末绩效评估为“优秀”以下结果的，社会组织必须重新参与竞标。

3. 参考作用。可为预算部门或财政部门进行财政项目支出绩效评价和社会组织规范化建设评估提供参考。

4. 督促整改。根据项目中期评估结果，承接服务的社会组织要对评估中发现的问题，查明原因，及时整改落实。项目购买方要及时督促整改，总结项目管理经验，进一步提高项目管理水平和资金使用效益。

(四) 依托信息化管理平台，实施专项管理

上海市依托市政府购买服务管理平台，将全市政府购买服务分区管理，将政府购买服务与绩效评价相关的政策法规与相关解读、项目情况、绩效目标、绩效评价（关键要素）等信息进行统一公开，并配套设置了人大与政协外部监督、社会监督投诉等机制，为上海市政府购买服务绩效评价的推进建立了有效的保障。

｜第三节｜ 宁波市政府购买服务及其评价经验

宁波市作为我国政府购买服务试点工作启动较早的城市之一，在2004年出台养老服务政策，为高龄、独居的困难老人购买居家养老服务。随后在医疗卫生服务和公益性文化服务领域推广试点，并取得了良好的社会效益。2006年，宁波奉化、余姚、慈溪三市试点购买农村地区的“赤脚医生”服务，以此完善农村社区医疗保障制度。在公益性文化领域，宁波政府扮演“采购商”角色，通过公开招标的方式实施采购，以宁波逸夫剧院、宁波音乐厅和宁波大剧院等市级剧场为主，免费向公众提供公益性文化服务，仅2005年这一领域的文化服务支出就高达800余万元。2008年宁波市成立社会工作协会，政府购买服务范围进一步扩大。以向社会工作协会购买公共服务为契机，宁波市在社会救助、法律援助、社工服务、社区矫正等多个社会管理服务细分领域展开社会组织服务。

一、宁波市政府购买服务现状

2015年3月，宁波政府通过吸收社会资金购买医疗卫生领域的公共服务，全国第一家云医院“宁波云医院”正式启动运营。“宁波云医院”的建设和运营模式遵循了“政府主导、多方参与、市场化运作”的基本原则，宁波政府通过政府购买服务，将各大医院、基层医疗机构、专科医生、社区医生及第三方机构等组织力量实现有效整合，为全国政府购买服务工作的推进带来了良好的示范效应。2018年，宁波海宁市以政府购买服务的方式委托有资质的社会中介机构，对战略性新兴产业专项资金项目开展专项审计验收，不仅强化了财政支付资金的支持依据，还有效促进了项目验收过程的公开透明。

宁波市政府购买服务经过多年的发展，不断建立健全政府购买服务机制，逐步建立起包含信息公布、项目购买、履约管理、验收结算的规范化流程。

（1）信息公布。政府购买服务的情况除涉密事项外，要及时向社会公开。政府购

买服务计划核定后，购买主体要将购买服务项目的资金安排、服务标准、评价方法等内容信息及时通过政府网络平台或相关媒体向社会公布。

(2) 项目购买。购买工作应根据购买内容的市场发育程度、服务供给特点等因素，按照方式灵活、程序简便、竞争有序的原则组织实施。政府购买服务项目，统一纳入政府采购管理，采用公开招标、邀请招标、竞争性谈判、竞争性磋商、单一来源采购等方式确定承接主体。

与政府购买服务相关的采购限额标准、公开招标数额标准、采购方式审核、信息公开、质疑投诉等按照政府采购相关法律制度规定执行。

(3) 履约管理。购买主体应及时与已确定的承接主体签订购买服务合同，合同应当明确购买服务的内容、期限、数量、质量、价格等要求，以及资金结算方式、权利义务事项和违约责任等内容，除涉密事项外，一律向社会公开。购买主体监控监管服务全过程，督促承接主体严格履行合同，同时，应及时掌握购买项目实施进度及资金运作情况，开展相关调查，并根据实际需求积极帮助承接主体做好与政府相关部门、服务对象的沟通、协调。承接主体要严格履行合同义务，按时完成服务项目任务，保证服务数量、质量和效果，主动接受有关部门、服务对象及社会监督，严禁转包行为。

(4) 验收结算。承接主体实施合同约定的服务事项后，购买主体应及时组织对履约情况进行检查验收，并根据合同约定，严格按照国库集中支付管理有关规定和合同执行进度支付款项。

二、宁波市政府购买服务绩效评价发展概况

宁波市政府购买服务绩效评估在全国起步很早。2008 年年底，宁波市民政局就发布了《关于开展城市社区居家养老服务工作绩效评估的通知》(甬民发〔2008〕125 号)，选择了包括海曙区在内的 6 个社区居家养老服务较为领先的地区开展试点，主要围绕城市社区居家养老服务工作的整体成效开展，包括工作体系建设、服务工作成效和群众满意度测评等。2009 年，宁波市政府发布《宁波市政府服务外包暂行办法》(宁波市人民政府令第 169 号)，要求政府采购监督管理部门应当建立服务外包评价制度，委托有资质的专业社会统计调查机构进行评价。

2015 年，宁波市社会组织管理局出台《关于政府向社会力量购买服务的实施意见》(甬政办发〔2015〕23 号)，明确提出各级财政部门和购买主体要建立政府购买服务绩效管理机制，强化部门支出责任，确保财政资金使用效益和公共服务的质量绩效。2019 年，宁波市政府购买服务联席会议办公室发布了《关于做好 2019 年政府向社会组织购买服务工作的通知》(联席会议〔2019〕1 号)，对全市 2019 年主要工作内容、工作要求、保障措施进行了明确，并给出了政府购买服务绩效评价项目实施方案与共性指标体系等，为后续政府购买服务绩效评价工作的推进起到了良好的引导与示

范作用。宁波市政府购买服务及绩效评价相关制度文件汇总如表 4-3 所示。

表 4-3　宁波市政府购买服务及绩效评价相关制度汇总

序号	时间	制度文件名称
1	2008 年	《关于开展城市社区居家养老服务工作绩效评估的通知》（甬民发〔2008〕125 号）
2	2009 年	《宁波市政府服务外包暂行办法》（宁波市人民政府令第 169 号）
3	2015 年	《宁波市政府购买服务指导性目录》（甬财政发〔2015〕133 号）
4	2015 年	《关于政府向社会力量购买服务的实施意见》（甬政办发〔2015〕23 号）
5	2017 年	《关于印发＜宁波市政府向社会组织购买服务专项资金管理办法＞的通知》（甬财政发〔2017〕15 号）
6	2017 年	《关于推进宁波市政府职能向社会组织转移的实施意见》（甬政办发〔2017〕101 号）
7	2017 年	《关于印发宁波市政府职能向社会组织转移目录（第二批）的通知》（甬政办发〔2017〕153 号）
8	2019 年	《关于做好 2019 年政府向社会组织购买服务工作的通知》（联席会议〔2019〕1 号）
9	2020 年	《关于公布 2020 年政府向社会组织购买服务项目的通知》（联席会议〔2020〕2 号）

三、宁波市政府购买服务绩效评价的做法

（一）多层次衔接的组织架构

宁波市各级政府将政府购买服务工作列入重要议事日程表，建立了由政府分管领导担任总召集人的政府购买服务工作联席会议制度。市财政局会同市直有关部门加强对各县（市）区政府购买服务工作的指导和监督，总结推广成功经验，积极推动相关法规制度建设。市区县乡（镇）各级政府和有关部门负责宣传政府购买服务工作的目的、意义、目标任务和相关要求，稳步推进政策解读与舆论引导工作。

（二）实施多元化的政府购买服务绩效管理

宁波市政府购买服务实施全过程的绩效管理，将绩效管理的理念与要求贯穿于购买服务预算编制、执行、监督、评价和问责的全过程，通过上述全过程管理的方式，一方面强化部门支出责任，另一方面提升财政资金使用效益和公共服务的质量绩效。

在此基础上，建立了由购买主体、服务对象及专业机构组成的综合性评审机制，对购买服务项目数量、质量和资金使用绩效等进行考核评价。通常情况下，先由服务机构实施绩效自评价，政府部门开展内部评价，对于涉及重点政府购买服务项目或者舆论关注度高的项目将会外聘第三方中介机构实施外部评估。

以社区居家养老服务绩效评价为例，宁波市通常实行内部评价与外部评价相结合的方式，以提高评价结果的准确度。

内部评价主要分为两步：第一步是宁波市各区县相关政府职能部门及服务机构按照相应的测评指标准备评估材料并同时进行自评；第二步是上级政府部门对下级政府的社区居家养老服务工作任务进展情况和总体成效开展考核。通常，市民政局基于各个服务机构的自评价结果，对各区县相关政府职能部门及社会服务机构的服务工作质量开展评估。

外部评估主要通过引入第三方中介开展独立调查并评估社区居家养老服务的群众满意度。依照享受政府购买服务的层级差异，政府购买服务的受益对象可分为三类：一是享受政府购买服务或服务补助的老年人，二是享受志愿者（义工）结对上门服务的老年人；三是其他一般老年人。对于第一、二类受益对象，考虑到这两类群体是社区居家养老服务的直接受益者，对服务质量的感受更为直观深刻，因此抽样调查时，一二类老人将会比第三类老人权重更高。以每类调查问卷数量 500 份为标准，通常会按照 10∶10∶1 比例进行分层抽取。

（三）以满意度为核心实施绩效评价

宁波市政府购买服务绩效评价的内容主要包括购买服务工作体系建设、工作成效与群众满意度等，通常划分成两大部分：一是对服务项目自身包括基础设施配置、服务队伍管理、服务成效等进行考评；二是对购买服务衍生而来的群众满意程度进行测评。作为全国首个建立群众满意度评估机制的城市，宁波市在实现公共服务的供需诉求对接时，通过多主体参与的方式有效提升了居民参与公共服务管理的积极性，对于培育公众参与社会事务治理的能力有着重大的意义。

以社区居家养老服务绩效指标体系为例，宁波市社区居家养老服务绩效评价指标体系分为两个部分，分别是对社区居家养老服务工作体系的评价和对群众满意度的评价，相应的评估指标也是基于上述评价目的进行延展细化。

1. 社区居家养老服务工作绩效评价指标体系

社区居家养老服务工作绩效评价指标体系分为六个一级指标，分别是政府主导、基础设施、服务队伍、注册制度、管理制度与服务成效。每个一级指标下设多个二级指标，每个细分指标有着相应的指标说明和评分等级标准，具体如表 4-4 所示：

表 4-4 社区居家养老服务工作绩效评价指标体系

一级指标	二级指标	等级标准		
		A	B	C
政府主导	出台政策文件	因地制宜的实际可操作性措施多	因地制宜的实际可操作性措施较多	因地制宜的实际可操作性措施较少
	年度人均财政投入	比全市平均值高20%以上	比全市平均值高或低的幅度在20%以内	比全市平均值低20%（含）以下
基础设施	人均服务用房面积	比全市平均值高20%以上	比全市平均值高或低的幅度在20%以内	比全市平均值低20%（含）以下
	服务平台覆盖率	30%（含）以上	介于20%与30%之间	20%（含）以下
服务队伍	专职服务人员占比	0.3%（含）以上	介于0.2%与0.3%之间	0.2%（含）以下
	专职服务人员持证上岗率	80%（含）以上	介于60%与80%之间	60%（含）以下
	专职服务人员管理制度	制度健全，管理到位	制度不够全，管理有欠缺	制度很少或没有
	志愿者（义工）	制度健全，管理到位	制度不够全，管理有欠缺	制度很少或没有
注册制度	服务机构的法人注册制度	80%（含）以上的居家养老服务组织按规定注册	50%～80%的居家养老服务组织按规定注册	50%（含）以下的居家养老服务组织按规定注册
管理制度	服务工作的安全防范与风险规避机制①	制度健全，管理到位	制度不够健全，管理有所欠缺	制度很少或没有
	表彰奖励机制	激励措施多，效果好	激励措施较多，效果一般	激励措施少，效果不好
服务成效	享受政府购买服务或服务补助的受益面	1%（含）以上	介于0.5%与1%之间	0.5%（含）以下
	享受志愿者（义工）结对上门服务的老年人比例	2%（含）以上	介于1%与2%之间	1%（含）以下

2. *群众满意度绩效评价指标体系*

群众满意度评估的维度主要包括服务态度、服务质量、服务效率以及服务效果等。每份问卷设四个问题，总分100分，每个问题得分在10～25分。调查评估的结

① 保证服务场所设施安全、老年食堂卫生安全、服务人员和被服务人员的安全等安全防范与风险规避机制。

果采取均值法，人均打分在 80 分以上为 A 级，60～80 分为 B 级，60 分以下的为 C 级，具体见表 4-5。

表 4-5 宁波市社区居家养老服务工作群众满意度测评指标表

访问对象	访问内容	访问人数	等级标准		
			A	B	C
享受政府购买服务或服务补助的老年人	包括服务时效、服务态度、服务质量和服务效果等	辖区城市社区内享受政府购买服务或服务补贴的老年人中随机选取 10%～20%	人均总测评分 80 分（含）以上	人均总测评分介于 60（含）～80 分之间	人均总测评分 60 分以下
享受志愿者（义工）结对上门服务的老年人	包括服务频率、服务及时性、服务水平、服务效果等	辖区城市社区内享受志愿者（义工）结对上门服务的老年人中随机选取 10%～20%	人均总测评分 80 分（含以上）	人均总测评分介于 60—80 分（含）之间	人均总测评分 60 分以下
其他一般老年人	包括服务知晓度、接受服务情况、服务评价、周边老人对服务的知晓度等	辖区内老人总数中随机选取 0.3% 左右的其他一般老年人	人均总测评分 80 分（含）以上	人均总测评分介于 60（含）～80 分之间	人均总测评分 60 分以下

| 第四节 | 广州市政府购买服务及其评价经验

城市管理重心的下移和各种社会问题的下沉，使得广州市基层政府组织面临着愈来愈重的行政事务压力。本节将以广州市社区综合服务为例，概要介绍广州市政府购买服务的发展及绩效评价经验。

一、广州市政府购买服务现状

2008 年，广州市将社区服务管理作为突破口实施政府购买服务，引导各类社会资源投入家庭综合服务中心建设，初步形成了有特色的社区管理模式。2010 年，广州市正式启动社区综合服务中心的试点建设工作，选取了全市 20 家街道作为试点单位。该年年底，白云区“恒福供销总社”加盟社会服务工作，在新市、石井、太和等多个街道建立服务网点，开创了“政府主导、企业运作”的新型社会服务模式。广州市通过连年购买家庭综合服务中心项目，对每间家庭综合服务中心安排 200 万元的经费保障，于 2017 年基本形成了“一街（镇）一家综”的整体布局，实现了对街（镇）社区服务的全覆盖，有效推进了广州市基本公共服务的均等化。

广州市政府购买服务以在街道成立的“家庭综合服务中心”为依托，由市区两级政府提供经费预算。通常情况下，政府通过招投标的方式，以项目的形式交由中标的专业社会工作机构承接。政府购买服务的具体模式如下：

（1）家庭综合服务中心：广州家庭综合服务中心主要设立在社区和街镇两个层面。一是在街道层面直接设立家庭综合服务中心，由以街道为创立背景的服务实体来承接开展中心的各项服务；二是街道提供家庭综合服务中心的设施、场所等硬件条件，通过公开招标选择引入民办社会工作机构作为服务承接机构。其中，社区层面的家庭综合服务中心较少，更多的是以街镇为单位设立的家庭综合服务中心。

（2）市区两级财力保障：广州市市、区两级财政在优化本级财政支出结构的基础上，将支持政府购买服务工作的资金纳入年度预算，并逐年增加财政投入。其中，市、区两级政府共同设立的项目由市、区两级财政按照现行财政体制比例分担；市级政府立项的项目由市级财政承担；区级政府立项的项目由区级财政承担。

在此基础上，市、区两级民政和财政等部门推动建立了由实施主体、服务对象及专业机构组成的综合性评价机制，在积极推进第三方评价的同时，按照过程评价与结果评价、短期效果评价与长远效果评价、社会效益评价与经济效益评价相结合的原则，对政府资金支持服务项目数量、质量和资金使用绩效等进行考核评价。

（3）高门槛筛选优质社会组织：从社会组织成立的主体来源来看，广州社工机构主要分为三类：一是政府背景的社会组织，通常由街道办、党政机关或妇联、工会、共青团、残联等部门或团体主导组建，行政色彩较浓；二是企业背景的社会组织，通常由公司发起成立，组织资金来源渠道较为多元，组织资金使用的灵活度较高。三是高校背景社会组织，通常依托高等院校社会工作或者相关师生成立。通常来说，广州市社会组织提供的服务大体相似，基本涉及家庭、青少年、老人、残疾人等基础性服务，也会考虑社区的差异性，提供一些具有延伸性的个性化的服务。因此，广州市设置了较高的进入门槛，要求社会组织具备提供全方位社区服务的资质，并且对社会组织的专业性与综合服务能力提出了较高的要求。

（4）绩效评价与定期抽查制：广州市针对政府购买服务建立联席会议制度，在日常服务随机抽查的基础上，对家庭综合服务中心的运行情况进行中期和期末评估。

二、广州市政府购买服务评价发展概况

广州市政府购买服务绩效评价工作起源于最初的行政检查，2010 年 7 月，《广州市政府购买社会服务考核评估实施办法（试行）》的出台，标志着广州市政府购买服务绩效评价的框架体系初步形成。该办法提出从政府购买服务合同的履行、服务项目目标达成度、社会效益、受益群体满意度等维度进行检查、评价。同年出台的《广州市街道社区综合服务中心实施政府购买服务流程规范（试行）》（穗民〔2010〕320 号）提出要实施项目成效评估，依照相关服务质量参照标准，由市民政局组织或委托

第三方机构、专家等制定项目评估体系，对购买服务实施情况进行中期、年终评估。

2014 年，广州市财政局颁布《政府向社会力量购买服务指导目录》（穗财行〔2015〕187 号），要求加强对政府购买服务的全过程监督，对已实施的项目进行绩效监控，及时组织开展绩效评价工作。2016 年，《广州市财政局关于进一步明确我市政府向社会力量购买服务有关问题的通知》（穗财行〔2016〕401 号）的出台进一步明确了加强政府购买服务绩效管理的要求，购买主体应当按照部门预算编制的要求和预算绩效管理的相关规定，申报政府购买服务项目绩效目标，健全绩效评价指标体系，并重视绩效评价结果的应用。

2018 年，为规范全市社区居家养老服务工作，科学评价社区居家养老服务成效，全面提升社区居家养老服务质量，广州市为政府购买服务体量最大的居家养老服务专门出台了《广州市民政局关于印发广州市社区居家养老服务评估指引（试行）的通知》（穗民规字〔2018〕12 号），对广州市社区居家养老服务绩效评估的评估原则、内容、实施方式、评估流程等实施了进一步规范。广州市政府购买服务及绩效评价制度文件汇总如表 4-6 所示：

表 4-6　广州市政府购买服务及绩效评价相关制度汇总

序号	时间	制度文件名称
1	2010 年	《广州市政府购买社会服务考核评估办法（试行）》（穗民〔2010〕221 号）
2	2010 年	《广州市街道社区综合服务中心实施政府购买服务流程规范（试行）》（穗民〔2010〕320 号）
3	2014 年	《广州市财政局关于贯彻广东省＜政府向社会力量购买服务暂行办法＞的通知》（穗财行〔2014〕455 号）
4	2015 年	《政府向社会力量购买服务指导目录》（穗财行〔2015〕187 号）
5	2016 年	《广州市财政局关于进一步明确我市政府向社会力量购买服务有关问题的通知》（穗财行〔2016〕401 号）
6	2016 年	《广州市人民政府办公厅关于深化社区居家养老服务改革的实施意见》（穗府办〔2016〕144 号）
7	2016 年	《广州市人民政府办公厅关于印发广州市社区居家养老服务管理办法的通知》（穗府办规〔2016〕16 号）
8	2017 年	《关于印发广州市困难群众医疗救助购买服务项目实施办法的通知》（穗民规字〔2017〕16 号）
9	2018 年	《广州市民政局 广州市财政局关于印发广州市政府资金支持社会工作发展实施办法的通知》（穗民规字〔2018〕5 号）
10	2018 年	《广州市民政局关于印发广州市社区居家养老服务评估指引（试行）的通知》（穗民规字〔2018〕12 号）

三、广州市政府购买服务绩效评价的做法

广州市政府购买服务绩效评价对象范围包括使用全部或部分运用财政资金（包括

政府管理的社会资金）向社会组织或有关服务机构购买的社会公共服务项目。评价活动的实施主体既可以由作为服务购买方的政府专门组织成立相应的考核评估小组负责实施，也可以引入第三方中介力量进行评价。评价实施主体通常基于服务项目主管部门制定的“服务质量参照标准”，结合社会工作服务项目评估理论与方法设计指标体系，并按照项目服务周期，对政府购买服务项目开展中期评价和年终评价，具体方式包括但不限于审阅资料、面谈与实地观察等。而在此之前，服务项目的实施方需要对项目的运营情况、服务成效、经费使用情况等实施自我检查，并就相关问题及时向有关部门反映。综合起来，广州市政府购买服务绩效评价主要有如下显著特征：

（一）多元化的绩效评价主体

广州市政府购买服务绩效评价主体通常分为三类。一是由购买方专门组织成立的考核评估小组，其成员包括购买方、监督管理部门、行业主管部门、服务提供方等单位代表及邀请的专家学者、社工和服务对象代表等，由上述包含整个服务项目购买方、承接方、监督管理方及受益方等多个参与主体形成评估工作小组对政府购买服务实施全方位绩效评价。二是引入第三方实施具体的政府购买服务评价工作。第三方中介机构需提交评估资质证明并获得相关主管部门的审核同意。三是主管部门指导、监督购买方开展绩效评价工作，根据购买方的申请和服务提供机构的申诉，对绩效评价结果开展复核。在必要的情况下，主管部门也可直接对政府购买服务的项目开展绩效评价。

以家庭综合服务中心绩效评价机制为例，广州在设计的过程中借鉴了其他地区及国家的相关成功经验，并结合本地实际，设计出了一套用于评价广州市家庭综合服务中心的分片区管理绩效评价制度机制。

广州市对全市家庭综合服务中心采取分片区管理，通过对全市家庭综合服务中心进行区域划分，将其分为 A、B 片区。其中，广州市社会工作协会负责全市 A、B 片区家庭综合服务中心的中期评估项目与整个评估过程的培训与督导等工作；广东省社工师联合会负责 A 片区（包括荔湾区、天河区、白云区、增城区和从化区）家庭综合服务中心的末期评估项目；广州市福利社会服务评估发展中心负责 B 片区（包括越秀区、海珠区、黄浦区、南沙区、花都区和萝岗区）家庭综合服务中心的末期评估项目。评估工作由评委、稽查员和社会观察员组成评估团队，按照广州市社会工作协会统一的工作流程及评估标准，对街道（镇）家庭综合服务中心及其运营机构在各领域服务质量、运营管理、协调沟通机制、人力资源配置及管理、购买方与服务对象满意度等方面分别开展评估工作。

（二）体系化的绩效考核评价标准

广州市对政府购买服务项目的评价，既包括过程指标，也包括结果指标；既包括客观指标，也包括主观指标。在此基础上，分别从专业服务标准、服务量及服务成果标准、服务质量标准、服务项目管理标准等四个方面进行考察、评价。一是专业服务标准。服务提供机构应配备有适应完成服务项目需要的专业社会工作人员；在实施服务项目过程中，主要运用社会工作的专业方法，包括个案工作、小组工作和社区工作等三大手法。二是服务量及服务成果标准。服务量包含服务提供机构整体工作量和机构内社工平均工作量。机构整体工作量包括机构组织的大型活动次数、大型活动服务人次等。社工的平均工作量包括服务对象接触人次、个案会谈时数、个案开案人数、个案结案人数；小组开设组数、小组活动节数、小组服务人次；社区工作次数、社区工作服务人次等。三是服务质量标准。围绕政府购买服务合同约定目标所开展服务的实质效果，包括服务对象的受益情况，服务对象的改变率，服务工作的社会效益，服务对象及其相关人员对机构所提供服务的满意度，服务区域的党政等有关部门对服务提供机构服务工作的认可程度，相关的职能部门和组织对服务提供机构服务工作的评价。四是服务项目管理标准。包括机构的制度建立情况、计划的制订及执行情况、服务资料的提供情况、服务记录情况、财务管理情况及人力资源管理能力等。

广州市家庭综合服务中心绩效评估体系分为宏观层面、微观层面、运营管理评价、购买方满意度、服务对象满意度五大块。其中，宏观层面，即总体服务评价，以社区层面为核心关注视角，包括“问题取向”的社区公共问题的调研分析介入及“发展取向”的社区培育需求分析与引导等。微观层面，指分领域服务评价，对家庭、长者、青少年等各个领域、板块的服务进行评价。运营管理评价，是指对中心的人力、运用管理权益、沟通机制等方面实施评价。购买方满意度，包括对家庭综合服务中心服务下沉情况、宣传策略、督导服务、分解转移政府职能等的满意程度。

为扭转家庭综合服务中心存在的“碎片化、微观化”的服务倾向，促使家庭综合服务中心在社区更好地发挥综合化、公益化和专业化的服务平台作用，以全面提升服务质量和促进社工服务对象需求满足为根本目标，家庭综合服务中心绩效评价体系逐渐演变，在原有评价体系的基础上进一步精简，根据服务项目从开始到完成结束的发展演变过程特点，形成了包含项目计划、服务过程、服务成效与服务结果四个层面的“PCER”（“plan”计划、“course”过程、“effect”成效、“result”结果）新模型。整个模型分为四个子绩效评价指标体系，分别是服务项目计划评估指标体系、服务项目实施过程评估指标体系、服务项目实施结果及成效评估指标体系。在每类指标体系的设计上又注重从执行和成效两个方面设立绩效评价指标，以便更为全面、系统地考察机构在项目实施过程中的成长和发展变化。此外，为进一步确保绩效评价的公允公正，广州市政府购买服务绩效评价还设置了相应的“评价规避原则”和“投诉与监督机制”。

1. 评价规避原则

（1）评价严格区分服务岗与评价岗，设置错区评估线

评委不从事一线直接服务或者错位服务（划分A、B片区），评委团队的评委设定高校评委（不包括授薪管理岗）与专职评委（不参与一线直接服务），上岗前需要考核社会工作专业能力，培训考核后持证上岗。评委兼有督导工作的采取错位参与评估的办法，即划分A、B片区，A区督导能参加B区评估；反之B区督导亦可参与A区评估。

（2）评委需准确填写工作资料，并及时更正，确保公正公平

各片区担任督导工作的高校老师需根据督导评估活动获得的信息，如实填写工作情况，一旦发现变动，不仅需及时告知相关利益方，也需及时调整之前填写的资料信息。

（3）中期评估评委规范

中期评估评委规范包含现场抽查评估要求、材料评估要求与评估结果等内容。其中，现场评估抽查占比30%，要求均衡分布在广州市十二个区，同时考虑承接服务的机构抽检率；材料评估占比70%，通常在广州社协进行，要求现场评估与材料评估内容一致，评估报告和评估等级一致。家庭综合服务中心需依照要求提前将材料送往社协，由社协组织评委进行规范操作；中期评估结果设定为两级，分为合格与不合格。

现场评估评委必须错区安排，材料评估需做到督导机构与项目双规避。

2. 投诉与监督机制

为规范评估评审过程中有关机构和个人的行为，保证项目评估工作廉洁公正、高效依法进行，提升评估实效，保障各方利益，营造良好的社会工作发展环境，广州市社会工作协会专门设立公共监督与服务平台，在评估工作期间，接受对评估结果提出异议，对评估团队、评估组织机构、被评家庭综合服务中心人员及其承办机构等违纪行为的监督、投诉与举报。投诉与监督的内容包括但不限于服务项目的日常监督、受理对评估结果复核与复审的申请、处理评估过程中对违纪行为的投诉等内容。

（三）多层次的绩效评价结果应用

广州市政府购买服务绩效评价结果应用更加注重与服务承接方的交流沟通。考核评估结束、评价结果尚未公布之前，购买方或社会工作主管部门应当向服务提供机构通报评估结果，并接受服务提供机构的申诉。受理机构在受理申诉后的30日内，组织专门工作小组进行复核，复核结果为最终结果，向社会进行公布。在此基础上引入激励因子，对于考核评价结果为优秀的服务项目，购买方或社会工作主管部门可以给予服务提供机构适当的奖励。对于考核评估结果不合格的服务项目，视情况扣减经

费，且要求该服务提供机构在两年内不得承接政府购买服务项目；对于因任务未完成而导致不合格的，主管部门应当敦促服务提供机构继续提供服务直到政府购买服务合同任务的完成；情节严重的，取消其承接政府购买服务项目的资格。

广州市十分重视政府购买服务绩效评价结果的深层次应用。以家庭综合服务中心绩效评价结果为例，在整个评价活动结束之后，还需挖掘家庭综合服务中心的特色性服务并进行培优推广，具体包括：一是协助和指导成绩突出的家庭综合服务中心总结社区层面关于“问题取向”和“发展取向”的社区专案介入路径及其服务成效；二是探索家庭综合服务中心在社区资源分析、动员和资源链接方面的特色服务；三是探索发掘、培育社区领袖及高效志愿者服务的管理模式，并对其进行总结，形成完整的书面材料以供传阅；四是协助和指导服务成效突出的家庭综合服务中心，总结概括各服务领域的优秀案例、小组服务，对具有本土化特色的优秀服务或形成规范项目化运作的分领域服务进行统筹指导，协助全市家庭综合服务中心挖掘、总结提炼服务亮点，在家庭综合服务中心绩效评价的基础上，为广州市社会组织工作发展提供案例范式。

| 第五节 | 我国政府购买服务绩效评价的经验

我国政府购买服务工作历经了二十多年的发展，在绩效评价领域进行了较多有益的尝试，各地相继颁布了专门的政府购买服务及绩效评价管理办法，初步形成了政府购买服务及评价的制度框架，并积累了较为丰富的工作经验。

一、我国政府购买服务绩效评价成效

（一）相继出台了相关制度规范

中央各部委与地方关于政府购买服务目录的相继颁布，为政府购买服务的范畴进行了界定，使得政府购买服务绩效评价的试点工作逐步有了更多的政策依据。据统计，2012—2018 年，全国已有不低于 18 个省市出台了关于政府购买服务及绩效评价相关的指导意见。各地指导意见及相关通知的颁布，为政府购买服务绩效评价的实施营造了良好的制度氛围，具体实践工作的操作方向和实施要点也更加明晰。

（二）初步形成了政府购买服务绩效评价机制

各地政府积极响应中央的号召，相继展开政府购买服务绩效评价实践。其中，北京和云南对政府购买服务绩效做了细化处理，将其拆分成“购买主体购买服务的财政资金使用绩效”和“承接项目社会组织的服务绩效”两部分。在具比较体的评价主体安排上，北京市提出：购买主体对服务绩效实施评价，包括承接主体提供服务的数量、质量、服务对象满意度等；财政部门对重点领域和重点项目政府购买服务财政资

金使用效益进行监督检查和绩效评价。在引入第三方评价机制和对于承接主体的社会组织管理方面，我国大部分省市的做法都是比较一致的。在积极引入第三方评价力量的同时，上海、浙江、广东、云南等将绩效评价结果与社会组织承接政府购买服务的资质及优先级别挂钩，通过引入上述激励机制来提升政府购买服务的质量和效果。

（三）因地制宜的先行地区形成了良好的经验示范

上海、宁波、广州等地的政府购买服务与绩效评价模式的探索过程，对于我国其他地区产生了较好的标杆效应。其中，上海市在实施全过程的政府购买服务绩效管理和利用政府购买服务信息化平台实施专项管理方面形成了独特的管理模式；宁波市将群众满意度作为管理的核心标尺，并专门单独设计了一套群众满意度绩效评价指标体系；广州市在保证政府购买服务绩效评价公平公正方面做出了许多努力，设置了“评价规避原则”与投诉监督机制等配套措施，并多层次深入开展绩效评价结果应用，通过培优推广，进一步实现政府购买服务绩效评价的工具价值。

二、政府购买服务绩效评价工作的不足

尽管如此，当下我国政府购买服务绩效评价依旧处于初步阶段，离常态化、制度化、标准化还有很大的进步空间。绩效评价作为确保政府购买服务质量和效果的重要机制，由于思想意识、制度保障及技术等要素的缺失和不足，尚未能形成统一、标准化的评价体系与操作流程，这使得最后的评价效果大打折扣，参考价值相对有限。

（一）制度保障机制有待健全

我国政府购买服务绩效评价工作尚处于试点阶段，缺乏专门的制度和法律保障。此外政府采购与政府购买内容范畴界定不明确、政府购买目录不够具体细化等问题尚未解决，以至于无论是购买主体、承接主体还是评价活动实施主体及其他利益相关方，对于政府购买服务绩效评价的认知都还不够充分，致使各地在具体的评价手段和结果的应用上都存在较大的主观随意性。政府购买服务绩效评价不仅仅是一种工具，它应该作为政府管理体制创新的重要构成部分纳入法律制度保障范畴。

（二）评价指标体系不够完善

总体来看，各地关于政府购买服务绩效评价指标的设计存在一定差异，针对具体指标的差异则更显著，甚至同一省市不同地区的评价报告结果都不具备横向可比性。如：上海杨浦区和安徽省蚌埠市将政府购买服务绩效指标分为六个维度，分别是项目完成情况、服务满意率、承接主体财务状况、承接主体组织能力、承接主体人力资源与项目综合能效；广州市则从专业服务标准、服务量及服务成果标准、服务质量标准与服务项目和机构管理标准四个维度实施评价。

（三）政府购买服务前置评估机制急需建立

现阶段政府购买服务绩效评价集中于项目中后期，前期缺乏专业化的评估机制。根据发达国家的先行经验来看，政府购买服务需求评估是政府购买服务实施的重要环

节，直接影响后续政府购买服务的实施。而我国目前政府购买服务评价则将重心放在服务项目实施的中后期，对于公共服务购买之前的市场供给与可承接政府购买服务的社会组织资质要求等内容的前置性需求评估尚处于缺失状态。

（四）评价结果应用程度有待提高

现阶段，政府购买服务绩效评价公众参与度不高，我国大部分地区政府购买服务绩效评价报告只是在政府内部有限范围内公布，尚未对公众开放，社会监督与约束机制薄弱。此外，绩效评价结果挂钩机制并未真正落到实处，政府购买服务绩效评价标准的差异、评价活动实施主体资质参差不齐等因素致使评价报告公信力不足，绩效评价结果难以实际应用到预算安排和社会组织承接政府购买服务资质管理层面。

三、我国政府购买服务绩效评价机制的相关优化建议

（一）完善制度保障机制

首先，建立政府购买服务相关法律制度，明确政府向社会组织购买公共服务的范畴、服务标准、购买方式及政府购买服务承接主体的准入资质、购买流程、质量管理及纠纷解决机制等。其次，在现有政府购买服务内容的基础上进一步细化目录。现阶段各地政府购买服务指导性目录通常细化到三级，但三级目录多是“流动人口管理”“扶老助残”“未成年人教育”等简洁词汇，仅仅根据目录名称难以知晓具体的服务内容的情况，建议在细化形成通用三级目录的基础上通过注释的方式对涵盖较广的服务项目进行具体阐述，以进一步明晰政府购买服务的项目与内容。

（二）完善指标体系设计

《关于推进政府购买服务第三方绩效评价工作的指导意见》明确指出，要建立健全政府购买服务绩效评价指标体系，客观反映服务提供状况和服务对象、相关群体及购买主体等方面的满意情况。在此基础上，坚持分类实施，根据评价对象的不同，对于“购买主体购买服务的财政资金使用绩效”和“承接项目社会组织的服务绩效”分别开展评价，并针对性地设置不同的指标，大体可从项目决策、项目采购与监管、组织管理、服务产出、效果等维度实施评价，在全面反映政府购买服务绩效的同时，做到条理清晰，定性指标与定量指标合理分配，最大程度上提高绩效评价结果的可比性。

（三）建立全过程政府购买服务绩效管理机制

完整的政府购买服务绩效管理应当包括事前评估、事中监控与事后评价反馈三个基本环节。因此，政府购买服务全过程绩效管理除了政府购买服务绩效评价之外，还应当包括两个重要内容：一是事前评估机制。政府购买服务实施之前，应当制定详细的购买规划，不仅要全面调研购买服务目标受益对象的真实需求，也需预估购买成本，并搜集同类服务的市场报价，以论证购买服务的合理成本。二是事中动态监控机制。政府购买服务实施过程中，应加强监督与管理，密切关注社会组织服务的提供情

况，以确保政府购买服务的整体服务质量。

（四）建立信息共享机制

建立信息共享机制有助于加强外部监督，提高公众参与度。具体可通过人大听证会、政府官网、新闻报纸及电视媒体等多种方式将政府购买服务绩效评价信息向公众传播，公开内容包括但不限于招标、购买服务质量、资金使用、人员配置等信息。建立政府购买服务的信息共享机制，不仅仅要加强对外信息公开，更要建立内部信息交流渠道。政府部门内部应成立政府购买服务绩效管理工作小组，建立实施反馈机制，不定期分享各地区政府购买服务绩效评价工作经验，并讨论工作推进过程中遇到的重点难点问题，有助于各地统一内部操作标准、提高绩效评价结果可比性，进而推进本地区政府购买服务绩效评价工作的开展。

第五章

政府购买服务绩效评价实施路径

自2018年财政部发文提出开展“政府购买服务第三方绩效评价”以来，天津、山西、吉林、上海、江苏、浙江、河南、四川、贵州和深圳等10个省市先后进行了工作试点，对评价形式、评价方法、评价路径都进行了有益的探索，形成了包括工作实施流程、评价指标体系、联席会议制度、工作经费安排方式等一系列的经验。同时在此基础上对工作经验进行梳理，与一般财政支出项目绩效评价进行比照，形成政府购买服务绩效评价的实施路径。

政府购买服务绩效评价实施路径，是确保评价工作质量、明确工作开展方式、提升工作实施效果的系统工具。按照上述实施路径的建设要求，本章将对评价工作的实施流程、指标体系、保障机制等方面分别进行论述，重点阐述政府购买服务绩效评价的实施流程，明确前期调研、方案制定、数据采集分析、报告撰写和社会调查等五个环节，详细阐明政府购买服务绩效评价指标体系构建的具体思路，并具体描述相关保障机制的现状和改进方向。

第一节　政府购买服务绩效评价实施流程

绩效评价工作的实施，需要根据评价对象和评价标的的差异拟定相应的评价实施流程。政府购买服务绩效评价作为以特殊公共服务供给方式为特点的评价模式，在一般项目支出绩效评价实施流程的基础上，结合评价内容的不同，带有相应的特点，主要包括以下五个环节：前期调研、方案制定、数据采集与分析、报告撰写和社会调查。

一、前期调研

前期调研工作是开展政府购买服务绩效评价的基础。通过前期调研，了解项目基本情况，从而结合项目的特点和实际情况确定评价重点和评价思路，设计科学合理的评价指标体系，明确评价方法和实施路径。调研工作应当在评价人员对政府购买服务项目立项背景、预算管理要求、绩效管理工作要点和相关财政政策熟悉了解的基础上开展。

（一）调研内容

在前期调研中，评价实施方应与政府购买服务购买主体和承接主体的项目负责人、财务或项目资金管理负责人就项目基本情况、预算安排及支出情况等信息进行了解。具体调研内容包括项目的组织管理架构、项目内容与购买主体部门职责的关系、项目立项的背景和目的、项目预算规模及编制标准、项目绩效目标等要素。

（二）调研方式

政府购买服务项目的前期调研方式具体有三种，分别为文献研读、访谈和专家咨询。

1. 文献研读

政府购买服务项目中专业性较强的内容，需要通过文献研究对项目涉及的基础知识和重要问题进行学习。一般而言，需要对政府采购有关规定有深入的认识，阅读相关法律法规，如《中华人民共和国政府采购法》《中华人民共和国政府采购法实施条例》《国务院办公厅关于政府向社会力量购买服务的指导意见》（国办发〔2013〕96号）等，以熟悉政府购买服务有关规定和实施流程。

2. 访谈

前期调研阶段的访谈工作主要是了解项目的基本情况，评价实施方至少应对购买主体和承接主体的相关负责人就项目组织架构、立项背景、实施目的、实施过程及实施内容等进行访谈，对预算部门（单位）项目资金管理人员就项目预算安排和支出的基本情况进行访谈。

访谈前，评价实施方应根据项目名称和初步获取的项目信息，结合服务供给经验，设计访谈提纲。访谈过程中以访谈提纲为基础，对受访人员恰当地提问，重点考察采用政府购买服务的方式对服务效果的作用，整理项目信息，收集有关资料，及时作好访谈记录。

3. 专家咨询

在前期调研阶段，若评价项目所涉及的实施内容专业性比较强，评价实施方成员的专业知识或项目经验不足以支撑评价工作时，需要借助专家的专业优势和经验。咨询专家主要有两个目的：一是对评价实施方进行相关专业知识的普及，便于评价实施方充分理解项目；二是对评价思路、评价方法及核心评价指标予以指导。

二、方案制定

绩效评价工作方案是评价实施方为开展绩效评价而撰写的工作方案，评价实施方应依照评价组织机构关于政府购买服务绩效评价工作的具体要求制定方案。工作方案的编写既要符合方案写作的一般要求，又要结合财政绩效评价的工作特征和内在要求，还要突出政府购买服务的特点，明确购买主体和承接主体的权责关系，突出购买服务的具体方式在项目预算执行过程中起到的作用。

评价实施方根据有关规定和评价对象的特点，拟定详细的评价工作方案，报经评价组织机构确认后实施。为了进一步保证评价工作方案的规范性、科学性和可行性，评价组织机构还可通过专家评审的方式对工作方案进行论证。

绩效评价工作方案一般可分为基本情况、评价思路、绩效评价指标体系、社会调查方案和评价的组织实施等部分。在方案撰写时，评价实施方应当注意方案的整体性，前后呼应，各部分的逻辑关系保持一致。

（一）基本情况

基本情况是整个方案的基础，应在此部分将前期调研中了解的项目基本情况描述清楚。基本情况对评价思路、评价指标体系及社会调查方案的设计有决定性作用，应当围绕项目立项的背景和目的、立项依据、内容及实施情况、服务购买方式、资金投入和使用情况、项目的组织管理架构及相关制度、利益相关方（购买主体和承接主体）和项目支出绩效目标等内容进行简明扼要的阐述。

（二）评价思路

评价实施方在了解项目概况后，通过此部分对评价工作开展的总体思路进行阐述。评价思路对评价结论有着至关重要的影响，评价定位不准确或评价思路不明确，会导致评价选取的评价方法和实施路径与所要实现的目标发生偏离，无法达成评价目的。评价思路与评价指标体系的设计是紧密关联的，评价的重点应该通过评价指标和指标权重予以反映。

（三）绩效评价指标体系

绩效评价指标体系是评价目标与思路的集中体现，也是绩效评价工作方案设计的核心和难点，重点包括指标框架、指标权重和评价标准等方面。绩效评价指标体系设计应遵循绩效评价的基本原则，就项目决策、过程、产出和效益等方面进行全面设计。指标设置要考虑其实用性、可操作性和可实现性，要与项目基本情况呼应，充分体现评价项目的绩效状况并回应评价的需要。

（四）合规性检查方案

合规性检查是评价工作的重要内容之一，有效的项目支出绩效分析需建立在项目实施规范的基础上。狭义的合规性检查主要指财政资金使用合规性的核查。但在实际操作中，除了资金使用合规性，评价实施方还会同步对项目的业务管理和实施的规范性进行核查。为了提高评价工作效率和效果，评价工作中，这两项内容可同步进行。

为了能够更好地考察财政资金使用合规性及业务实施过程的规范性，评价实施方要对项目立项、实施、过程监管、验收等业务管理环节、资金使用合规性和管理流程规范性等方面开展合规性检查，对应支撑业务管理类和财务管理类评价指标体系的评分。

（五）社会调查方案

为了更有效地反映项目的绩效，评价组应针对项目所涉及的利益相关方开展各种形式的调查。评价实施方应在方案中说明调查的目的、对象、方式、内容并附调查表样式。需要抽样调查的，要说明样本总体、抽样方法和抽样比例。必要时，应将评价对象名单或抽样样本名单以附件形式列示。

（六）评价的组织实施

评价的组织实施部分应当明确评价工作的计划安排，包括评价工作的人员安排和分工；评价总体起止时间，每个阶段的具体工作任务及具体实施时间；以及评价实施方为保证评价工作质量而要执行的内部控制机制。

三、数据采集与分析

根据确认后的绩效评价方案、前期准备所需资料清单、基础表和访谈提纲向相关部门和相关人员收集项目数据资料，并进行现场调研，并基于采集的数据资料进行数据分析。

（一）数据采集

绩效评价中应坚持“用数据说话”。数据来源主要包括直接来源和间接来源。直接来源指实地获取的一手数据，如满意度调查结果、实地调研结果等；间接来源主要包括政府统计数据、人大审查结果报告、审计报告、财政监督检查报告、测验数据及其他资料。数据采集主要通过文件查阅、社会调查、基础数据采集等方式进行。

（二）合规性检查

合规性检查的主要方式为资料查验和实地核查。项目实施过程有完备的流程记录佐证可使用资料查验法，而实地核查则一般用于项目管理规范性的判断。若相关的管理行为在评价期间仍然持续，可采用实地核查的方式。

（三）数据复核与整理

数据收集后，需对所收集数据进行复核与处理，复核的目的主要是确保数据真实可用。复核后对数据进行汇总分类处理，一般按地区、业务类型、实施年份、资金用途等维度对项目数据进行分类、汇总，方便后续数据分析。

复核整理主要是在收集基础资料及数据的基础上，对数据口径的统一性、真实性和完整性、是否可采用等进行核实和初步分析，对于各项数据需明确数据来源，对照相应台账记录，对数据统计口径及来源进行确认、对数据真实性进行校验，确保数据真实准确。

（四）数据分析

根据整理后的数据和一定的基准衡量指标，从立项决策、管理等维度针对项目设立依据充分性、实施可行性、绩效目标实现情况、财政支持范围和方式、预算编制合理性等方面进行分析。在数据分析过程中，可广泛运用各种数据分析工具，完成指标评分、绩效分析、问卷汇总分析，形成工作底稿，完成评分结果综合提炼等，最终形成评价结论。其中，指标评分和绩效分析是评价报告数据分析的重点内容。

四、报告撰写

绩效评价报告是评价活动的产物，是按照规定的格式，将评价过程中所搜集和掌据的相关信息进行分析归纳，从而对财政支出的经济性、效率性、效益性、公平性等进行客观公正地判断，为决策提供依据的一种书面报告。绩效评价报告一般包括基本情况、评价结论和绩效分析、主要经验及做法、存在的问题和建议、其他需说明的问题及相关附件，并就报告主要内容通过摘要予以反映。

（一）摘要

摘要是对报告主要内容简明扼要地阐述，分为概述、评价结论和绩效分析、经验教训和建议三部分。

（二）项目基本情况

项目基本情况部分内容同方案类似，包括项目概况和绩效目标两部分.

（三）绩效评价工作情况

绩效评价工作开展情况包括：评价目的、对象和范围，绩效评价原则、评价指标体系、评价方法、评价标准，绩效评价工作过程等。

（四）绩效评价情况及评价结论

绩效评价结果采取评分和评级相结合的方式，具体分值和等级可根据不同评价内容设定。总分一般设置为 100 分，等级一般划分为四档：90（含）～100 分为优、80（含）～90 分为良、60（含）～80 分为中、60 分以下为差。绩效评价指标体系的具体评分情况通过附相关评分表的形式呈现。此外，还需通过文字表述对项目总体绩效情况进行总结。总结应该围绕项目主要工作的开展情况和产出、效益目标的实现情况展开，明确项目取得的主要绩效和不足之处，注意表述内容与绩效分析结果和评分结果的对应衔接关系。

（五）绩效评价指标分析

在项目绩效评价指标分析中，需要对各指标的得失分情况进行说明，根据项目既定的绩效评价指标及评分规则说明项目实际业绩值，并比对业绩值与标杆值的差异，充分说明差异存在的原因，并界定清楚责任环节及主体。在指标分析过程中，需明确各指标逻辑关系，既要通过部分相关指标完整体现项目结论，也要避免同一问题指标重复扣分等现象。

根据项目实际情况，对无法通过单个指标反映的绩效情况进行拓展分析，包括项目的经济性、效率性、效益性、公平性等，以进一步回答项目及预算的合理性问题。其中，经济性包括项目成本的控制情况、预算/定额编制的合理性等内容，效率性包括项目实施中业务管理优化、财务控制、进度质量安全控制等内容，效益性包括项目产出效益相关分析等内容，公平性包括项目设计中覆盖的对象、标准及规则制定是否公平等内容，从而对项目各项内容的合理性、预算编制的科学性进行评估，为项目的完善及之后年度的预算安排提供意见和建议。

（六）主要经验及做法、存在的问题及原因分析

针对项目实施过程中的经验和做法进行阐述，经验做法可从立项决策和管理两个

层面切入，对项目实施过程中的亮点及创新性做法进行提炼总结；针对存在问题应回应以下核心问题：项目立项依据充分及必要性、项目资金投入及预算的合理性（数量及结构方面）、项目管理（包括财务及业务管理）的规范性、项目产出及效益的达成情况、是否可通过项目调整提升效益等，并从决策及管理层面有层次地深入分析问题存在的原因。

（七）有关建议

针对上述问题提出对应的建议。建议需具有针对性、可行性、可操作性。一是对问题追本溯源，明确问题发生的环节及责任主体，针对问题提出相应意见；二是结合现有资源及实际条件，提出相应建议，尽量做到“有问必答”；三是针对建议，与相关责任主体沟通后提出可实施的路径，明确各方需要改进的工作，避免宽泛的无效回应。

（八）其他需要说明的问题

针对可能影响绩效评价结果的其他情况进行阐述，如：在部分项目评价过程中，受项目实际开展周期及效益显现的延迟性，导致在评价时间段效益仍未全部显现，无法完整客观的衡量效益，仅能对现有效益进行评价，对后续预期的效益进行预估和判断。另外，评价过程中数据采集受可行性影响导致部分数据不全面，或引用了一些二手数据作替代等，对此类情况均需要做特别说明。

（九）相关附件

报告的附件应至少包括绩效评价工作底稿、相关社会调查记录和报告（包括但不限于问卷调查和访谈报告）、合规性检查报告（如有）等。

五、社会调查

绩效评价开展过程中除了可以通过采用综合评价表和基础表获得评价所需的统计数据外，还需要收集利益相关方、特别是受益者对财政资金投入获得的产出和效果方面有关质量、主观感受的度量数据，这就需要在评价中引入社会调查。

社会调查是一种采用自填式问卷或结构式访问的方法，系统、直接地从样本处收集资料，并通过分析这些资料来认识社会现象及其规律的社会研究方式。社会调查根据具体操作方式的不同，主要分为问卷调查法和调研访谈法两种形式。

（一）问卷调查法

为了更有效地反映购买服务所涉及的受益者等利益相关方的主观感受，评价实施方应在绩效评价工作方案阶段进行问卷调查方案设计，说明调查的目的、对象、方式、内容并附调查表样式。问卷调查采集的基础数据可广泛应用到效果部分的评价与分析。在对采集数据进行分析时，特别要重点关注满意度调查中不满意群体的需求。

（二）访谈调查法

访谈调查法是指通过与评价对象及其相关人员进行面对面交谈、讨论，收集与评价有关的信息资料，并就评价对象的情况做出评价的一种方法。其特点是整个过程是评价者与被访问者通过访谈相互影响、相互作用的过程，因此所获得的信息更全面、更直接和更真实，但难度也比较大。

在访谈对象设计上，除项目的管理者与具体实施者以外，还可以对除购买主体和承接主体之外的其他利益相关方进行访谈；在访谈内容设计上，一是注意对决策、管理部分的评价形成重要辅助支撑，二是要侧重对项目支出绩效目标达成情况进行回应，三是注重对购买服务前后效果的比对进行评价。

｜第二节｜ 政府购买服务绩效评价指标体系

开展绩效评价，需要把指标通过一定的逻辑关系、方式方法组织起来形成一套体系，才能较为准确地反映财政投入的绩效状况。政府购买服务绩效评价也应当遵循财政项目支出绩效评价的一般方法路径，构建、设计绩效评价指标体系，用于开展政府购买服务绩效评价工作。下面就政府购买服务绩效评价指标体系的构建思路、目录编制设计、体系框架设计和具体设计过程及相关案例进行阐述。

一、政府购买服务绩效评价指标体系构建思路

绩效评价指标体系是评价的基础，没有科学的评价指标体系，就没有公正准确的评价结果。指标体系是最能反映绩效评价科学性和合理性的部分，也是绩效评价过程中最大的难点。从各地当前开展政府购买服务绩效评价反馈的情况看，评价质量和结果很大程度上都与是否科学设置评价指标体系有关。与此同时，指标的设置必须具有科学性和政策性，同时也需要一定的技巧性。

通过开展绩效评价指标体系建设，一是搜集、梳理并构建与政府购买服务目录相互匹配的分类体系，规范、统一现有共性和个性绩效指标的各项要素内容，为财政、预算部门（单位）及第三方开展绩效评价实践提供参考和技术支撑；二是通过开展政府购买服务绩效评价指标体系建设，进一步建立健全统一、合理、科学的基本公共服务标准，提升同类支出、同类部门的绩效指标一致化程度，增加绩效评价结果的客观性与可比性，进而提升绩效评价结果的可用性；三是以绩效评价指标体系为基础，加快完善绩效指标体系，通过不断积累形成绩效大数据库，从而为科学测算各类、各项绩效指标的目标值或标杆值提供充分的数据支撑，并最终实现政府购买服务绩效指标标准建设。

政府购买服务绩效评价指标体系建设是系统性的工作，既要遵循财政项目支出绩效评价指标体系建设的一般思路，也要符合政府购买服务的自身特点。综合上述要求，按照逻辑分析法的架构思路，整个建设内容具体包括：一是政府购买服务指导性目录编制设计；二是政府购买服务绩效评价指标体系框架设计；三是政府购买服务绩效评价指标设计；四是政府购买服务绩效评价指标权重设计及标准确定。

二、政府购买服务指导性目录综合梳理

政府购买服务指导性目录是政府购买服务绩效评价指标体系建设的基础。虽然目前全国已有多个省、自治区、直辖市已开展政府购买服务指导性目录的建设，财政部也建立形成了指导性目录的基本框架，但各地的目录存在一定的差异性，缺少完整统一的体系框架，财政部的指导性目录基本框架则有待于进一步完善，尚不能完全满足评价指标体系建设的需要。

为此本书综合梳理了中央和地方政府购买服务指导性目录，并从基本公共服务、社会管理性服务、行业管理与协调性服务、技术性服务、政府履职所需辅助性服务五个类别出发，既考虑政府购买公共服务的需求，也考虑政府购买履职所需辅助性服务的需要，最大程度整合并完善当前所有目录相应的内容，整合并优化形成基本覆盖所有类型的政府购买服务指导性目录，最终形成的目录框架包括 5 个一级目录、67 个二级目录与 300 余个三级目录，作为政府购买服务绩效指标分类设计的前提。具体的政府购买服务指导性目录的梳理成果详见本书附录 1。

三、政府购买服务绩效评价指标体系框架设计

在政府购买服务绩效评价指标体系框架的设计过程中，我们认为基本思路应当是根据财政部门与购买主体对政府购买服务关注点的不同，分别就财政部门与购买主体组织开展的政府购买服务绩效评价设计不同的共性指标体系框架。其中，财政部门关注购买主体对政府购买服务项目的立项决策情况、购买主体对项目的采购与监管情况及承接主体对项目的组织与管理情况，而购买主体则重点关注承接主体对项目的组织与管理情况。同时，政府购买服务产出情况、效益情况及相关方满意度则是财政部门与购买主体均需要关注的重点。

政府购买服务绩效评价指标体系框架如表 5-1 所示。

表 5-1　政府购买服务绩效评价指标体系框架

政府购买服务绩效评价指标模块	财政部门组织评价	购买主体组织评价
项目决策	√	
项目采购监管	√	
组织与管理	√	√
服务产出	√	√
项目成效	√	√
相关方满意度	√	√

其中，项目决策通过政府购买服务项目的申报情况、绩效目标建设情况进行考察；项目采购与监管重点考察购买主体的采购组织情况、管理制度建设情况、资金管理情况及制度执行情况；组织管理则重点考察承接主体的项目计划组织情况、项目制

度建设与执行情况及财务管理情况。

四、政府购买服务绩效评价指标设计过程

指标设计是政府购买服务绩效评价指标体系设计的一个重要环节，也是能否有效开展绩效评价工作的关键。我们将被评价主体各方面的绩效通过系统、简明、可衡量的指标进行量化，获取准确的业绩值，进而开展考量和评价工作。在架构形成指标体系框架的基础上，首先应当进一步完善共性指标考察要点及评价要素，并结合服务目录设计相应个性指标。

（一）统一决策管理类共性指标

细化政府购买服务绩效评价指标体系框架，形成固化共性指标模板，实现标准化评价。根据政府购买服务绩效评价指标体系框架，完善形成各具体指标、指标参考权重、考察目标值、评价标准等要素，形成政府购买服务绩效评价共性指标模板，固化不同类型政府购买服务绩效评价共性指标及评价要素，减少主观、定性评价。具体决策管理类考察要点参考如表 5-2 所示。

表 5-2　政府购买服务绩效评价投入管理类考察要点参考

考察方向	考察内容	具体考察要点	说明
项目决策	项目申报	服务需求充分性	财政组织的评价均适用
		申报程序规范性	
		预算编报合理性	
	绩效目标	目标内容明确性	
		目标细化、量化程度	
项目采购监管	组织采购	采购准备充分性	
		采购实施公正性	
		采购合同合规性	
	管理健全	组织管理制度健全性	
		项目管理制度健全性	
		财务管理制度健全性	
	监管执行	合同管理有效性	
		监管执行有效性	
		验收管理合规性	
	资金管理	配套资金到位率	
		资金使用合规性	

续表

考察方向	考察内容	具体考察要点	说明
组织管理	计划组织	方案设计合理性	财政、购买主体组织的评价均适用
		组织机构健全性	
	制度建设执行	管理制度健全性	
		制度执行有效性	
		档案管理完整性	
	财务管理	财务制度健全性	
		财务管理规范性	

（二）建立政府购买服务绩效评价个性指标库

结合财政部门目前推进分领域、分行业、分层次绩效指标和标准建设工作，针对不同政府购买服务目录，分类设计不同的政府购买服务绩效评价产出效果类个性指标并不断优化调整，实现不同地区同类型政府购买服务项目可比。个性指标的设计路径如图 5-1 所示。

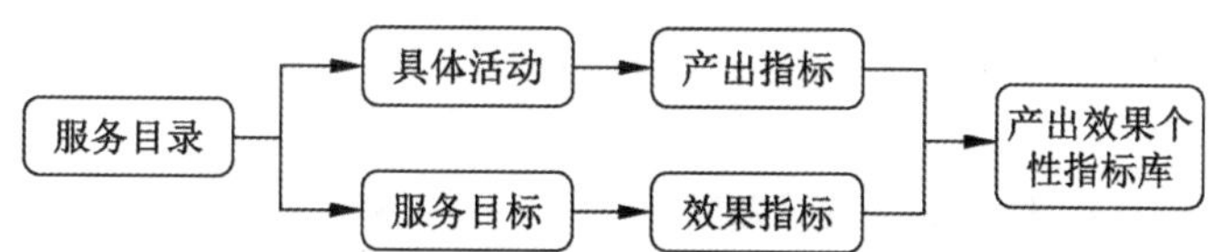

图 5-1 政府购买服务绩效评价个性指标建设路径

个性指标设计要点如下：

一是同类型购买服务的指标模板化。即首先梳理与目录相关联的常见购买服务内容，针对常见内容形成通用的产出效果类指标模板，不同领域的购买服务绩效评价可在通用指标模板的基础上进一步个性化扩展，从而保障同类型购买服务的评价指标内容及考察点基本一致。通过梳理，形成常见购买服务内容类型包括但不限于：课题与规划类、宣传类、培训类、活动实施类、信息采集与统计类、咨询服务类、各类人/事/物管理与维护类、群体服务类等，基于以上常见内容可梳理形成通用个性化指标模板如表 5-3 所示。

表 5-3　常见政府购买服务类型的产出效果类通用指标模板（摘录）

常见类型	一级指标	二级指标	三级指标	指标具体要素	备注
培训	服务产出	数量	培训举办场次或完成率	略	连续性的教育培训可不设
	服务产出	数量	培训人数或完成率	略	一般培训均可设
	服务产出	质量	培训实际内容与合同要求匹配度	略	一般培训均可设
	服务产出	质量	培训对象与合同要求匹配度	略	普及推广类培训可不设
	服务产出	质量	培训考核合格率	略	专业人才培训可设
	服务产出	时效	培训完成及时率	略	一般培训均可设
宣传	服务产出	数量	宣传活动完成率	略	具体活动可细分，如宣传册派发、宣传活动开展、宣传片播放等
	服务产出	数量	宣传人数完成率	略	—
	服务产出	质量	宣传内容与要求匹配度	略	—
	服务产出	质量	宣传对象与要求匹配度	略	—
	服务产出	时效	宣传完成及时率	略	—
	项目成效	社会效益	知晓率	略	—
课题与规划	服务产出	数量	完成率	略	—
	服务产出	质量	成果验收通过率	略	—
	服务产出	时效	工作完成及时性	略	—
	项目成效	社会效益	研究成果应用率	略	—

二是侧重满意度评价。政府购买服务项目的受众群体主要包括购买主体、服务对象与社会公众，一般而言，服务对象的满意度是购买服务项目应关注的最核心内容之一。实际在具体项目评价过程中，则需根据项目的实际情况有区别进行设计，如针对服务对象不十分明确、社会群体感知度低的项目，如研究规划类，信息管理等，可侧重购买主体的服务满意度，适当降低服务对象满意度；此外，针对受益群体与社会公众没有明确区分的，服务对象满意度与社会群体满意度指标可合二为一，如面向社会大众的推广宣传。

三是注重体现服务资源配置水平。包括技术人员、管理人员、硬件设施、财力保障等服务资源的到位与配置情况，针对不同的购买服务项目，需要重点关注的资源也不同，如咨询服务类，需重点关注技术人员的配置水平。

部分政府购买服务目录下的产出效果类个性指标详见本书附录 2。

（三）开展指标要素设计

针对形成的具体指标，进一步规范指标的各项要素是促使评价结果有效可比的基础。指标要素如表 5-4 所示。

表 5-4　绩效评价指标要素构成表

指标要素	要素解释
1. 指标名称	简洁而无歧义的指标名称
2. 指标解释	对指标所考察的内容进行解释
3. 权重	即指标的相对重要程度
4. 目标值	指标应该达到的目标水平
5. 业绩值计公式	指标实际达到业绩情况的计算方法
6. 评分规则	结合完成业绩值及目标值，对两者之间的差异设置一定的规则进行评分

（四）制定指标评分标准及规则

在制定评分标准时，需要在指标业绩值计算类型的基础上设置评分规则。常见的业绩值计算类型包括单纯整数、加权合计、比率、变化率及贡献度等。具体指标业绩值计算类型见表 5-5。

表 5-5　指标业绩值计算类型及说明

业绩值计算类型	业绩值说明
单纯整数	单纯整数是指业绩值为指标标的物的数量、质量或者体积等，如就业人数，引入社会资金等
加权合计	加权合计是指指标目标值包含若干个定性得分要素，每个要素占一定的比重，业绩值为各个得分要素的加权之和，如某项制度健全性指标，健全性包含若干方面的规定，这些规定就构成得分要素，业绩值就是已实现的得分要素加权之和
比率	比率是指某项工作或活动实际完成情况与计划完成情况的比值，业绩值就是比值的结果
变化率	变化率通常是指某项工作与基期相比，其成果的变动情况，业绩值为当期成果与基期成果的差除以基期值
贡献度	X 对 Y 的贡献度是指在影响某个因变量的众多自变量中考察某个变量在其他变量不变的情况下，某个特定自变量的变化程度对因变量结果的影响大小，业绩值为自变量的变化程度除以因变量的变化程度

在确定指标业绩值计算类型之后再根据具体需要设计评分规则，按照常见程度，评分规则一般包括历史线性、普通线性、分段折线、要素判断及关键事件等。具体指标评分规则分别见表 5-6。

表 5-6　评价指标评分标准框架

评分类型	评分规则
历史线性	历史线性是指先确定一个基期，将当期业绩值与基期业绩值进行比较，如该指标具有正向性，则当期业绩值低于基期值不得分，等于基期值得一定比重的权重分，每超过1%增加一定比例的权重分直到满分为止，如指标具有负向性，则相反
普通线性	普通线性是指业绩值达到目标值或者在目标值的区间范围内得满分； 当业绩值偏离目标值区间的边界值时，每偏1%扣除一定比例的权重分，偏离超过某个临界值时不得分
分段折线	分段折线是指业绩值达到目标值或者在目标值的区间范围内得满分； 当业绩值偏离目标值区间的边界值时，将偏离目标值的区间划分为若干部分，实行累进制扣分
要素判断	要素判断适用于加权合计类型的业绩值，得分等于业绩值占目标值的比重乘以权重分
关键事件	关键事件的业绩值类型为关键事件的发生数，当发生数达到目标值时得满分，偏离时根据偏离程度进行相应扣分

通过对共性指标体系与个性指标的建设，实现政府购买服务绩效评价项目指标统一规范化，从而提升政府购买服务绩效评价质量。政府购买服务绩效评价个性指标库并非一成不变，随着政府购买服务内容、范围的变化，个性指标库也应进行动态调整，以适应不同时期、不同地区的实践应用需求。

五、政府购买服务绩效评价指标设计案例

青少年事务的社会工作，是以专业社会工作进行青少年事务管理、承担政府青少年事务的实践探索，也是社会公共事务管理的组成部分。青少年社会工作服务内容，与政府购买服务指导性目录中“社会工作服务”的社会管理性服务内容范畴吻合，具备采用政府购买服务方式提供相应服务的基本条件，应当纳入政府购买服务绩效评价的工作范围内。

下面按照目录梳理、指标设计、分类评价的路径介绍政府购买青少年社会工作服务绩效评价的一般情况，以法治宣传教育项目为例，展示绩效评价指标设计的具体过程。主要步骤如下：第一，将法治宣传教育项目对应至具体服务目录；第二，确定评价形式，即评价组织方及评价形式（本案例以购买主体组织开展评价为例）；第三，根据评价组织方的不同，确定管理类共性指标；第四，根据服务目录，选取对应产出效果指标，形成评价体系以指导开展评价工作。

（一）服务目录梳理

依据现有的政府购买青少年社会工作服务清单，梳理政府购买青少年社会工作服务目录，并细化部分二级目录，完整的三级目录将根据实际情况进一步细化，如表5-7所示。

表 5-7　政府购买青少年社会工作服务目录（总体）

一级目录	二级目录	三级目录
青少年思想引导服务	理想信念宣传教育服务	……
	网络舆情分析引导服务	
	网络文化产品生产服务	
青少年身心健康促进服务	社会实践教育活动支持	
	体育、文化教育和活动支持	
	心理健康教育和心理咨询服务	
	安全保护、自我防护教育	
	毒品预防教育	
	艾滋病防治宣传教育	
青年婚恋交友服务	婚恋观和家庭观教育引导	
	婚恋交友服务支持	
	性健康和优生优育宣传教育	
青年就业创业支持服务	就业创业政策宣传解读	
	就业创业信息支持等中介服务	
	就业创业能力提升和资源链接服务	
	就业困难青年援助服务	
青少年社会融入与社会参与支持服务	志愿服务培训支持	
	公益服务支持	
	参与政治生活和社会公共事务支持	
	交流融合教育和活动支持	
青少年合法权益维护和社会保障支持服务	政策法规宣传教育	
	普遍性利益诉求表达和反馈支持	
	个人权益维护支持	
	侵害青少年合法权益行为预防服务	
	残疾青少年服务	
青少年违法犯罪预防	法治宣传教育	
	未成年人司法保护服务	
	特殊人群帮扶干预服务	
其他	人才培训督导	
	工作研究咨询	
	组织培育发展	

这里举例“青少年违法犯罪预防”下的二级目录“特殊人群帮扶干预服务”说明如何根据上述目录进行三级目录分类（见表5-8）。具体帮扶、干预方式有多种，而特殊人群也包括有不良或严重不良行为的青少年、闲散青少年、流浪未成年人、服刑强戒人员的未成年子女、农村留守儿童、困难儿童等，虽然不同人群特点有相应差异，但不同帮扶干预方式可导致不同的产出和效果，适宜作为分类标准。

表5-8　政府购买青少年社会工作服务目录的三级细化（举例）

<table>
<tr><th>一级目录</th><th>二级目录</th><th>三级目录</th></tr>
<tr><td rowspan="4">青少年违法犯罪预防</td><td rowspan="4">特殊人群帮扶干预服务</td><td>困难帮扶服务</td></tr>
<tr><td>心理疏导服务</td></tr>
<tr><td>行为矫治服务</td></tr>
<tr><td>监护干预服务</td></tr>
</table>

（二）指标设计

完成目录梳理后，按照目录涉及的具体内容分别进行指标设计。指标内容应包括涉及管理性质的共性指标，涉及项目产出和项目效果的个性指标，共性指标根据上述投入管理类考察要点进行设计。以一级目录“青少年违法犯罪预防”下的二级目录“法治宣传教育”为例，说明个性指标的具体设计，见表5-9。

表5-9　“青少年违法犯罪预防”的“法治宣传教育”个性指标示例

<table>
<tr><th>一级目录</th><th>二级目录</th><th>一级指标</th><th>二级指标</th><th>指标名称</th></tr>
<tr><td rowspan="12">青少年违法犯罪预防</td><td rowspan="12">法治宣传教育</td><td rowspan="8">产出</td><td>数量</td><td>宣传教育活动场次</td></tr>
<tr><td>数量</td><td>宣传教育资料印刷册数</td></tr>
<tr><td>数量</td><td>宣传教育资料发放完成数</td></tr>
<tr><td>数量</td><td>宣传教育内容更新率</td></tr>
<tr><td>数量</td><td>宣传地区覆盖率</td></tr>
<tr><td>数量</td><td>宣传人群覆盖率</td></tr>
<tr><td>质量</td><td>法治相关政策知晓率</td></tr>
<tr><td>时效</td><td>宣传活动完成及时性</td></tr>
<tr><td rowspan="4">效果</td><td>社会效益</td><td>青少年满意程度</td></tr>
<tr><td>社会效益</td><td>宣传活动群众参与人次增长率</td></tr>
<tr><td>社会效益</td><td>区域内青少年犯罪降低率</td></tr>
<tr><td>社会效益</td><td>区域内青少年犯罪嫌疑人自首提升率</td></tr>
</table>

如上所示，具体指标设计应分别从“项目产出”的“数量”“质量”“时效”和

"项目效果"的"经济效益""社会效益""生态效益"相应角度进行展开，并在评价过程中转换为评价指标，还要补充完整包括指标解释、具体权重、指标标杆值、业绩值计公式、评分规则在内的指标要素，从历史标准、行业标准、经验标准等角度形成指标评分标准。

第三节 政府购买服务绩效评价保障机制

政府购买服务绩效评价保障机制，指的是贯穿政府购买服务评价工作的各个环节、维系工作程序有机联系并有效运转的制度载体。建立完善机制的根本目的在于回答"政府购买服务绩效评价工作如何协调开展"的问题。因此，绩效评价保障机制具体内容要素的构成需要结合评价工作实际开展的需要来实现。以下就政府购买服务绩效评价保障机制的相关概念定义、当前现状和改进方向进行论述。

一、政府购买服务绩效评价保障机制的内涵

基于购买服务行为当中的委托—代理特点，需要对工作的不同参与主体划定相应的权利职责，形成不同的参与主体权责机制；基于绩效评价工作实施的专业性要求，需要对于参与评价工作的第三方明确参与的准入门槛，构建完善的第三方参与评价的资质认定机制；基于公共服务种类的多样性，结合不同购买主体和不同承接主体的特点，确定不同服务购买行为的评价路径，建设开展评价的组织管理保障机制；基于评价结果反馈应用的基本需要，根据绩效评价结果反馈应用的一般方式，完善形成评价结果反馈应用机制；基于评价工作开展的经费需要，结合当前公共支出行为的基本方式，整合形成评价经费保障机制；基于绩效评价过程中信息技术支持的需要，按照现有的预算绩效管理框架，搭建信息技术支持机制。

（一）参与主体权责机制

根据实际工作内容的差异，相关主体分为政府购买服务行为的参与主体、评价工作的参与主体两个层次。因此，权责机制的具体内容也分为两个层次，政府购买服务行为的参与主体主要是购买主体、承接主体、服务对象，评价工作的参与主体主要是评价委托方和评价实施方。在具体评价工作的开展过程中，评价委托方是财政部门或其他有评价需要的政府部门，评价实施方则是具体的第三方机构。

政府购买服务行为的参与主体是评价工作的配合方，主要起配合评价工作开展的作用；评价工作的参与主体则是评价工作的牵头方，主要负责整个评价工作的开展进程。所以，在权责机制的建立过程中，关键在于对委托方和实施方的职权范围进行划分。

（二）第三方评价资质认定机制

政府购买服务评价第三方的能力水平是评价工作质量的关键因素。而第三方的能

力水平受两个因素制约：一是评价资质的限制，具体表现在从业经历、财务状况、人员结构、评价经验等方面；二是能力类型是否与具体评价工作相匹配。

从目前各地财政项目支出绩效评价的实践来看，第三方主要有临时专家小组、科研院所和社会中介机构等三种类型。其中，临时专家小组由不同领域、不同行业、不同专家学者临时组成；科研院所是各类高等院校和科研机构；各类社会中介机构包括会计师事务所、资产评估机构、行业咨询公司等专业评价机构。如何有效调动不同类型的第三方机构参与政府购买服务评价工作的积极性，是构建第三方评价资质认定机制的关键问题。

（三）组织管理协调机制

评价的组织管理是评价工作的重要保障，因此组织管理协调机制是最为核心的评价机制。从评价工作开展的需要来看，组织管理协调机制应对委托程序、开展流程、工作规范、评价工具等工作内容有明确规定。其中，委托程序、合同管理等程序性内容需要通过管理办法等加以完善，而评价规范、表单工具等实质性内容需要通过指标体系框架的设计来实现。

（四）结果反馈和应用机制

结果反馈和应用是评价工作意义的实际体现，也是整个工作的落脚点。从目前各地财政项目支出绩效评价结果反馈和应用的情况来看，结果反馈和应用的激励手段主要体现为信息公开、预算关联和人事考核三种，侧重点和应用程度上有一定的差异，但基本手段方式都较相同，可按照政府购买服务的特征进一步优化完善。

（五）评价经费保障机制

评价经费是评价工作开展的资金基础。对于评价经费的保障，相关文件均已明确提及评价工作需要经费保障，但缺少具体的内容规定，特别是操作流程和经费标准。从整合建立评价经费保障机制的角度来看，为了对现有制度文件进行有益补充，后续亟待出台详细的规定，对经费来源、使用方式和监督手段进行明确界定。

（六）信息技术支持机制

信息技术支持机制，是指将服务的相关目录和指标体系通过信息化手段综合运用，以达到便利快捷、数据可视的目的。依照现有政府购买服务绩效评价的工作需要，结合当前财政部门绩效管理信息系统、预算主管部门绩效管理信息系统和第三方中介绩效管理信息系统的实际状况，有必要将购买服务的功能模块纳入到各个系统内。

二、政府购买服务绩效评价保障机制的现状

（一）参与主体权责机制

明确各参与主体在购买服务建设到服务建设效果评价过程中各个环节的权责关系，实现各环节的有效衔接与责任追踪，是最为重要的工作核心。但当前较为普遍的

问题在于此项工作缺乏强有力的制度保障，在国务院、财政部一系列政府购买服务相关的政策文件指导下，除少数地区外，各地尚未出台相应的政府购买服务绩效评价的规范性文件。

北京市在政府购买服务绩效评价的参与主体权责机制构建过程中，一是建立监督检查机制，规定购买主体全过程监督项目实施；二是将承接主体的承接政府购买服务行为纳入年检、评估、执法等监督体系；三是对重点领域和重点项目进行财政监督检查和绩效评价；四是要求承接主体按照合同约定定期提交项目执行情况报告。江苏省则规定由购买主体实施本部门绩效管理工作，负责制定本部门绩效管理规章制度，合理确定绩效目标，根据合同规定对承接主体提供的服务进行检查验收。天津市则强调要求做好服务项目日常监控记录和数据收集、档案管理等工作，并以预算年度为周期，每半年向购买主体提交一次自检报告。上海市要求定期对购买主体绩效评价的开展情况进行检查，相关结果纳入购买主体预算绩效管理工作的考核。

（二）第三方评价资质认定机制

目前对于评价第三方，各地仍未出台相应的认定标准。但针对作为评价配合方的服务承接主体，各地出台了一系列的认定标准，对第三方评价的资质认定具有一定的示范意义。北京市要求承接主体资质按照《北京市承接政府购买服务社会组织资质管理办法》（京民社发〔2015〕238号）、《关于企业承接政府购买服务条件标准的指导意见（试行）》（京工商函〔2014〕116号）有关规定执行，承接主体具体条件由购买主体根据购买服务的内容确定，不得附加与服务无关的限制条件。天津市从承接主体实施完成情况衡量其信用评级及准入资格。如在实施过程中承接主体未按照合同约定实施项目，该行为将直接影响承接主体的信用评级和准入资格。江苏则要求财政部门会同相关部门、购买主体建立承接主体承接政府购买服务行为信用记录。

（三）组织管理协调机制

在政府购买服务第三方评价的组织管理协调机制构建实践中，北京要求购买主体在编制年度预算前开展实际需求调研，并列明了纳入年度购买服务项目的相应条件。天津市出台了以工作绩效考核为主线的指标体系框架，并直接规定合同金额在500万元以下的，开展自行评价，合同金额在500万元以上的，需要实施重点评价或再评价。上海市则进一步提出可以采用简易评价、检查验收、打包采购等方式开展评价，还依据公共服务购买主体和承接主体的特点设计完成了评价指标体系框架。

（四）成果反馈应用机制

在结果反馈应用方面，北京市规定将监督检查和绩效评价结果作为安排以后年度项目预算资金的依据。江苏省规定根据绩效评价结果，与承接主体进行项目经费结算，评价结果也作为选择承接主体的重要参考依据。上海市将服务项目的绩效评价结果作为购买主体编报预算、财政部门安排预算的重要依据，社会组织承接服务项目的绩效情况则作为购买主体选择社会组织参与服务项目采购的重要参考因素，并纳入社团管理部门“社会组织综合管理服务信息数据库”管理，与社会组织登记评估和信用管理挂钩。

(五) 评价经费保障机制

目前我国仍在探索评价经费保障机制，民政部在此方面尝试建立社会组织第三方评估资金保障机制，拓展第三方评估机构的资金来源渠道，积极争取财政部门的支持，将第三方评估经费纳入社会组织管理工作经费中，有条件的地方也可以将社会组织评估纳入政府购买服务目录，倡导社会力量对评估工作予以捐助。根据《关于委托第三方机构参与预算绩效管理的指导意见》(财预〔2021〕6号) 的要求，委托方应当遵循“谁委托、谁付费”的原则，综合考虑委托业务的难易程度和工作量、时间与人员资质要求，以及第三方机构工作成本等因素，合理确定委托费用并按协议支付，所需经费原则上由委托方通过项目支出或公用经费解决。

三、政府购买服务绩效评价保障机制的改进方向

(一) 参与主体权责机制

1. 明确政府购买服务行为主体的工作配合要求

如前所述，政府购买服务行为的主体是购买服务的主体、承接主体和受益方。在具体评价任务中，三个角色扮演主体分别为各级政府及相关职能部门、社会组织及相关企业和具体受益群体。在评价开展过程中，由于具体受益群体界定困难的问题，工作配合责任较多地落在各级政府职能部门、社会组织和社会中介机构身上。因此，在权责机制架构过程中，应当明确以上两方在资料提供、访谈参与和问卷调查过程中的配合程度，并设定相应的后续惩戒措施。

2. 理顺绩效评价开展过程中的委托—代理关系

政府购买服务绩效评价往往也是通过政府购买服务的方式来开展的，因此合同双方具有委托—代理关系。对评价委托方和评价实施方（即第三方）的关系进行界定，意味着委托方对评价开展有较多控制权限的同时，也承担较多的工作职责。从委托方的角度来看，应当明确规定评价委托方对于全程陪同参与、临时派驻参与和定期汇报参与三种形式的实际采用方式，说明委托方调动其他工作配合方工作积极性的相关具体手段；从代理方的角度来看，应当规定评价实施方工作参与的一般要求，说明具体工作步骤中的相关职责。

(二) 第三方评价资质认定机制

1. 通过第三方机构准入门槛设定加快推进行业培育

构建完善第三方评价资质认定机制，设定评价准入门槛，并非是一个简单的行政规范行为，应从加快推动评价行业培育的高度来理解这一工作。目前，包括政府购买服务评价在内的财政项目支出绩效评价行业依然处于发育期，规范化、标准化、程序化的行业标准仍未有效建立起来。因此，资质认定机制的构建完善是推动财政项目支

出绩效评价行业进一步发展的重大契机。基于这一考虑，在机制构建完善的过程中，一方面应当参考审计、会计、资产评估等成熟行业的准入标准，另一方面又应当保持准入标准的弹性，加快推进绩效评价的行业化管理，避免出现“逆向淘汰”的情况。

2. 充分发挥不同类型机构的评价工作特长

从当前财政项目支出绩效评价行业的参与方来看，临时专家小组、科研院所和社会中介机构各占有一定比例。临时专家小组多根据评价任务临时组织，灵活性较大，适合参与不同类型公共服务购买行为的评价工作；科研院所科研力量雄厚，专业性程度较高，对部分技术性服务具体内容的理解程度较高，更适合承担技术服务购买行为的评价工作；社会中介机构具有多年开展财政项目支出绩效评价的工作经验，部分机构还具备其他行业的专业经验，在具体评价任务的承担主体的选择上，应当较多考虑社会中介机构的专业优势、相关经验和人员特点。

（三）组织管理协调机制

1. 依据服务类型与购买方式细分实施路径

从公共服务类型的角度来看，根据《政府购买服务管理办法》的相关规定，政府购买服务范围被划分限定为以下四个方面：基本公共服务、社会管理性服务、行业管理与协调服务、技术性服务。政府购买服务具体方式主要有竞争购买、直接资助、政府补贴等三种形式。基于公共服务类型特点和服务购买方式差异，应开展差异化评价，以保证政府购买服务绩效评价工作的顺利开展。

2. 完善绩效评价工作开展的一般流程

财政项目支出绩效评价具有一般性的工作开展流程，基本遵循“签订协议、设计方案、实施评价、撰写报告、提交审核”五个先后步骤，政府购买服务绩效评价作为一种特殊的财政项目支出绩效评价，以政府采购的公平性和效率性为导向，基本参照各地财政项目支出绩效评价工作开展的一般流程。但各地财政项目支出绩效评价多以事后评价为主，因此不能完全满足事前评价和事中评价的工作开展需要。

3. 推动政府购买服务绩效评价指标体系框架建设

应通过对比一般财政项目支出绩效评价指标体系，建立适用于政府购买服务绩效评价的共性指标体系框架，并就不同主体设计不同指标体系框架结构。此外，应按基本公共服务、社会管理性服务、行业管理与协调性服务、技术性服务、政府履职所需的辅助性服务等五个类别对指标体系框架进行细化，最大程度整合当前政府购买服务的一般内容。

4. 持续完善绩效评价工作内控制度规范

综合目前各地财政部门出台的绩效评价机构聘用管理办法来看，相关文件已从人员管理、质量控制、风险控制等内控制度做出明确规定。在组织管理协调机制的建设过程中，基本依照现有的内控制度规范，对绩效评价的人员构成、成果质量和工作风险进行有效控制，即可实现对组织管理协调机制的有益补充。但需要注意的是，需要根据财政项目支出绩效评价相关办法的调整及时更新完善。

（四）成果反馈应用机制

1. 建立评价结果与预算安排的关联关系

评价结果与预算安排的脱节，是导致评价工作长期以来未能有效突破的关键。从目前来看，评价结果与预算分配之间的管理一直处于定性状态，缺少具体的量化标准，绩效评价结果应用的层次还不够丰富。因此，在完善形成评价结果反馈应用机制的过程中，应建立评价结果与预算安排的关联关系，进一步加深绩效评价结果的应用层级。

2. 尝试开展评价反馈问题的后期持续监督

在建立评价结果与预算安排关联关系的同时，还应当结合绩效评价工作的一般做法，开展评价反馈问题的后期监督工作。一是设定专职人员进入评价团队，对评价结果的后续应用进行持续监控；二是设定问题解决的时间界限，并对于问题超期未能解决的情况，设定相应的惩戒措施，对关键责任人追究相应的责任。

（五）评价经费保障机制

1. 尽快明确评价经费的给付标准

政府购买服务绩效评价本身也是一种政府购买服务行为。因此，按照政府购买服务改革中“基本支出改为项目支出”的基本做法，应当针对具体的评价行为设定具体的财政支出项目，尽快规范确定评价经费的给付标准，调动第三方参与绩效评价的积极性，有效支持政府购买服务改革工作的持续推进。

2. 尝试针对不同性质项目采取差异化计费方式

政府购买服务绩效评价项目之间也存在一定的差异，差异源自评价对象本身。一般而言，针对重大项目，即属于政府购买服务改革工作范畴的重大改革项目，建议单独进行项目申报，安排项目预算用于评价工作的开展；针对一般项目，即一般的政府购买服务项目，建议将评价费用纳入相应的政府购买服务资金当中，作为购买服务经费的重要组成部分。

（六）信息技术支持机制

1. 建立适用于政府购买服务绩效评价的信息化平台

依照现有政府购买服务绩效评价的工作需要，建立政府购买服务绩效评价信息化平台，组织第三方通过平台开展试点评价工作。平台应提供政府购买服务绩效评价的标准化流程、包括需求调研、方案撰写、数据采集、社会调查、绩效评分、报告撰写、专家评审等功能，以及统一的共性指标，结合服务目录智能推荐各项目适用的个性指标，实现不同政府购买服务项目绩效评价结果可比，提升评价的专业度与精准度。

2. 构建形成政府购买服务绩效评价标准支撑体系

充分发挥信息平台汇集数据的潜在功能，积极推进公共服务绩效标准体系建设，集中解决政府购买服务标准不准确、不统一、非量化的问题，以重点项目为突破口，挖掘历年积累的财务和业务等数据，开展指标业绩值数据分布特征分析，聚类形成绩效目标标准与支出标准，基于质量与效益相匹配的原则，利用成本效益法、净现值法等方法，验证目标标准和支出标准的匹配性，通过评价标准的建立动态调整优化目标标准和支出标准，完善评价指标权重设计方法。

3. *拓展政府购买服务绩效评价数据分析应用场景*

基于政府购买服务项目历年预算资金和绩效状况，从历史预算收支绩效数据中提取关键信息，形成评价对象的绩效描述，完成对评价对象的绩效画像。依照评价对象智能画像结果，运用聚类分析、数据包络分析等手段，对投入—产出关系进行量化识别，识别政府购买服务项目绩效的主要问题和风险因素，帮助实现对评价对象主要问题的智能诊断，并通过横向和纵向对比，从同类评价对象中挖掘相关的高频问题，智能化推荐绩效改进的合理化建议。

第六章

政府购买服务绩效评价典型案例

政府购买服务绩效评价既是改进政府公共产品与服务质量的一项制度安排，又是优化政府购买服务效率的有力工具。如何有效节约财政支出、提升政府部门履职绩效，需要发挥好政府购买服务绩效评价的工具属性，基于具体的政府购买服务绩效评价的实践层面，全面考察政府购买行为的经济性、规范性、效率性及公平性，深入挖掘不足，及时弥补短板，改进政府购买服务综合绩效。

有鉴于此，本章节选取荷兰、国内等地不同购买内容的政府购买服务绩效评价典型案例，展示政府购买服务绩效评价活动中基于不同评价诉求设计的评价思路与具体的实施路径，并在每个案例结束之处点出案例自身和外在条件导致的局限性和后续有待改进优化的地方，在案例展示的同时也为读者留下了一定的思索和探寻空间。

| 第一节 | 荷兰再就业服务的竞争购买及评估

公共服务由私人机构直接提供在西方发达国家已经是一种常见现象。然而，他们同样面临如何建立竞争购买程序、如何通过评价比较不同竞争购买程序优劣等问题。荷兰再就业服务的供给私有化过程、竞争购买程序及其评估的案例，可以为国内的政府购买服务及其绩效评价提供相应的借鉴。

一、荷兰再就业服务提供的私有化过程

在欧洲大部分国家，提供就业服务是公益性任务，一般由公共就业服务机构（Public Employment Service，简称 PES）来承担。它最重要的服务是职业经纪和再就业服务，再就业服务包括职业辅导、训练和提供津贴性工作，涉及群体主要包括失业者和残障人士在内的弱势群体。

长期以来，荷兰都是采用传统方式提供再就业服务，由公共就业服务机构（PES）下属机构直接提供再就业服务。20 世纪 90 年代的后半期，荷兰政府决定对再就业服务实行私有化，将再就业服务基金从公共就业服务机构转为专为失业者和残障人士提供帮助、负责社会援助的地方社会服务机构（GSD）。同时，引入五家社会保险机构

GADANS、GAK、GUO、SFB、USZO，与全国社会保险协会（LISV）、地方社会服务机构（GSD）共同作为再就业服务的购买主体。

荷兰公共就业服务机构（PES）作为原有的再就业服务提供机构，也开始了私有化的过程。直到1991年，公共就业服务机构还是荷兰社会事务和就业部的下属机构，但随后就改为独立的社会组织，政府仍对其进行资助。在公共服务私有化的过程中，荷兰废除了国家公立部门对职业经纪的垄断，为其他再就业公司参与再就业服务创造了更大的空间。

荷兰全国社会保险协会（LISV）既是再就业服务的购买主体，也是相关规则的制定者。它制定了关于再就业服务的竞争规则，其他五家社会保险机构在购买再就业服务的过程中必须遵照这些竞争采购程序。根据规则，它于2000年举行了首次再就业服务的竞争招标。

公共就业办公室作为荷兰社会事务和就业部的直属机构，现已改组为就业与收入中心（Centres for Work and Income，简称CWI），主要职责是通过集中发布职位需求和职位搜寻的相关信息，提升劳动力市场的透明度，防止求职者成为长期失业者。根据求职者成为长期失业者的风险程度将其分为四类，其中较低风险的三类人群直接接受就业与收入中心的就业信息帮助，高风险人群则接受社会保险机构、全国社会保险协会或地方社会服务机构提供的再就业服务。

荷兰许多大型的再就业公司作为再就业服务的承接主体，在私有化前都是社会保险机构或此前公共就业服务机构的下属分支机构。例如原公共就业服务机构下属提供再就业服务的机构，私有化后成为私人再就业公司KLIQ，它不再具有再就业服务市场上的垄断地位，而需要与其他新成立的私人再就业公司进行竞争。

2000年之后，荷兰再就业服务的购买主体进行了合并，五家社会保险机构GADANS、GAK、GUO、SFB、USZO和全国社会保险协会合并组建了雇员保险计划机构（UWV）。作为全国性的再就业服务的购买主体，它还与其他地方社会服务机构进行内部合作，指导开展再就业服务的竞争性购买工作（见表6-1）。

表6-1　荷兰涉及社会保险和劳动服务的组织机构

组织名称（荷兰语）	组织名称（中文）	职能	性质
Arbeidsvoorziening	公共就业服务机构（撤销）	提高劳动力市场透明度；维持行业职业纪律；负责实施现有劳动力市场相关政策	公立
Centrum voor Werk en Inkomen（CWI）	就业和收入中心（公共就业办公室）	进行就业发展规划；增加劳动力市场透明度；帮助提交相关人员的失业救助申请	公立

续表

组织名称（荷兰语）	组织名称（中文）	职能	性质
Uitvoeringsorganisatie Sociale Zekerheid（UVI）	社会保险机构（并入 UWV）	作为服务购买主体，为失业者和残障人士提供救助，对再就业公司提供的服务进行监管	公立
Landelijk Instituut Sociale Verzekeringen（LISV）	全国社会保险协会（并入 UWV）	制定社会保险政策及相关规则，并作为服务购买主体	公立
Uitvoering（UWV）	雇员保险计划机构	作为服务购买主体，为失业者和残障人士提供救助服务，对再就业公司提供的服务进行监管	公立
Gemeentelijke Sociale Dienst（GSD）	地方社会服务机构	作为服务购买主体，提供社会救助服务，对再就业公司提供的服务进行监管	公立
Reintegratiebedrijf	再就业公司	为失业者和残障人士提供就业培训、就业安置等相关服务	私立

二、荷兰再就业服务的竞争购买程序

荷兰全国社会保险协会遵循欧洲服务购买的一般规则，设定了两套供选择的招标程序。一套是公开招标程序（Open Procedure），即再就业公司依据招标广告直接进行报价，购买主体依据标准进行评价后，剔除不合格的公司，多轮筛选后确定中标者；另一套是限定性招标程序（Restricted Procedure），先进行前期资格审核，根据公开资质条件允许符合资格的公司参与竞标，再由购买主体从这些公司当中选定中标者。

全国社会保险协会同时设定了投标资质标准和评分规则，投标资质标准包括结构标准（Structural Criteria）、过程标准（Process Criteria）、绩效标准（Performance Criteria）和价格标准（Price Criteria）四项，评分规则通过不同的加权处理而得出总分。结构标准主要考察投标公司的“从业人员的专业资格”和“过去取得的成效”；过程标准主要考察“问题处理时间”和“失配率”（Drop－out Rate），“问题解决时间”被定义为安置一名失业者并使其找到工作的时间，而“失配率”则被定义为失业者因某些原因提前终止接受该项服务的比率；绩效标准只考察安置工作人数的比率，即在六个月内寻找到一份带薪工作的失业者人数比重，而投标人必须承诺完成35%的失业者的安置；价格标准指的是一份包括工作岗位、服务数量、服务种类的价格清单，具体服务价格与所提供服务相关，荷兰全国社会保险协会对此不作强制要求。

目前，荷兰再就业服务的购买投标程序一般采取的是密封投标方式。这种投标方式要求每名投标人仅投一次，投标人提交一个包括他们标书的密封信封，并在招标机构预设的时间公开。标书包括服务质量和服务价格两方面的内容，并承诺按照标书要求的服务质量和服务价格提供相应的再就业服务。另一种替代的投标方式是排序投标方式，这种投标方式需要先进行质量投标，而后再进行价格投标。价格投标可以采取一次性报价，也可以采取依次抬高的报价。

三、荷兰再就业服务的评估内容及结果

鹿特丹社会经济研究所（Social Economisch Onderzoek Rotterdam，简称 SEOR）作为一家向公共部门或私人部门提供政策研究咨询服务的独立研究组织，和伊拉斯谟大学经济学院有着密切的联系。它于 2003 年接受荷兰商业和贸易部的委托，对荷兰再就业服务的竞争程序和服务购买结果进行评估。

再就业服务的目的在于提高服务目标人群从失业状态到就业状态的转化率。在荷兰，这项服务的目标人群是残障人士、长期失业者和有长期失业风险的短期失业者。SEOR 对荷兰再就业服务竞争购买从程序性评估和效果性评估两方面着手，程序性评估重点考察不同购买程序的优劣，效果性评估重点考察的是竞争购买服务的实际效果，包括合同拟定目标实现情况和服务购买绩效。在评估过程中，SEOR 认为应该重点关注净效果（Net－effect），即提供服务所造成的转化率差异，也就是我们所认为的绩效。

SEOR 的评估团队认为，应该建立评估模型对服务购买绩效进行准确测定。因此，他们采取了两种评估方式，一种是直接利用宏观劳动数据，对私人提供的再就业服务效果进行评估；另一种则是采取随机试验方法获得可控人群的微观数据，进而根据微观数据评估服务效果。这两种方法表明，再就业服务的净效果非常小，实际绩效十分有限。在某些情形下，接受再就业服务的失业者的失业时间非但没有缩短，反而出现了延长的状况。如果按不同群体来看，残障人士群体就业机会的净效果要比长期失业者好一些。但对残障人士群体而言，平均效果还是十分有限，而且不同残障人士的最终效果差异很大。

针对荷兰全国社会保险协会设定的投标资质标准，SEOR 的评估团队认为存在四个问题：一是结构标准权重过大，过多考虑投标者过去的状况，会阻碍其他新再就业公司进入市场；二是标准设置不明确，再就业实现时间界定不清晰，使得不同再就业企业的服务质量难以进行同类比较；三是资质审查和投标标准混同，阻碍原有程序发挥作用；四是目标人群混同，未对服务对象进行区分，无法按照各自特点对特定人群进行准确服务。

当然，SEOR 的评估团队也指出，由于竞标的绩效标准要求，再就业企业的安置人数比率不得少于 35％。根据合并后的雇员保险计划机构（UWV）提供的报告数据，最终实现的安置人数比率大致为 35％，与事先设定的绩效标准基本吻合。但很明显，

再就业公司尽了最大的努力，也只是实现了最低要求而已，净效果依然十分糟糕。

针对目前再就业服务竞争购买绩效较差的情况，SEOR评估团队以获得合理的净效果为目标，提出如下建议：

第一，根据目前机构整合的现状，荷兰全国社会保险协会和各个社会保险机构已经整合为统一的雇员保险计划机构，因而可以采用标准化的竞争购买程序来解决当前存在的问题。在SEOR评估团队看来，最好采取限定性的程序，这种程序应当由两个阶段组成：资格审查阶段和投标阶段，分别开展初步评估和市场竞争评估。

第二，应该针对不同目标人群进行初步评估，综合考虑与就业机会关联度最高的各种因素，例如年龄、性别、教育程度、种族和身体缺陷等，并根据上述信息，得出每个目标人群的最低合理要求。这样可以使得群体分类过程和竞争购买过程相互分离。除考虑上述因素外，还应当考虑其他无法定性测度的影响因素，以便提升因素评估的准确性。

第三，社会保险机构应当明确界定再就业公司可以提供哪些服务，当然，这必须基于初步评估的基础。如果社会保险机构已经明确什么样的服务适合何种目标人群，那么它就既可以快速确定服务质量，又可以告诉再就业公司应该提供何种服务，从而通过细化服务清单的方法，使得竞争购买过程更有针对性。

第四，根据现有模式，作为服务受益对象的失业者完全没有选择再就业公司的任何自主权。澳大利亚实施的是许可证制度，服务供应商必须达到相应的标准才能获得提供服务的许可证，而政府公共部门可以决定每一名失业者可以获得什么类型的再就业服务，接受服务的人员则可以在不同的供应商之间进行挑选，政府再根据选择和安置结果支付服务报价。从澳大利亚的做法可以看出，公共就业服务私有化的基础是自由选择权限。因此，荷兰也可以借鉴澳大利亚的做法。

四、荷兰再就业服务竞争购买评估结果的启示

根据荷兰再就业服务绩效评估情况，总结目前政府购买公共服务的共性问题，为我国政府购买服务改革和政府购买服务绩效评价工作提供借鉴。

首先，服务承接主体的资质准入标准过高会一定程度阻碍了市场机制发挥相应的作用。应当注意到，政府购买服务改革的目的在于优化公共服务资源的配置方式，改变服务供给主体，转变政府职能，提升公共服务水平。从这个角度来看，资质准入标准过高可能会不利于公共服务市场发挥作用。

其次，公共服务的质量标准不统一，导致在服务合同中难以有效界定服务质量。不能统一服务质量标准，既难以对不同服务承接主体的服务质量进行比较，更降低了合同对服务承接主体的约束力，使得从合同拟定、服务提供、绩效评价到事后监督都缺少明确的工作标准作为依托。

最后，服务对象未进行分类处置，妨碍了服务的针对性。不同类型服务对象混淆

的情况，存在于公共服务竞争、转交和提供的整个过程中，导致服务供给和需求并不匹配，存在结构性错配的问题，从而影响了公共服务水平的提升。

通过分析SEOR评估团队提出的建议，我们可以得出：政府购买服务改革的关键不在于私有化，而在于市场化。而要实现政府购买服务改革的市场化目标，建议从以下四个方面着手：

第一，将市场准入审核和市场竞争程序区分开。服务承接主体的市场准入审核虽然是市场准入的重要阀门，但带有强烈的政府计划审批特点，若过重考虑承接主体过去的业绩状况，会将大量初步具备资质条件的承接主体排除在市场之外。特别是在当前社会组织亟待培育的现实情况下，进一步放开准入标准更是需要进行改革的第一步。

第二，对公共服务市场进行细化。服务对象的需求是多样化的，只有按照服务对象的实际需求，对服务市场进行细分，才能使得公共服务市场的运转更为有效，更为贴合服务对象的实际需要，从而使得市场结构更为完善。

第三，制定公共服务的统一标准。政府不仅是公共服务的购买主体，还是公共服务市场的标准制定者。因此，政府通过考察调研，确定公共服务的价格指导标准、服务质量标准、市场准入标准等，在职能转变的形势下积极履行自身职责。

第四，赋予服务对象较大的选择权限。服务对象是服务最终的受益对象，受益对象的不同需求需要通过选择加以显示。从构建公共服务市场的角度来看，政府从原来服务的单一提供者转变为规则制定者，服务承接主体得以成为公共服务市场的供给方，那么赋予作为需求方的服务对象更大的选择权限，则是市场化改革所必须实现的重要内容。

第二节 政府采购合同评价与政府购买服务绩效评价的比较

根据《国务院办公厅关于政府向社会力量购买服务的指导意见》（国办发〔2013〕96号）的工作部署，以及《政府购买服务管理办法》关于“建立由购买主体、服务对象及专业机构组成的综合性评价机制”的相关要求，部分地区相应出台了关于政府购买社会组织服务项目绩效评价管理办法。制度指出政府购买服务的主体为各级行政机关和具有行政管理职能的事业单位，购买服务合同是开展政府购买服务绩效评价的重要依据，此外，关于政府购买服务项目绩效评价的评价管理、评价实施主体、评价共性指标体系、简易评价报告格式等内容也均在其中进行了规定。

根据《政府购买服务管理办法》的相关规定，不具备行政管理职能的事业单位不在政府购买服务主体范畴内，但由于部分事业单位工作内容的专业性要求，每年需通过政府采购选择供应商提供专业化服务。本节将以S事业单位政府采购专业化服务合同评价为例，对合同评价与政府购买服务绩效评价的异同进行比较，并对政府购买服务及绩效评价管理提出新的思考方向。

一、事业单位开展服务合同评价的基本情况

S事业单位作为提供专业化监测检测服务的中心机构，在运营过程中，需针对多家入驻科研单位开展专业物业管理、实验室专用仪器设备维护维修和保洁保安等专业性日常运维服务。为此，S事业单位通过政府采购引入专业的社会服务力量，签订外包服务合同，以提供更优质、高效、方便、快捷的服务，保障园区日常工作的正常开展。为了外包服务整体良好运行，掌握服务供应商的合同执行情况，完善服务供应商选择机制，提高财政资金使用绩效，S事业单位委托第三方评价机构对政府采购的服务合同执行情况开展评价工作。本文以S事业单位实验室专业风阀系统运维服务为例，展示政府采购服务合同评价工作的开展。

实验室风阀系统是为了保证各实验室的通风、空气调节和空气净化而安装，为保证风阀系统的正常工作，日常需要对实验室风阀系统进行运维，其服务属于专业服务，无法由中心人员提供。S事业单位按照内部采购流程和内控制度要求，通过询价确定服务供应商，签订服务合同，明确了服务内容（数量和质量）、付款方式、双方的权利和义务、合同金额的构成、合同的变更、验收等关键信息约定。

合同评价的目的，一方面是对供应商合同执行情况进行评价，包括服务内容与合同的符合性、服务质量和时间的达标情况，审查服务供应商在合同执行中存在的问题；另一方面是对合同签订合规性、供应商资质合规性、采购程序合规性进行评价，审查单位在组织政府采购过程中供应商选择、合同签订是否按照相关制度政策要求完成。

评价内容主要包括程序性和效益性。其中，程序性评价主要考察购买程序执行、合同拟定和服务监管的规范性；效益性评价则主要考察直接效益、间接效益和受益对象满意度。本次评价工作由本单位自行组织开展，因此更加侧重于对服务供应商合同执行情况进行评价。

实验室风阀系统运维服务绩效评价指标体系基于评价目的和内容进行设计，包括合同签订、合同履行及服务效果3个一级指标。其中，合同签订从程序合规及内容合理进行考察，包括服务商资质合规性、采购合规性，合同订立范围及条件清晰、合同条款合理等指标；合同履行从提供服务数量与质量、提供服务时效、人员与设备配备、管理与反馈；服务效果重点考察项目执行后的效果，包括有责投诉数、有责事故发生数。具体指标体系详见表6-2。

表6-2 服务合同评价指标体系

指标	指标解释
A合同签订	—
A1程序合规	—

续表

指标	指标解释
A11 资质合规性	考察在合同期内，服务提供方的相关资质是否齐备
A12 采购合规性	考察服务的采购过程中，服务提供方从投标（报价）到签订合同整个过程中是否遵守了所有政府采购规定和要求
A2 内容合理	—
A21 合同订立范围及条件清晰	考察合同条款的范围是否明确，相应条件是否清晰
A22 合同条款合理	考察合同条款内容是否合理
B 合同履行	—
B1 提供服务数量与质量	—
B11 维保计划方案完善性	考察服务提供方是否按照要求，制定维保计划方案
B12 实验室风阀系统维保数量达标率	考察服务提供方实验室风阀系统维保数量是否达到合同规定的要求
B13 风阀零部件元件检查完成情况	考察服务提供方是否按照合同要求检查风阀零部件
B14 风阀系统风险点实验完成情况	考察是否按照合同对如下设备进行风险点实验
B15 电源模块检查完成情况	考察服务供应方是否按照合同要求完成电源模块的检查工作
B16 实验室送排风控制阀维保完成情况	考察服务供应方是否按照合同要求完成实验室送排风控制阀维保工作
B17 实验室排风柜维保完成情况	考察服务供应方是否按照合同要求完成实验室排风柜的维保工作
B18 实验室通风柜检查完成情况	考察服务供应方是否按照合同要求完成实验室通风柜检查工作
B2 提供服务时效	—
B21 提供服务时间长度达标率	考察服务供应方是否在合同约定的时间内持续提供了服务
B22 应急抢修完成时效性	考察服务供应方在出现应急抢修需求后，是否按照合同约定的时间或在不影响正常使用的合理时间内完成了应急抢修，恢复使用
B3 人员与设备配置	—
B31 人员配置合理性	考察服务供应方在现场提供服务和远程提供服务的人员的数量与质量是否满足合同中的要求
B32 设备配置合理性	考察服务供应方为现场提供服务和远程提供服务的设备的数量与质量是否满足合同的要求
B4 管理与反馈	—
B41 现场遵规服管情况	考察服务提供方在现场是否能够遵守相关规章制度，是否能够服从管理

续表

指标	指标解释
B42 服务记录完备情况	考察服务提供方对于本年提供各项服务的记录存档情况
B43 服务年度总结情况	考察服务提供方对于本年提供服务的年度总结的提交及时性和质量情况
C 服务效果	—
C1 有责投诉数	考察因本项目提供服务不到位、不及时或其他无法满足需求而产生的有责投诉发生情况
C2 有责事故发生数	考察因本项目提供服务不到位、不及时或其他无法满足需求而产生的有责事故发生情况
C3 满意度	考察各实验室对服务提供方工作的满意度
合计	

二、服务合同评价实施路径及结果应用

对实验室风阀系统运维服务合同开展评价工作的路径如下：

首先，在了解专业化服务合同签订背景的基础上，将采购内容与部门的职能进行匹配，明确采购专业化服务的必要性。

其次，梳理合同签订程序。采集关于供应商确定及服务协议签订的相关资料，以明确合同签订程序的合法合规性。

最后，分析合同履行情况。梳理合同内容，并通过实地访谈、资料查阅、合同执行材料核查等方式获取合同完成数据及效果指标评分所需数据资料，明确合同履行情况，分析存在的问题。

基于指标体系的评价与分析，实验室风阀系统运维服务合同情况如下：

其一，合同签订程序合法合规。S 事业单位首先从服务供应商库中预选供应商内进行询价，经三方报价，最终确定其中一家单位获得项目服务资格，其次双方就服务的内容进行约定，签订政府购买服务合同。合同签订形式、合同主体资质、签流程控制和记录备案工作完成良好。

其二，合同内容完备、严谨、规范。合同内容完备严谨涵盖了常见的各类条款，防范了合同签订和履行过程中的各类风险，有效维护了合同双方的合法权益；并对服务数量、服务质量标准、服务的时间要求进行了详细的规定，对服务内容的细化至关键零件维护要求，并对服务供应商的工作责任进行了明确，有效指导服务供应商的日常维护工作。

其三，服务供应商在合同服务年度内较好地完成了合同约定的内容，但存在精细化管理水平不足的问题。例如，项目台账与记录缺失部分内容无法佐证项目合同的执行，此外，对于合同中约定的部分汇报总结工作没有落实到位，存在维护保养月度报

告内容缺失问题，无法保证管理人员对实验室风阀系统维护保养情况进行全面了解。

其四，合同执行效果方面。服务供应商在服务过程中未发生安全事故，各实验室对其工作的满意度较高，较好地保障了实验室风阀系统的正常运维。

通过委托第三方实施合同评价，S事业单位一是将合同评价结果作为绩效检查验收的依据，同时也作为项目合同资金支付的重要凭证；二是建立起服务供应商的评价档案，评价结果不理想的服务供应商不再被纳入服务供应商库。合同评价结果在单位运营管理中得到了有效应用。

三、政府采购服务合同评价与政府购买服务绩效评价的比较

通过上述政府采购专业化服务合同评价案例，我们可以对比政府购买服务绩效评价，分析两者的异同之处。

从二者的本质来看，政府采购的本质是政府机构运用财政资金从市场获得货物、服务和工程的一种行为过程，是对市场竞争机制与财政支出管理有机结合的法制化管理手段。而政府购买服务是政府依照市场化手段将原本由自身承担的公共服务转交给社会组织、事业单位和企业履行，以提高公共服务质量水平和财政资金使用效率，承载了转变政府职能、改善社会治理结构等宏观改革目标。由于二者在目标定位、主体权责、工作机制、评价规程、协调方式上既有一定差异，又有操作层面上的共通之处，因而决定了政府采购合同评价与政府购买服务绩效评价也有以下几方面异同点：

第一，从评价目的来看，两种评价有相同之处，也有相互差异。二者均是为了提升产品和服务的质量水平，提高财政资金的使用效益。但政府采购作为一种规范化运作的行为约束，服务合同评价的目的更聚焦于规范政府采购行为、选择有效的供应商、确保合同执行有效，从而提高政府采购绩效；政府购买服务绩效评价的目的是衡量政府通过购买服务方式提供公共服务的实际绩效，因此除了行为规范、服务提升以外，还要衡量政府购买服务促进职能转变等改革目标的实现情况。因此，合同评价和政府购买服务绩效评价均可达到评价本身的目标，但本质意义存在差异。

第二，对于评价的对象而言，两者均围绕服务合同展开。其中，政府采购合同评价以合同为对象，围绕合同的制定、执行展开；政府购买服务绩效评价同样以服务双方缔结的合同为重要载体，围绕合同约定的服务情况展开。

第三，对于评价涉及的相关主体，政府采购和政府购买服务涉及的参与主体均包括购买主体、承接主体和受益对象。评价工作的参与主体是评价委托方和评价实施方。在合同评价和政府购买服务的评价工作中，两个层面的主体履行的职责不同。

第四，对于评价的组织实施，政府采购合同评价一般由采购委托方主导开展，评价主要是服务于采购方的合同管理需要。而政府购买服务绩效评价除了由购买服务主体主导开展的方式外，更多的是由有评价需要的相关管理部门主导开展。

第五，对于评价内容，由采购/购买主体主导的评价，政府采购合同评价和政府

购买服务绩效评价都包括了合同程序合规性、内容合理性和效益性评价几项内容。而由有评价需要的管理部门委托的政府购买服务绩效评价，还会进一步开展服务必要性评价和持续性评价，一是考察项目内容是否有政府购买服务的必要，二是考察具体政府购买服务在促进效能提升和职能转变上的实际影响。

四、政府购买服务的主体和范围界定的再思考

基于本文的案例解读和上述异同点比较，我们不难看出，由非政府购买服务主体采购的专业化技术性服务，在开展合同评价过程中，无论评价目的、评价对象、评价相关主体、评价实施和评价内容方面，均与政府购买服务绩效评价存在一定的相似之处。《政府购买服务管理办法》也提出将技术性服务纳入政府购买服务目录，由社会力量承担。诸如专用设备及实验室专业化运维服务一类的服务，委托社会力量承担具有一定的必要性和合理性，那么，这一类专业化服务是否可纳入政府购买服务目录是需要探讨的问题之一。

随着政府购买服务与预算绩效管理等工作的不断推进，二者的有机结合也在逐步深入。这些举措一方面有助于拓宽评价思路，改进评价工作，落实全面实施绩效管理的要求；另一方面，通过绩效评价管理引发对政府购买服务改革的全面深度思考，进一步健全机制、完善管理，只有这样才能真正促进政府效能提升、职能转变的宏观目标的实现。

| 第三节 | 地方教育行政管理部门购买服务绩效评价案例

2017 年，为积极响应国家文化发展理念，提升 A 地区教育发展水平，A 地区教育委员会（以下简称“教委”）通过政府购买服务形式委托社会机构开展了 27 个教育改革事项宣传、能力提升和保障项目。2018 年 4 月，A 地区教育委员会委托第三方开展此 27 个政府购买服务项目的绩效评价工作。按照绩效评价基本要求，结合政府购买服务特点，评价组梳理项目绩效目标，完成评价指标体系设计，并通过资料核查、实地调研、访谈和满意度问卷调查等方式完成数据采集，撰写评价报告，完成绩效评价工作。本案例通过回顾该项目信息、评价思路及结论，解析政府购买服务绩效评价的做法，并就评价存在的问题及进一步改进方向进行思考与说明。

一、项目简介

（一）服务内容与预算

为贯彻落实国务院《关于印发全民科学素质行动计划纲要实施方案（2016—2020 年）的通知》（国办发〔2016〕10 号）和《关于印发国家教育事业发展“十三五”规划的通知》（国发〔2017〕4 号）等文件要求，推动 A 地区教育改革事业发展，为 A

地区各学段学生、教育行业教职员工及其他市民提供更好的教育资源和服务。2017年，A 地区教委设立 27 个项目，其中 12 个跨年度实施项目。27 个项目均通过政府购买服务形式开展，预算总额为 5454 万元，预算执行率为 95.75%，结余资金由 A 地区财政局统一收回。按照项目内容和服务方向，项目分为宣传活动类、内涵提升类和保障补贴类三大类。

宣传活动类主要包括中小学生情景化阅读推广、教育综合改革中期典型经验新闻宣传、开展市民文化艺术体验活动等 14 个项目，预算金额 2766 万元；内涵提升类主要包括财政教育项目验收检查、长三角民办高校应用型教学内涵项目、汽车行业资格框架建设和青少年生态文明社团考核与管理等 8 个项目，预算金额 344 万元；保障补贴类项目主要是根据国家和 A 地区相关教育安全及政策补贴文件要求，组织开展中小学、高校退休教职工和学生日常生活、教育等安全保障和赔付事宜等内容，涉及 5 个项目，预算金额 2354 万元。

（二）相关主体与服务程序

按照《政府采购法》等相关法律法规及部门管理要求，此次评价的 27 个项目由教委通过 A 地区政府采购中心及其他四家社会招标代理机构进行公开招标的方式，最终选取 17 个中标单位作为 27 个政府购买服务项目的承接主体，双方按规定签订合同。承接主体负责按照合同约定条款及投标文件中明确的实施计划和服务承诺向相关受益单位和个人提供教育有关服务；实施过程中，接受主管部门阶段性检查和监管；项目完成后，申请发起验收，并按验收结果完成整改与结算工作。

2017 年教委政府购买服务项目包括项目立项、政府采购、项目执行和结项验收四个环节。项目立项阶段：由教委各业务处室填报预算评审申报书并提交财务处进行立项审核。项目采购阶段：审核通过后，教委向政府采购中心发起相关采购服务工作申请，借助招标代理机构的力量，通过公开招投标方式确定中标单位，与教委签订服务合同。项目执行阶段：中标单位根据合同条款和项目实施方案在规定时间内落实相关计划。项目结项验收阶段：项目完成后，中标单位提前一个月向 A 地区教委对应业务处室发起验收及结项审核申请，并根据验收结果完成项目整改及服务费用结算。

（三）项目绩效目标

遵循“以文化人、以艺育人，打破围墙、资源共享，创设平台、品牌辐射，培育孵化、动态调整”的思路，贯彻创新、协调、绿色、开放、共享的新发展理念，教委拟通过这些项目的实施全面落实《A 地区文教结合工作三年行动计划（2016—2018年）》，对接文化和教育事业“十三五”规划，加强在校师生与 A 地区居民的文体、艺术水平，提升其文化综合素养。在总目标基础上，评价组结合各项目具体情况，梳理各项目绩效目标。年度目标包括产出目标和效果目标，效果目标依据项目分类和内容分别进行设定，具体如下：

产出目标：各项目按计划及时开展对应工作，根据合同约定 100%完成服务内容，项目验收合格率达100%。由于各项目实施内容差异较大，此处不再一一列示各项目的产出目标及其目标值。

效果目标：

(1) 宣传活动类：显著地丰富在校学生及市民的文化生活，活动有效投诉处置率达到90%及以上，受益群体总体满意度达到90%及以上。

(2) 内涵提升类：培训课程等活动对在校师生及市民文化教育能力提升显著，活动有效投诉处置率达到90%及以上，受益群体总体满意度达到90%及以上。

(3) 保障补贴类：补贴、赔付金额均按项目管理制度和要求足额及时完成支付工作，食品安全类事故发生率较上年度有所降低，活动有效投诉处置率达到90%及以上，受益群体总体满意度达到90%及以上。

二、评价设计与实施

(一) 评价思路

针对政府购买服务，绩效评价的考察对象上包含了服务事项的购买方和承担方两个主体。评价组可根据两个主体在项目实施中的角色，分别就其职责完成情况进行考察。由于此次绩效评价工作由教委组织，评价组在考察过程中重点关注服务承担方的合同履行情况、项目实施所达到的效果和相关受益群体的满意度，对购买主体的组织管理情况仅做了解。

2017年的27个政府购买服务项目，教委均与相关承接单位签订书面合同，明确服务对象，服务的内容、期限、价格等要求。从服务期限上看，均以一个年度为有效期，但是部分项目存在跨年度实施的情况。因此，评价组以2017年12月31日为节点，将27个项目分为2017年验收与2018年验收两类。对于2017年验收的项目，除考察基本组织管理情况外，产出类指标着重考察项目开展的数量、质量和时效达标情况；效果指标着重考察相关社会效益目标达成情况、购买主体和受益人的满意度，以及为将来项目发展设立的长效管理机制建立健全性。对于2018年验收的项目，因项目仍在执行中，考察点侧重项目实施的组织管理和保障情况。

由于此次评价共涉及27个项目，项目数量较多，而项目实施内容有差异，因此评价组根据项目的类型，按照宣传类、补贴类和内涵提升类三个类别，结合项目实施特点和各分类计划达到的绩效目标情况，分别考察各个项目的管理、实际完成情况及项目产生的效果。在效果指标制定中，宣传类项目着重考察受益群体对文化生活的关注度较往年是否提升；培训类项目是否提升了在校师生及市民的文化教育能力；保障补贴类项目则主要关注是否降低了校园安全类事故发生率等。除基础数据的采集和复核外，效果类指标主要通过问卷调查结果进行分析。

按照《A地区政府购买服务管理办法》和绩效评价工作规范，遵循“投入—管理—产出—效果”的基本逻辑路径，结合上述基本评价思路，评价组完成绩效评价指标体系设计。其中，共性指标主要针对承接主体，考察其资源投入、相关保障制度建立健全情况和项目的具体产出情况；个性指标则根据项目实施内容，对应项目绩效目标，按照宣传活动、内涵提升和保证补贴三个类别分类设置。

（二）评价实施

项目实施主要根据A地区绩效管理办法要求，分三个步骤完成：一是方案制定阶段。评价组通过与教委进行前期沟通，了解教委政府购买服务的组织流程，各项目设立的背景和目的、基本实施内容、预算安排和执行情况等内容，结合委托目的，梳理项目评价思路和评价指标体系，明确评价方法及评价实施路径。二是方案实施阶段。评价组严格按照评价工作方案实施相关调研工作，主要通过访谈了解项目设立的背景、组织管理、资金管理、服务完成等基本情况；通过基础数据表填制和数据复核、资料核查深入了解各项服务开展的具体情况；通过分层抽样方式展开问卷调查，考察服务受益群体对服务的满意度情况。评价组共计发放问卷300份，调查对象覆盖对应三大类项目的受益群体，按照服务费用占比分配问卷发放数量。三是报告撰写阶段。评价组汇总、整理、分析采集到的数据，按照既定的评价指标体系对各项购买服务完成情况进行评分，总结项目经验，分析扣分原因，梳理项目实施中存在的问题，并提出可行性建议，完成绩效评价报告。

（三）评价分析与结论

2018年7月，评价组按照委托方要求完成2017年A地区教委政府购买服务绩效评价工作。根据评价结果，服务承接主体主要依据合同条款和中标单位投标文件中的实施方案展开，但除校方责任险两个项目外，其他项目均未形成中期监控检查记录，项目管理制度健全性与项目执行有效性有待提升。

从服务产出方面看，2017年A地区教委的27个政府购买服务项目中，应在2017年底完成工作内容的16个项目实际完成15个，未开展工作的项目1个；部分项目实际提供的服务内容与计划有一定出入；已完成项目按照约定的服务标准提供相关服务，通过验收。跨年度实施的11个项目中，已开展相关工作的10个。从项目实施效果分析，已完成的15个项目，根据基础数据表、满意度调查结果等，各项目均达成项目设立预期目标，且项目受益人和采购方满意度在90%以上，满意度较高。个别项目受访对象对服务方式、服务时间和效果满意度较低，建议承接主体进行调研后予以调整。

A地区教委2017年政府购买服务项目均为经常性项目，项目开展具有延续性或项目实施存在跨年度的情况，且各项目近三年的年度预算基本未有变动。为增强项目实施的连贯性，减少政府采购实施的成本，建议适当延长中标单位的服务时限，可每年根据中标单位上一年度的完成情况决定是否继续合作，减少因政府采购时间较长及资金下拨时间较晚等导致的项目进度延迟等问题。

三、案例总结

本次政府购买服务绩效评价案例，评价组基于项目金额较小、数量较多的实际情况，在评价指标设计、评价实施方式上均采用了相对合理的方式，进一步提高了评价准确性和工作效率。

一是分类设计指标体系，提高评价准确性。此次评价的 27 个项目实施内容繁杂，开展方式多样。评价组以项目实施为分类维度，结合项目实施内容，将项目分为三类。如项目以组织开展文化宣传推广活动、发放文化知识书籍、宣传册与海报等内容为主要内容，归类为宣传活动类；以开展课题研究、项目管理、文化类课程培训等为主的项目，归为内涵提升类；而以组织开展中小学及高校退休教职工和学生教育教学等安全保障事宜，归为保障补贴类。在成果的展现上，评价组针对每一个项目承接主体的服务完成情况进行了评价，形成分报告。同时，对各类项目的组织管理、服务产出和成效进行梳理、提炼，分析项目管理的经验与不足，在总报告中予以反映，便于各服务承接主体相互取长补短。

二是借助信息化手段，提高工作效率。此次评价涉及项目数量多且评价时间紧，而相关方满意度是此次评价工作的重要指标，在进行满意度调查时，评价组未采用传统的纸质问卷人工发放方式，而是通过调研现场张贴二维码的方式，向参与相关宣传活动、培训等受益人发放电子问卷，再通过网络平台进行回收、统计、筛选并导出成果，从而尽可能多地覆盖调查对象，并节省了问卷发放和调查结果录入的时间。

但是，目前大多数政府购买服务尚未有明确的服务标准，也缺少明确的市场标准或者行业指导价格，致使服务费用的合理与否难以确定。本次评价主要从服务实施方案的完整性、明确性及组织管理建立健全情况等方面考察服务承接主体服务开展的保障情况，未对采购内容的费用标准问题进行深入分析和评价。关于服务费用及标准也是之后政府购买服务绩效评价值得探索的问题。

此外，对于政府购买服务涉及专业度较高的项目，如何对其服务方案的设计和资源配置合理性等方面进行有效而便捷的考察，评价标准和方法也还需要进一步探讨。

| 第四节 | 政府购买全面健身赛事活动绩效评价案例

在体育赛事社会化、市场化办赛的引领下，各地越来越多地采取政府购买服务的形式提供公共体育服务，引导更多社会力量参与公共体育服务供给，让广大市民在全民健身、全民健康上有更多的获得感、幸福感。

B 地区体育局 2018 年度开展全面健身赛事活动，推动全民健身赛事活动的有序开展，以政府购买服务形式，委托社会力量办赛。为确保全面健身赛事活动的服务质量，B 区体育局委托第三方开展赛事过程监控和绩效评价工作，此项绩效评价工作属于政府购买服务过程中购买主体对承接主体开展的服务绩效评价（以下简称“服务评价”）。本案例将介绍政府购买公共体育服务绩效评价的工作内容，并重点对绩效评价开展思路和绩效评价指标体系进行说明。

一、项目简介

（一）服务内容

2018 年 B 地区全民健身赛事活动是以满足 B 地区不同人群健身需求，吸引更多市民参与体育锻炼为目的，以项目为核心，构建适合普通市民参与的业余体育赛事层级体系，使 B 地区不同年龄和不同水平的市民找到适合自己的赛事活动。赛事活动由 B 地区体育局通过政府购买服务形式委托社会力量组织开展。2018 年重点策划开展了四类特色赛事活动项目，涵盖多种体育赛事类型，既包括篮球、羽毛球、网球、乒乓球、路跑等传统赛事的系列挑战赛，也包括广场舞、健身瑜伽、广场舞等适合各年龄人群的特色赛事项目，赛事活动贯穿 2018 年整个年度。

（二）项目预算

B 地区财政投入 350 万元作为政府办赛引导资金，委托社会力量办赛。付款方式按合同约定履行。合同签订后，购买主体支付承接主体 50%的合同款，待赛事举办完成后开展评价，若承接主体考核分数在 70 分以上为合格，购买主体将支付剩余 50%的合同款；若低于 70 分，则按照约定进行相应的惩罚。

（三）相关主体与服务程序

B 地区体育局是服务的购买主体，编制政府购买服务预算，由财政局审核体育局申报的预算，并指导体育局开展政府购买服务绩效评价工作。作为购买主体，B 地区体育局于 2018 年 2 月向社会公开招标，收到 92 份来自体育类社会组织及企业投递的标书，3 月成立了评审领导小组，召开现场评审大会，并按招标程序和规则确定了 2018 年各项赛事委托承办单位，4 月召开项目的签约仪式。各赛事承办单位作为承接主体，负责按照合同约定条款及投标文件中明确的实施计划和服务承诺开展体育赛事组织工作，在接受购买主体监管的同时，也需配合由购买主体委托的第三方机构实施绩效评价。

（四）项目绩效目标

项目的总目标是通过政府购买公共体育服务，撬动体育市场各方面的资源，提高赛事组织力量，将官方办赛转变为引导社会力量组织办赛，提高社会参与的积极性，转变体育行政部门职能，实现向“小政府、大社会”的转变，促进赛事组织更加规范有序，推动群众体育、竞技体育和体育产业的统筹发展。在明确办赛目标的前提下，提高财政资金的使用效率并强化其引导作用。

项目 2018 年度的目标是通过 350 万元引导资金的投入，完成年度全面健身赛事活动的组织工作，完成 18 场特色赛事、5 场系列赛事、10 项体育技能培训，赛事完成率达到100%，赛事承办过程社会化，项目规模达到要求，向15家不同的市级、区级媒体提供项目新闻报道，参赛市民满意度达到90%，赛事、培训现场无安全事故发生，实现规范办赛、安全办赛，不发生有责投诉。

二、评价设计与实施

（一）评价思路

开展本次赛事绩效评价的主要内容在于全面分析2018年B地区全民健身赛事活动对推动B地区全面健身计划的贡献度。赛事评价以服务内容评价为重心，评价结果既可作为合同支付的依据，也为之后年度选择赛事项目承办单位提供重要参考依据，进一步完善赛事承办单位的甄选机制。

本次赛事绩效评价的评价对象是各承接主体提供的赛事组织服务。评价主要从承接主体的项目管理情况、服务产出情况及提供服务的效果情况三个维度开展，评价的内容主要包括：一是赛事承办方在组织管理方面否有健全的管理机制，保障赛事组织的规范开展，二是承办方是否按照委托协议要求组织赛事活动，完成赛事组织计划，实现预期目标，加强赛事的社会宣传工作，推动特色赛事的推广工作，三是通过现场评价，对参与赛事人员和主办方人员进行满意度测评，获取受益方的满意度情况。

赛事绩效评价的重点内容是评价承接主体赛事组织服务的完成情况，包括服务数量、服务质量的达成情况。对服务内容完成情况评价采用的评价方法为现场勘查与非现场资料分析结合的方法，现场勘查主要是赛事现场评价工作，对现场评价要点进行记录，具体包括赛事现场布置、赛事安全保障人员安排情况、赛事组织规范性、赛事现场氛围、赛事现场便民措施等情况。非现场资料分析是前期资料和后期通过现场收集的数据进行分析，对承接主体的赛事组织服务进行评价。

在指标体系设计方面，整体指标体系从组织管理、服务产出、项目成效及相关方满意度四个方面设置。在组织管理方面，根据《B地区政府购买服务管理办法》和《绩效评价工作规范》要求，并且考虑到体育赛事群体性的特点，赛事安全是承办主体首先需要保障的，因此在指标体系组织管理中设置必达指标，考察“安全事故”和“12345、信访投诉”，一旦任何一个指标出现问题，则直接被评为不合格。此外，组织管理考察赛事安全措施的保障情况，报名渠道的管理及赛事项目便民措施的设置情况；服务产出方面重点考察赛事完成情况、赛事完成及时性及项目完成的规模达标情况；服务成效方面考察宣传工作推动赛事的社会知晓度，以及社会资金的投入情况。相关方满意度从购买服务主体和受益对象两个层面考察，即主办方满意度和参赛人员满意度。具体如表6-3所示：

表 6-3　赛事绩效评价指标体系

一级指标	二级指标	三级指标
组织管理	必达指标	安全事故数
	计划组织	12345、信访等投诉数
		安全措施
		承办过程社会化
		便民措施
服务产出	服务产出数量	项目完成率
	服务产出质量	项目规模
	服务产出时效	赛事举办及时性
项目成效	社会效益	新闻报送
		专题报道
	经济效益	社会资金赞助
相关方满意度	受益对象	参赛市民满意度
	购买主体	主办方满意度

（二）评价实施

赛事评价工作评价实施流程主要分为三个阶段，一是评价方案的制定阶段，成立绩效评价工作小组，获取赛事举办列表，根据购买主体的评价要求和赛事评价特点确定评价指标体系，现场实施方案，设计现场核查底稿，设计满意度问卷。二是实地核查阶段。实地核查是赛事绩效评价项目最关键的工作环节，是获取评价数据最主要、直接的方式。首先与赛事承接主体确认赛事举办时间，获取赛事前期组织方案资料。然后在赛事举办当日开展现场赛事评价工作，对承接主体进行访谈，了解赛事的组织流程。最后在每场赛事随机选取 30 名参赛人员进行问卷调查，关注参赛人员对赛事组织规范性、裁判专业性、赛制合理性、赛事现场秩序等内容的满意度。现场填写核查底稿，对赛事整体情况进行记录，并拍照取证。三是报告撰写阶段。汇总现场数据，获取赛事承接主体后续的财务、宣传资料，并且对购买主体进行满意度调查，对数据、资料进行分析，在数据分析结果的基础上，结合问卷调查结果和访谈了解到的真实情况，对各项指标进行评分，总结项目所取得的成绩和经验做法，分析存在的问题，得出结论并撰写评价报告。

（三）评价分析与结论

通过对前期已经举办的赛事进行政府购买服务评价，发现各赛事承办方在安全保障方面均完成较好，各项赛事均未出现安全事故。赛事的绩效得分均达到合格标准。

从政府购买服务管理方面，B 地区体育局是第二年采用公开招投标的方式选择赛事承办方，流程规范，吸引了较多社会力量的参与，不仅转变了政府职能，也可以有助于培育体育组织的成长和发展。

从承接主体的组织管理方面来看，各赛事承接主体举办赛事的经验和水平不同，虽赛事均有序开展，未发生重大事故，但是部分赛事承办方组织赛事经验不足，在场地选择、组织人员安排、现场组织方面均存在问题；个别赛事选择的场地不能满足赛事的需求，组织人员安排较少，赛事现场较为混乱，需要体育局加强引导。

从服务产出方面来看，部分赛事组织未能按照计划完成。主要原因在于体育赛事多为室外活动，容易受异常天气的影响。如遇到风雨天气，赛事计划会受到影响，不能按照原定计划完成。

从赛事举办效果来看，赛事参与方的满意度较高。通过现场评价，满意度问卷的发放，各赛事的参与人员对赛事举办的满意度较高，均达到90%以上。大部分市民认为此类体育赛事的举办能够为广大体育爱好者提供展示的平台，也愿意参与到其中去。体育局鼓励赛事承办方通过资金赞助、场地赞助、物品赞助等形式调动社会资金参与，实现了赛事社会投入资金与财政引导资金1∶1的比例要求。

三、案例优缺点总结

本案例的特点在于：

一是紧紧围绕政府购买服务绩效评价要求，重点突出。本案例紧紧围绕政府购买服务绩效评价的要求，以合同的实现程度为评价核心，重点突出，关注赛事现场实际情况，对承接主体提供的赛事组织服务的执行情况、尤其是产出进行重点关注及评价，明确了政府购买服务的可行性，为政府职能转变提供方向。

二是根据公共体育服务特点，设置指标体系。政府购买公共体育服务本身具有独特的特点，在绩效评价指标设置时在财政部门要求的指标框架下，结合体育服务的考核特点设置了必达指标去考核赛事安全性，在考察承接主体的组织管理方面时，重点考察赛事安全保卫工作、医疗保障工作、报名工作方面的规范性。

虽然本案例在一定程度上诠释了通过购买服务形式实现政府职能转变的可行性，但未对社会机构提供服务是否有助于提升成本效益进行分析与探索。接下来，如何针对公共体育服务的特点，定量地进行成本效益分析，如何将短期效果评价和长期效果评价相结合是需要进一步探讨的方向。

|第五节| 政府购买公共文化服务绩效评价案例

根据《关于做好政府向社会力量购买公共文化服务工作的意见》（国办发〔2015〕37号）的文件要求，C地区财政自2016年开始整合以往分散的专项资金，设立了“政府购买公共文化服务专项资金”。本文将通过解析C地区2017年度“政府购买公共文化服务专项资金”的绩效评价案例，从购买主体、承接主体、购买内容、购买机制、资金保障、监管机制等角度探讨政府购买公共文化服务的评价思路、评价方式和绩效分析维度等内容，并就评价中存在的问题进行说明，以期为同类型政府购买服务绩效评价提供借鉴。

一、项目简介

（一）服务内容

为贯彻执行党和国家文化工作的方针政策，推动各门类文化艺术发展，推进基本公共文化服务标准化、均等化建设，C 地区文化厅联合财政厅设立了政府购买公共文化服务专项资金（以下简称“文化专项”）。该资金为省级预算，2017 年度共涉及 8 个子项，包括：①扶持艺术发展项目（扶持艺术院团排演新剧、对已有剧目进行加工提高等）；②省级公共文化服务体系示范区项目（对于申报省级公共文化服务体系示范区成功的行政区予以奖励）；③县级公共文化服务奖补项目（对于贫困地区的文化馆或图书馆建设项目进行奖励）；④公共文化和古籍保护项目（举行主题广场文化活动、读书活动及对古籍进行保护）；⑤扶持全省国有文艺院团演出项目（购买国有文艺院团演出服务，进行惠民演出）；⑥民营文艺表演团体低票价或免费文艺演出项目（购买民营文艺院团演出服务，进行惠民演出）；⑦购买艺术中心演出服务项目；⑧购买歌舞演艺集团演出服务项目。

（二）相关主体与程序

C 地区文化厅作为购买主体，按《C 地区政府购买公共文化服务专项资金项目管理办法》（以下简称“项目管理办法”）对项目进行管理，建立了“项目申报—项目评审—项目考核—检查监督”的管理过程，对于涉及文化专项的子项通过专家评选的方式进行承接主体的遴选。

文化专项购买服务的供应商根据项目申报要求直接向文化厅提出申请并出具相应材料，文化厅组织专家进行集中评审确定项目的承接主体。财政厅直接下拨资金到省直承接主体。项目完成后，由省文化厅负责对省直承接主体进行监督检查和结项验收工作。

项目的验收分为两类：一类是非演出类项目（扶持艺术发展项目；省级公共文化服务体系示范区项目、县级公共文化服务奖补项目、公共文化和古籍保护项目），验收材料是项目的过程报告、结项报告、审计报告和活动过程的影像记录资料；另一类是演出类项目（扶持全省国有文艺院团演出项目、民营文艺表演团体低票价或免费文艺演出项目、购买艺术中心演出服务项目、购买歌舞演艺集团演出服务项目），验收材料是由演出地人民政府、文广新局、财政局共同盖章的《演出回执单》。

在资金安排上，由省直主体承接的购买服务资金来源全部为省级资金；对于非省直承接主体，根据演出地域，省辖市按省、市、县三级 4∶4∶2 的模式进行资金配套；直管县按省、县两级 4∶6 的比例进行资金配套。

(三) 项目绩效目标

C 地区试图通过政府购买服务方式支持艺术传承创新发展和文艺创作，进一步发挥市场在资源配置中的积极作用，推进政府向社会力量购买公共文化服务与培育社会公共文化服务力量相结合，规范引导社会组织健康发展，逐步构建多层次、多方式的公共文化服务供给体系。

具体的年度绩效目标根据承接主体不同，分为省级政府购买公共文化服务和市县政府购买公共文化服务两类。其中，省级年度绩效指标为完成“舞台艺术送农民”演出完成数 871 场，公共文化设备购置验收通过率 100％，优秀民间文化艺术知晓率不小于 80％，群众满意度不小于 80％；市县年度绩效指标为完成“舞台艺术送农民”演出完成数 3699 场，公共文化新建改造工程一次验收通过率不小于 90％，优秀民间文化艺术知晓率不小于 80％，群众满意度不小于 80％。

二、评价设计与实施

(一) 评价思路

本次文化专项绩效评价由省财政部门组织，针对购买主体和承接主体开展。根据《关于做好政府向社会力量购买公共文化服务工作的实施意见》(C 地区政办〔2016〕68 号) 文件精神，以“建立以项目选定、信息发布、组织采购、项目监管、绩效评价为主要内容的规范化购买流程”为指导。评价组主要考察：①购买主体是否明确且符合购买主体资质（各级行政机关或纳入行政编制管理且经费由财政负担的文化与体育群团组织）；②承接主体的资质（依法登记的事业单位及企业、机构等社会力量）；③是否制定指导性目录且购买内容明晰；④是否建立方式灵活、程序规范的购买机制（采取适合的政府采购方式并签订合同）；⑤监管机制是否健全（法律监督、行政监督、审计监督、纪检监督、社会监督、舆论监督制度，完善的事前、事中和事后监管体系）；⑥绩效目标实现情况。

C 地区的文化专项由文化厅统筹，各承接主体经过初审和专家评审两轮审核，所以评价组将评价的重点放在对于购买机制、监管机制和绩效目标实现等方面。

在设计指标体系中，考虑到文化专项涉及的子项较多，范围较广，同时，省级和市县绩效目标差异主要表现为业务过程的初审环节审核主体的不同，所以评价组对各子项的产出和效果进行了合并，将产出相似的项目合并为一个指标进行考察。如“演出场次完成率”指标包含了扶持艺术发展项目中演出团体的完成情况，包括国有院团和民营演出团体，详见表 6-4。

表 6-4　C 地区文化专项产出效果绩效评价指标

一级指标	二级指标	三级指标
服务产出	服务资源配置	实施奖补类项目设备更新完成数
	服务产出数量	公共文化类项目活动完成率
		公共文化类项目古籍保护与展示计划完成率
		艺术扶持类项目完成率
		购买演出类项目演出场次完成率
	服务产出质量	扶持项目验收通过率
		艺术扶持类项目获奖数
项目成效	社会效益	公共文化演出活动知晓度
		公共文化类项目活动场次增加情况
		公共文化类项目古籍保护水平提升情况
		艺术扶持类项目艺术人才培训人次增长情况
		艺术扶持类项目扶持艺术门类扩展情况
		艺术扶持类项目戏曲剧种扶持覆盖率
		购买演出类项目演出场次增长率
		购买演出类项目民营文化演出团体数量增长率
相关方满意度	服务对象	居民满意度
	社会公众	受益文艺演出团体满意度

（二）评价实施

本次评价分为五个步骤：一是前期准备。评价组对文化厅开展前期调研，充分了解项目立项、预算、实施内容、组织管理、工作亮点等内容，建立对于文化专项的初步认识。二是设计绩效指标体系。指标体系设计过程中需要和相关单位充分沟通，确认获取数据的可操作性和可实现性。三是组织基础数据表填报培训。此次项目覆盖 C 地区省—市—县三级，需要提前与项目涉及的各级管理部门确认数据填报口径，确保概念无偏差。四是组织实施。根据调查方案开展评价，收集数据、对资料进行核查并发放调查问卷。五是撰写与提交绩效评价报告。评价组根据绩效目标的实现程度，对项目的决策、管理、产出和效果等进行具体分析和评价，对项目绩效和问题进行分析，并提出准确且具有针对性的建议。

由于文化发展与地域经济发达程度关联性较高，而公共文化体系建设又着眼于建设的标准化和服务的均等化，所以在选择实地核查点时，评价组兼顾地域发展差异因素，考虑了市级、县级、乡（镇）级三级行政区划，覆盖 C 地区全省东、南、西、北四个方向，安排调研时间及调研访员；同时，为考察文化专项对于艺术团体的影响，在访谈对象选择时，选择 C 地区不同地域从事相同剧种的国有（民营）演出团体进行考察和访谈，进行区域内横向对比，了解该剧种演出团体在 C 地区的生存情况，评估政策实施对演出团体的影响。

（三）评价分析与结论

根据评价思路，评价组在评价过程中重点关注购买主体实施政府购买过程的规范性、承接主体服务的监督和验收机制。通过访谈和实地调研，评价组发现 C 地区文化厅在购买方式上存在突出问题，具体表现为：文化专项未严格按照政策要求实施政府购买服务并签署合同。政府购买服务绩效评价是特殊的财政项目支出绩效评价，购买主体按规定程序确定项目承接主体后，应当与承接主体签订书面合同，需要明确服务的内容、期限、数量、质量、价格等要求，相关绩效目标、指标和权重，以及资金结算方式、双方权利义务和违约责任等内容，并建立一整套与合同管理相关的履约监督机制。C 地区文化厅作为购买主体在文化专项的实施中，对于适用于政府采购形式遴选承接主体的购买公共文化服务活动及购买国有和民营表演艺术团体的演出服务均未采取政府购买服务，而是采用专家打分评选的方式进行承接主体的选定，同时未与承接主体签订合同，没有按照政府购买服务的要求与承接主体明确服务的内容、期限、数量和质量要求等存在承接主体难以履约的风险。

三、案例总结

本案例的优点在于根据文化专项的特点，为购买主体设计了分类管理的模式。评价组通过 C 地区文化专项的绩效评价，对 C 地区政府购买公共文化服务承接主体的遴选机制进行了梳理和分析，根据 8 个子项的可标准化程度和市场化运作的可行性，确定了适用于政府采购的项目类型，有助于政府购买公共文化服务在 C 地区的开展和实施。

本案例的不足体现为：

一是未能结合 C 地区演出市场成本进行成本效益分析。评价组在绩效分析过程中，并未收集演出团体的成本信息进行经济性分析，一方面因为民营演出团体不愿披露财务信息，另一方面因为演出团体的演出形式（租场演出、自有剧场驻场演出、走穴演出等）和演员雇佣形式（合同制、场次制等）较为复杂，难以建立有代表性的模型进行测算。以转场演出为例，舞台道具的携带量和运输方式会直接影响到演出成本，从舞台效果照片看，易携带的自制道具与定制道具并无差别，但这些并未得到观众的反馈验证。

二是居民满意度问卷设计未考虑项目实施的地域差异性。文化专项由于项目覆盖 C 地区全省，在具体项目开展中存在地域性差异。在市级、县级主要开展公共文化服务活动，如高雅艺术进校园、主题读书活动、丰富的广场文化活动等；在乡（村）级则开展送戏下乡活动。评价组在设计居民满意度问卷时，未考虑地域差异性，将所有文化专项涉及的子项目都整合在一张问卷中，造成在问卷填写过程中调查对象因地域限制无法对满意度问卷中的内容进行全面的评价，使得问卷填写完整度较低。

| 第六节 | 政府购买公共自行车服务绩效评价案例

作为转变政府职能、改善公共服务质量的重大部署，政府购买服务改革是当前提升政府公共服务水平的关键举措。按照十九大关于“全面实施绩效管理”的要求，由财政预算安排的政府购买服务事项，必将成为全面实施绩效管理的重要组成部分。对政府购买服务效果如何评价，是当前理论界讨论的热点。

基于此背景，D 地区财政局委托开展本地区公共自行车政府购买服务项目绩效评价工作，项目内容包括建设和运营两个部分。这里以该项目为例，详细介绍评价思路和方法，并通过优缺点总结以期为财政部门开展的政府购买服务综合评价提供一些参考。

一、项目简介

（一）服务内容

为方便市民出行，大力倡导“绿色出行，低碳生活”的理念，有效解决公交“最后一公里”问题，D 地区于 2014 年 10 月开始实施公共自行车项目，至 2016 年年底共分三期进行建设，每期合同期限为五年，合同内容包括：公共自行车服务网点设备建设、公共自行车运营平台软件建设及维护、公共自行车系统机房设备采购、热线话务系统建设、公共自行车采购、公共自行车服务端网络建设、公共自行车站点基础建设及公共自行车调运车采购等。

（二）项目预算

项目预算包括工程建设费用、服务费和考核费，具体如下：2014—2016 年总计安排资金 1000 万元，其中，建设费用约占 80%，服务费与考核费合计约占 20%，具体根据建设进程及考核情况分年支出。

其中，服务费的支付方式为：项目验收合格投入运行后，支付第一年度服务费的 60%；第一年度服务期第十个月再支付 30%；服务费的 10%作为考核费用，考核费用服务期内按月平均，每季度按实际考核结果支付；第二至第五年，每年度服务费的 90%按季支付，每季度支付 22.5%，每年度服务费的 10%作为当年度考核费用，按月平均，每季度按实际考核结果支付。

（三）相关主体与服务程序

该项目购买主体为 D 地区城市管理局，承接主体为 X 科技股份有限公司，该项目采取合同制，以单一来源采购方式确定承接主体。城市管理局负责项目开展的全过程管理，包括对施工过程中的施工安排、质量进行监督，在项目竣工验收后及时接收和管养，运营年度考核及合同执行过程中的资金核拨等。某科技股份有限公司负责在授权范围内开展项目的具体工作，包括公共自行车系统建设和日常运营。

（四）项目绩效目标

本项目的总目标为：缓解交通压力，有效解决公交“最后一公里”问题，提升城市魅力，同时减少私家车的出行，降低二氧化碳的排放，节能减排，促进生态文明建设。年度绩效目标详见表 6-5。

表 6-5　D 地区公共自行车政府购买服务项目年度绩效目标

评价内容		绩效目标
产出目标	服务数量	（1）公共自行车站点建设按计划 100%完成 （2）锁车柱建设按计划完成 （3）站点控制器按计划建设完成 （4）各站点的车桩数量按合同要求设置 （5）自行车采购数量按合同计划完成
	服务质量	（1）站点设施一次验收合格 （2）站点自行车、控制器、锁车柱完好率均达 99% （3）站点自行车均为一柱一车，且随时有车可借 （4）站点卫生状况合格，客户热线 24 小时通畅
	服务时效	（1）站点设施建设按计划及时完工 （2）自行车投放及时 （3）各站点自行车调度及时 （4）站点设施、自行车故障或问题及时响应并解决
效果目标	社会效益	（1）公共自行车万人拥有量不少于 12 辆 （2）站点密度达到 1 个/平方千米 （3）公共自行车各站点与 D 地区主要的公交衔接率达到 100% （4）超过 80%的人认为办卡便捷 （5）超过 80%的人认为借、还车的程序便捷 （6）市民满意度达 85%

二、评价设计与实施

（一）评价思路

第一，明确本次评价内容。该项目为财政部门委托开展的综合绩效评价，是对整个服务开展的全过程进行绩效评价，包括购买主体开展购买服务的决策和监管情况、承接主体的组织、服务产出、服务成效及相关方满意度等。具体要回答几个方面的问题：一是项目是否必要，以及是否必须通过政府购买服务形式开展；二是采购方式是否合规；三是采购金额是否合理；四是合同内容是否明确；五是是否按照合同完全执行；六是承接主体是否提供相应的服务及服务对象是否满意。

第二，明确评价维度和重点。项目决策方面，重点考察立项依据充分性、项目立项规范性、目标合理性等；项目采购与监管方面，重点考察购买主体政府采购合规性、合同管理完备性、采购成本合理性等；组织管理方面，重点考察承接主体运行保障机制和调度保障机制的建立健全情况；服务产出方面，重点关注建设计划是否完成，包括站点数量、车辆投放数量、车桩设置数等，关注建设完工及时性、运行调度及维护的及时性，关注各项建设验收情况、车辆和配套设施的完好情况；服务效果方面，关注车辆使用情况、借还车便捷性、出行成本节约情况、与其他公共交通方式接驳情况等。

第三，通过评价指标量化评价维度。该项目从项目决策、项目采购与监管、组织管理、项目成效、相关方满意度等方面设计具体评价指标，详见表 6-6。

表 6-6　D 地区公共自行车政府购买服务项目绩效评价指标

一级指标	二级指标	三级指标
项目决策	项目申报	立项依据充分性
		项目立项规范性
		预算资金到位率
		预算执行率
	绩效目标	绩效目标合理性
项目采购与监管	组织采购	政府采购合规性
		合同管理完备性
	管理制度建设	项目管理制度健全性
		财务管理制度健全性
	监管执行	管理制度执行有效性
	资金管理	资金使用规范性
		采购成本合理性
组织管理	制度建设与执行	运行保障机制健全性
		调度保障机制健全性

续表

一级指标	二级指标	三级指标
项目成效	服务产出数量	公共自行车站点计划完成率
		锁车柱建设完成率
		站点控制器建设完成率
		车桩设置达到目标值的站点完成率
		自行车投入计划完成率
	服务产出时效	站点建设完工及时性
		自行车维护及时性
		站点设施维护及时性
		运转调度及时性
	服务产出质量	站点一次性验收合格率
		车辆完好率
		站点控制器完好率
		锁车柱完好率
		站点卫生合格情况
		客服热线畅通情况
	社会效益	公共自行车万人拥有量
		站点建设密度
		与公共交通的衔接情况
		办卡便捷性
		使用便捷性
		车辆使用率
		响应及时率
	经济效益	市民出行成本节约情况
相关方满意度	服务对象	市民满意度

（二）评价实施

针对上述评价指标，评价团队采取了基础数据采集、问卷调查、访谈等多种方式完成指标分析。需要特别注意的是，该项目的部分效果具有即时性的特点，如运转调度及时性、车辆完好率、站点控制器完好率、站点卫生情况等，很难通过台账数据或其他非现场的方式进行验证，故此次评价采取了实地监测的方式，按照借还次数不同等距抽样选取了 15 个站点（合计 364 个车桩），分别在早上 7：00—9：00，中午 12：00—13：00，下午 17：00—19：00 等三个时段进行观测。

（三）评价分析与结论

总体上看，D地区公共自行车项目运营三年多来，合同执行情况较好，服务产出均完成，服务成效明显，方便了市民出行，节约了市民短途出行成本，社会反响较好，市民满意度较高。从购买主体监管来看，该项目建立了费用支付与考核成果挂钩机制，强化约束与激励，但在购买主体的采购行为及承接主体组织管理方面还有待改进和完善。

一是采购合同的约定不够合理。该项目合同为一个价格管五年，且内容同时包含建设和运营两块，一方面不符合服务成本随着时间推进会不断增长的客观情况，另一方面固定五年期的价格也很难满足后续运营过程中不断提升的服务需求。二是承接主体计划组织方案不够合理。主要表现在：（1）新建车桩数设置与现阶段使用量不匹配。以2016年为例，每个车桩平均每年使用频次为775次。使用频率较低的后20名站点车桩数共计430个，每个车桩平均每年借还车使用频次仅为231.7次，若要达到平均使用水平，倒数20名的每个站台车桩数平均设置6个就足够使用。而从实际设置情况来看，倒数20名的站点车桩数基本设置在20个左右，最高的达到32个，造成了车辆与车桩的闲置浪费。车辆使用量会随着区域成熟、人流量增长而逐步增长，但目前的车桩数超出了实际使用量需求；（2）已建成车桩与市民需求不完全匹配。如2014年已建成的租车量排名前十的站点中，有4个站点租车量占比42.51%，而车桩数占比仅为28.06%。三是购买服务的成本效益不佳。对比周边同等规模城市，D地区每年综合成本高出约10%，但使用频率低于周边地区18%。四是服务提供时效性不佳，主要是车辆调度不够及时。根据合同规定，调度及时需要保证不出现：①车辆达到预警数（即总数20%或80%上下限）1小时内未及时处理；②出现无车可借无桩可还两种情况，但实地监测发现至少4次上述情况，同时问卷调查也显示37.59%的市民遇到过无车可借或无桩可还的情况。

对此，评价组提出如下建议：一是购买主体应强化已签订服务合同约束，优化合同付费模式。一方面在总结过去两期建设运营经验的基础上，完善合同约束条款，加强合同约束条款的执行，尤其是日常考核及结果应用。另一方面在履行完目前合同后，新签订合同建议缩短协议期限，可以每一年或两年签订一次合同，打破“一个合同价格管五年”的情况，以便根据实际情况及时调整。同时建设和运营费用分开，建设费用一次性投入，运营费用需根据不断调整的运营服务需求及成本测算服务费用，以确保服务质量。二是承接主体应完善站点、车桩布局的优化调整机制，同时提高服务及时性。一方面对于新增站点，主管部门应该加强前期论证，做好需求调研工作，综合考虑服务对象数量、人流量、周边站点设置及车辆使用情况，做好站点的合理布局，根据使用频次规律，对新建车桩数做好控制，再根据后期使用量进行调整，精细化管理，降低资源浪费，以发挥站点的最大效用。另一方面优化调度人员配置，提升智能调度水平。首先优化调度人员配置，对经常出现空满桩情况或者使用频次较高的站点，根据使用频次和空满桩情况实施差别化人员配置、巡查频次和调度机制。其次，充分发挥智能调度系统的作用，实现空满桩预警信息自动监测、发布、调度人员合理安排等，及时按照预警信息实时调度，真正达到智能调度。

三、案例总结

通过对案例的梳理，总结本案例的经验如下：

首先，该项目作为政府购买服务项目，评价的维度较为全面，覆盖了购买主体和承接主体，同时考察了购买服务和合同执行的全过程，建立了“项目决策—项目采购与监管—组织管理—项目成效—相关方满意度”的逻辑路径，对类似政府购买服务项目实施绩效评价具有一定的参考价值。

其次，该项目采取了与周边城市对比分析的方式，分析依据较为充分。公共自行车项目具有普遍性，各地均有开展，因此在投入规模、成本、使用频次等方面可以充分横向对比。

最后，该项目调研方式比较有针对性。一般项目绩效评价调研方式主要是基础数据采集、问卷调查和访谈，而公共自行车项目产出质量情况及运营管理状况较难通过上述方式进行验证，因此针对该项目特别采用了实地监测的方式。

此外，本案例存在的主要不足之处体现在购买成本分析深度不够。政府购买服务绩效评价需要探究评价购买费用及标准的合理性，具体方式之一就是成本分析。理论上，成本分析应建立在明确建设内容每部分的单位成本基础上，比如明确建设一个站点、一个车桩、一辆自行车的价格，如此才能对比总成本是否合理。实际上，该项目合同金额是按折算每辆车单价乘以车辆数确定，并未考虑站点数、车桩数的影响，并且承建主体出于商业目的也未提供分项单价构成。本案例最终通过粗略对比周边城市单车采购价格进行分析，未考虑车的材质、品牌、投放总数等因素影响，对采购成本的分析结论可能有失偏颇。

当前，很多政府购买服务项目都缺乏费用标准依据，同时购买服务往往只有一个总价，缺乏分项价格，容易造成价格寻租的空间。政府购买服务费用标准的探讨是以后开展政府购买服务绩效评价需关注的重点之一。

| 第七节 | 司法局购买法律服务绩效事前评估案例

政府购买法律服务指政府使用财政资金，采取市场化、契约化方式，面向具有专业资质的律师事务所购买律师法律服务。为依法调处化解新形势下的社会矛盾纠纷，促进和谐社区建设，发挥律师在参与社会矛盾纠纷化解中的独特作用，全面提高律师参与社会矛盾纠纷化解工作的积极性，E 地区司法局在遵循国家和省市相关文件精神的基础上，参照 E 地区法律服务特点，先后制定有《E 地区政府法律顾问团工作规则》《E 地区律师介入动拆迁服务规则》《E 地区律师参与专项矛盾化解工作实施办法》《E 地区司法局关于政府购买法律服务专项资金使用管理办法（试行）》等文件。根据相关文件规定，E 地区司法局决定于 2015 年继续实施政府购买法律服务项目，聘请律师及时化解该区重大、突发矛盾，聘请法律专家提供法律咨询、研究服务。

一、项目简介

（一）服务内容

E 地区 2015 年政府购买法律服务内容是针对 E 地区区域内重大矛盾、突发事件和群体性纠纷，聘请律师及时参与调解，提供专业法律咨询、分析研究等服务，具体内容包括：

一是重大矛盾、突发事件和群体性纠纷调解，调解处理区域内重大民事纠纷等，由律师参与协助，提供专业的法律支持。受案范围主要包括在 E 地区和隶属于 E 地区受理范围内有重大影响或疑难、复杂的民事纠纷，突发性事件及群体性纠纷等。

二是其他法律保障性服务，针对 E 地区领导交办的、政府部门或社会组织需求的、在本区域内其他重大政府决策、重大事件等，提供专业的法律咨询意见及问题研究，包括谈判、协调、调查、草拟法律文书等法律服务。

（二）服务预算

法律服务费按照律师参与人数、律师工作时间、律师工作量、处理矛盾人数、处理矛盾难易程度等计算，具体费用标准如下：

10000 元以下，5 名以下律师参与，为 30 人以下的矛盾群体提供咨询接待，矛盾难易程度一般，提出的法律意见和建议被相关部门采纳的。

10000--50000 元，5 至 10 名律师参与，为 30～100 人的矛盾群体提供咨询接待，矛盾难易程度较复杂，律师参与调查调解、提出法律意见和建议或接受委托代理等提供阶段性法律服务的。

50000 元以上，10 名以上律师参与，为 100 人以上的矛盾群体提供咨询接待，矛盾复杂，律师负责矛盾化解及后续处理工作量大、成效明显的。

如遇律师负责全程法律服务，时间跨度特别长、案情特别复杂的疑难案件，费用另议。

根据上述费用标准，且充分考虑服务内容突发性特征，E 地区司法局于 2015 年申请政府购买法律服务并于当年安排预算 65.00 万元，可动用历年结转资金 20.00 万元，当年资金合计 85.00 万元。

（三）相关主体与服务程序

法律服务购买主体是 E 地区司法局，承接主体是 E 地区各家相关律师事务所，受益对象是 E 地区接受法律服务的政府职能部门、社会组织和居民。

E 地区政府职能部门和社会组织针对负责范围内的重大矛盾、突发事件和群体性纠纷及其他法律需求可向E地区司法局寻求法律帮助，司法局初步判定法律服务专业类别后，从律师顾问团或律师事务所中直接指派相关专业律师参与处置。相关律师接受指派后与法律服务需求单位进行沟通，并共同参与矛盾纠纷的调解或突发事件的处置，为需求单位提供专业的法律意见和法律服务。

(四) 项目绩效目标

E地区政府购买法律服务项目，总目标为深入贯彻依法治国精神，发挥律师在参与社会矛盾纠纷化解中的独特作用，全面提高律师参与社会矛盾纠纷化解工作的积极性，依法调处化解新形势下的社会矛盾纠纷，促进和谐社区建设，把推动律师参与社会矛盾纠纷化解工作纳入法制化轨道，具体绩效目标如表6-7所示。

表6-7 E地区政府购买法律服务绩效目标

分解目标内容	绩效目标	指标目标值
投入和管理目标	资金到位及时性	及时
	预算执行率	=100.00%
	资金使用合规性	合规
	专款专用率	=100.00%
	财务制度健全性	制度完备齐全
	项目管理制度的健全性	健全
	项目管理制度执行的有效性	有效
	资金到位率	=100.00%
	所选方案价值优化率	=0.00
	采购过程规范性	规范
	采购信息公开度	公开
	目录和计划编制合理性	合理
产出目标	资金使用合规性	合规
效果目标	专款专用率	=100.00%
影响力目标	立项依据的充分性	充分
	项目立项的规范性	规范
	人员到位率	=100.00%
	长效管理制度建设	完善

二、评价设计与实施

（一）评价思路

E 地区司法局购买法律服务绩效事前评估，需要开展项目预期绩效目标合理性分析、项目预算与绩效目标匹配性分析、项目过程管理措施健全性分析，并为中期监控评价和后评价做铺垫准备。

在研读项目背景及相关文件资料的基础上，结合购买法律服务项目的历史执行情况和当前项目实施背景，评价组对本年度项目预期绩效目标设置的合理性进行分析。明确资金与项目目标及工作内容之间的对应关系后，为本项目重新修订绩效目标，使本项目的绩效目标符合 SMART 原则的要求，即具体、可衡量、可达到、与其他目标具有相关性、有明确的期限；评价组还联系项目绩效目标修订结果对本项目的预算安排进行合理性分析，主要考察项目预算与绩效目标的对称性；评价组在对项目绩效目标和预算安排进行必要的调整后，根据 E 地区政府购买法律服务项目的服务内容、服务范围、预期实现目标等内容，还需要从合法性、合规性和合理性等角度，对本项目的过程管理措施进行研判，考察本项目相关的制度约束情况，如是否能保障项目的顺利实施、是否需要对实施流程进行优化等。

本次绩效事前评估指标体系设计也从项目立项必要性、预算合理性、制度保障措施、预期绩效目标完成可能性 4 个方面加以开展，具体包括：①评价组从项目立项充分性和目标设立合理性两个角度考察项目立项必要性，其中项目立项充分性主要考察项目设立是否有相关国家级、市级、区级文件支撑，项目内容是否符合司法局基本职能定位和工作计划要求，项目申请设立过程是否符合相关标准，是否经过可行性研究或专家论证、项目立项时是否避免了与其他项目重复的情况；目标设立合理性主要从绩效目标是否依据充分、符合相关实际、是否有明确的计划安排考察；②评价组在评价时将从资源价格、资源数量可行性分析及替代项目所存在的机会成本三个维度进行价格合理性分析，侧重于评估 E 地区法律服务经费标准与同类级别城市的区别，基于项目历史情况、项目时间进度、控制措施等确定矛盾调解服务次数达成的可能性，通过横向比较考察是否通过招投标等方式节约成本的可能性；③通过核查项目制度保障措施是否完善来考察项目目标可实现情况，主要考察项目是否有相关管理制度和操作流程，是否约定资金管理制度规范资金使用范围和方向，是否明确司法局、相关部门、律师事务所等在项目中的职责作用；④了解项目业务内容、目标、成本费用和成本效益分析，明确政府购买法律服务工作的目标、内容，以及资金与项目目标及工作内容之间的对应关系，对关键性绩效目标进行达成可能性分析。

（二）评价实施

E 地区司法局 2015 年政府购买法律服务事前评估开展时间为 2015 年 2 月 12 日至 4 月 28 日，具体工作安排如表 6-8 所示。

表 6-8　E 地区购买法律服务绩效前评价流程表

序号	项目工作流程	项目工作内容	工作时间
1	绩效事前评估工作委托	E 地区财政局向第三方机构直接发出绩效事前评估工作委托邀请	2015.2.12
2	签订绩效事前评估做拿合同	E 地区财政局与第三方机构签订委托合同	2015.2.25
3	绩效前评价启动会议	参加 E 地区 2015 年度事前评估启动会议，了解项目基本情况及评估需求	2015.3.2
4	事前评估工作方案撰写	确定服务项目名称，通过资料研读、前期沟通等了解项目基本情况，确定事前评估基本思路，并完成工作方案初稿。	2015.3.2—2015.3.17
5	事前评估工作方案修改	根据方案评审意见，调整修改方案中评估思路及时间	2015.3.24—2015.4.1
6	社会调研和数据采集	1. 前期与 E 地区司法局沟通方案的时间计划安排，并详细了解项目基本情况，包括项目历史情况、2015 年工作计划、资金使用计划流程等，并对工作方案中项目内容及实施计划内容进行调整	2015.4.2—2015.4.7
		2. 撰写事前评估报告，主要内容涉及绩效目标修订及预算合理性分析，并通过内部审核形成终稿	2015.4.2—2015.4.13
7	报告评审及修改	提交报告，召开专家评审会，根据专家意见修改并定稿。	2015.4.14
8	绩效事前评估结果应用	E 地区财政局根据评估结果调整 2015 年司法局购买法律服务预算	2015.4.28

（三）评价分析与结论

政府购买法律服务项目立项依据充分，申请和设立过程符合相关要求，项目安排基本合理，但需进一步加强新增服务范围合理性分析；项目绩效目标、计划基本合理，但绩效目标设定的针对性、计划的详细度方面需进一步完善；项目预算编制基本科学、合理，但预算明细化、标准清晰化需进一步加强；项目管理制度、资金管理制度基本健全，前期分工职责基本明确，但后期需进一步完善项目监督管理。基于上述问题提出如下建议。

一是建议规范政府购买法律服务委托方式，原先内容为重大矛盾、突发事件和群体性纠纷调解的法律服务，有突发性、随机性特征，时间要求紧迫且服务内容较敏感，故一直沿用直接委派方式。但随着政府购买法律服务范围的扩大，预算金额的增加，建议司法局之后采取招投标的方式，选取符合资质要求的律师组建律师库。二是建议更新制定适用于法律服务购买的资金管理办法，设置新增服务内容的资金使用标准，从而规范法律服务收费行为。三是在前期对项目计划内容进一步细化，包括项目实施时间、涉及单位、相关职责分工、具体实施方式、资金申请流程等，并根据项目计划内容，细化出子项目预算明细。四是根据历史经验及周边地区的法律服务费用标准，建议适当调减E地区2015年度政府购买法律服务预算。

三、案例总结

E地区司法局购买法律服务绩效事前评估案例，突出体现了政府购买的服务内容普遍缺少服务标准、费用标准等常见问题，并且丰富了运用财政支出绩效前评估的方法开展政府购买服务绩效评价的经验，有助于为后续政府购买服务前评估工作的开展提供有益的参考。

本次评价秉承科学规范、公平公正、分级分类、绩效相关等原则，按照项目立项规范性、项目预算制定合理性、项目制度保障措施健全性、预期绩效达成情况的分析路径，结合E地区政府购买法律服务的相关制度、文件和历年实际开展情况，运用定量和定性分析相结合的方法，探析项目立项、预算制定、实施和管理中的问题，可以作为政府购买服务绩效事前评估的范例。

本次事前评估的不足在于未能对全部服务费用标准的合理性给出确切建议。一方面，政府购买法律服务性质为公益服务的工作补贴，缺乏相应的服务费用标准，《E地区法律服务收费标准》也指出“个体户、公民、中外合资、合作企业和外商独资企业聘请法律顾问的收费由双方协商确定”；另一方面，法律服务费用根据项目服务内容、服务时间的不同而不同，带有针对性和专业性特征。因此，评价组虽通过历史数据与周边地区服务费用标准进行了比对，但仍不能对费用标准的合理性给予精准判断，而侧重于评判项目单位设定费用标准时是否依据充分。

| 第八节 |　康复中心购买辅助服务绩效监控案例

残疾人康复服务是体现一个国家现代医疗水平及福利水平的重要衡量标准。《中国残疾人事业“十二五”发展纲要》中要求“全面开展医疗康复、教育康复、职业康复、社会康复……等康复服务”；《F地区工伤管理试行意见》指出，“工伤康复采取治疗和康复并重，医疗康复、职业康复、社会康复兼顾的方式”；《残疾人保障法》第45条指出，“国家和社会逐步创造良好的环境，改善残疾人参与社会的生活条件”。为了更好地为残疾人事业服务，提供更优品质的残疾人康复服务，F地区康复中心通过康复辅助人员购买服务，更好地满足残疾人康复需求。

一、项目简介

（一）服务内容

F地区康复中心是隶属于F地区残疾人联合会的差额事业单位，是集公益性、综合性、示范型为一体的残疾人综合性服务单位。项目具体内容是在F地区机构编制委员会核定的辅助人员额度内，购买康复辅助服务，并实行合同制管理。辅助人员将分配于康复中心各个需求部门，对中心行政及业务工作进行辅助。

2015年，F地区康复中心购买康复辅助服务，涉及人员304名，304名康复辅助人员分布于中心12个部门，其中护理部与康复治疗部康复辅助人员人数最多，分别占总数的29.28%和29.61%。由于304名康复辅助人员在公共服务购买计划招聘中属于同一性质，难以区分出本项目需涉及的195名辅助人员，本次评价将不对195名辅助人员分布情况进行区分。2015年F地区康复中心辅助人员具体分布情况详见表6-9。

表6-9　F地区康复中心人员分布情况表

部门	在编人员	辅助人员数	部门	在编人员	辅助人员数	部门	在编人员	辅助人员数
办公室	9	13	信息科	2	4	设备科	1	2
计划财务科	2	14	对外协作科	1	4	护理部	5	89
人事科	2	2	职业社会康复科	3	17	康复治疗部	9	90
后勤管理科	3	7	科研教学培训科	1	5	医务部	39	57
小计	16	36	—	7	30	—	54	238
总计							77*	304

*2015年F地区康复中心规定在编人员为100名，截至2015年8月31日，实际在编人员为77名。

(二) 服务预算

根据相关文件的具体规定，辅助人员核定为195人，辅助人员薪酬补贴标准为年人均5.4万元，同时每年财政补贴一定比例的四金。经费标准为（5.4×1.42）=7.668万元/年，计划的195人辅助人员，合计编制预算为1495.26万元（7.668×195）。F地区康复中心根据上述标准编制2015年项目预算后，上报F地区残疾人联合会，由F地区残联对预算进行初步审核，审核通过后上报至F地区财政局，财政局将通过的预算批复下发至F地区残联及康复中心。

(三) 相关主体与服务程序

辅助人员服务购买主体是F地区康复中心，承接主体是某雇员人才服务有限公司，受益对象是F地区康复中心接受服务的伤病患者。

F地区康复中心人事部负责对辅助人员进行招聘面试，实施绩效工资考核，并按照服务购买的人才派遣合同向某雇员人才服务有限公司支付费用；某雇员人才服务有限公司作为人才服务中心，一方面起代理人事作用，为康复中心招募辅助人员，另一方面为中心转发辅助人员绩效工资。

（四）项目绩效目标

2015 年 F 地区康复中心康复辅助人员购买服务总目标为：加强对现有辅助人员的培训及考核，提升服务人员专业素养，强化中心现有人员全面康复理念，从康复医疗、康复工程、人才培养、技术研究、信息服务及社区指导各个方面提升康复辅助人员服务水平，以建成更具综合性的康复服务机构。

具体项目年度绩效目标为：预算资金及时到位、预算执行率为 100%；资金使用合规；财务管理制度健全、财务管理制度执行有效且财务监控有效；项目管理制度健全、项目管理制度执行有效；辅助人员购买及时完成，辅助人员绩效考核合格率 100%，购买费用发放完成及时；门诊病人增长率大于 10%（同比 2014 年）、住院患者增长率大于 10%（同比 2014 年）；床位空置率小于 5%；医疗收入增长率大于 10%（同比 2014 年）；辅助人员专业培训率 100%、病人投诉次数小于 8 次；辅助人员培训率 100%且档案管理完备。

二、运行监控设计与实施

（一）监控思路

绩效监控的主要工作在于对项目绩效目标进行修正设置，合理的项目绩效目标一方面可以将绩效目标和预算充分关联，从而使预算单位更加合理地配置资源，提升预算支出的效率和效益，另一方面能够明确预算管理部门及实际用款单位在监督、使用、管理资金方面的责任，便于在预算执行过程中进行监控及预算执行完成后实施绩效评价时对照比较，对组织管理或工作程序中发现的问题及时改进。

F 地区康复中心根据 F 地区财政局的相关要求，填写完成了《F 地区财政支出项目绩效目标申报表》，对康复辅助人员购买服务项目制定了项目总目标和年度绩效目标。在开展监控前，结合设定绩效目标的宗旨和意义，对该购买服务项目的绩效目标进行了梳理，形成了本次监控所确认的绩效目标。之后，按照搜集提供的各类数据材料，对上述整理完成的绩效目标实现情况、实现进度、完成可能性进行监控分析。

（二）监控实施

F 地区康复中心 2015 年度购买辅助人员服务绩效监控开展时间为 2015 年 1 月 5 日至 2015 年 7 月 15 日，具体工作安排如表 6-10 所示。

表 6 10　F 地区康复中心购买辅助人员服务绩效监控流程表

序号	项目工作流程	项目工作内容	工作时间
1	组成绩效监控小组	组织相关人员组成监控小组	2015. 1. 20
2	绩效监控启动会议	F 地区 2015 年度绩效监控启动会议，了解项目基本情况及评价需求	2015. 3. 3

续表

序号	项目工作流程	项目工作内容	工作时间
3	监控工作方案撰写	确定服务项目名称，通过资料研读、前期沟通等了解项目基本情况，确定监控基本思路，并完成监控工作方案初稿	2015.4.2—2015.4.15
4	监控工作方案修改	根据方案评审意见，调整修改方案中监控思路及时间	2015.5.5—2015.5.10
5	社会调研和数据采集	1. 前期与F地区康复中心沟通方案的时间计划安排，并详细了解项目基本情况，包括项目历史情况、2015年工作内容、资金使用流程等	2015.5.16—2015.5.31
		2. 撰写绩效监控报告，主要内容涉及绩效目标完成情况分析，并通过内部审核形成终稿	2015.6.2—2015.6.24
6	报告评审及修改	提交报告，召开专家评审会，根据专家意见修改并定稿	2015.7.3
7	绩效监控结果应用	F地区财政局根据评价结果向残联及康复中心发出问题修改意见单	2015.7.15

（三）分析与结论

在F地区康复中心购买辅助人员服务过程中，项目管理制度健全、管理流程规范，产出目标完成度较高，项目实施效果较好，但是项目仍存在一定的问题。截至2015年6月31日，项目实际发放辅助人员的实际绩效工资1495.26万元，财政预算执行率为100.00%，高于计划执行率，预算执行率指标偏差；项目病人投诉次数达14次，高于计划目标值，病人投诉指标有偏差。

通过绩效监控发现的问题体现为：第一，根据季度申请费用支出的规定，购买服务项目预算执行率应在66.67%～75.00%。而截至2015年6月31日，F地区康复中心辅助人员购买服务实际支出1495.26万元，项目预算资金提前拨付完成；第二，2015年F地区康复中心康复辅助人员购买服务病人投诉情况绩效目标为低于2014年投诉次数8次，而截至2015年6月31日，病人投诉次数已达14次。

针对上述问题，一是建议康复中心从财务管理的角度，严格按照预算时间安排支出资金，加强财务流程实施监管，提升预算执行准确性；二是建议建立投诉快速响应处理机制，针对上半年度病人投诉事项，加强对辅助人员相关业务及服务培训，提升辅助人员业务知识水平，针对偶发性不良事故，做好前期预防及保障工作，强化事中应急处理能力及事后安抚解决能力。

三、案例总结

该案例重点展现了政府购买辅助人员的一般状况，同时展现了如何借鉴财政支出绩效监控方法开展政府购买服务绩效监控，对后续开展其他政府购买服务绩效监控评价有一定示范意义。

本次购买辅助人员服务监控评价通过梳理已有项目绩效目标、比对分析绩效目标实现及偏差情况，开展经济性、效率性、效益性的“3E”分析，通过向康复中心收治的病人直接了解情况，提出调整人员编制的意见，与事业单位分类改革工作有一定的相关性，响应了与其他改革工作同步推进的要求，取得了较好的效果。

F地区康复中心康复辅助人员购买服务主要目的在于缓解康复中心的人员编制不足问题。本次绩效监控重点通过受益群体投诉情况与满意程度对购买服务质量进行考察，但尚未考察辅助人员到位情况。此外，辅助人员购买服务所带来的成本效益如何计量也尚未涉及。总体而言，政府购买服务绩效监控工作尚处于探索阶段，如何在借鉴财政项目支出绩效监控一般路径的基础上建立适合政府购买服务项目绩效监控的模式，尚存在进一步探讨的空间。

| 第九节 | 政府购买市民服务热线运行服务绩效评价案例

为解决G地区政务热线繁多、服务资源分散、市民投诉不便捷、统一管理难度大的问题，更好地服务G地区市民、提高政府效能，G地区政府建立“对外一口受理、内部分类处理”的政府综合服务热线——“111”市民服务热线。该服务热线通过政府购买服务的形式，委托G地区通信运营商负责热线的日常运营。

G地区财政部门委托第三方承担该项目2013年度的绩效评价工作。评价组按照G地区绩效评价工作的规范，根据经专家论证后的指标体系和工作方案，结合基础数据填报、问卷调查和访谈获取的数据，完成对项目的绩效评价。本案例通过回顾该项目信息、评价思路及结论，解析政府购买服务绩效评价的做法，并就评价存在的问题及进一步改进方向进行探讨。

一、项目简介

（一）服务内容

G地区政府为提升公共服务水平，近年来先后设立了各类政务服务热线230多条，这些热线在服务市民的同时也遇到了“热线太多，不方便市民记忆和反映问题”“热线分属于不同条块，遇到跨部门问题难以协调落实”及“缺乏统一的管理机制和服务标准，热线服务质量参差不齐”等问题。为此，G地区市政府决定建立“一号对外、集中受理、分类处置、统一协调、各方联动、限时办理”的政府综合服务热线，即G地区“111”市民服务热线，主要受理并办理市民提出的事项，包括：各类政策和公共信息咨询；生产生活中遇到的非紧急类求助；涉及政府公共管理和公共服务的投诉；对本市公共管理、公共服务和经济社会发展的意见建议等。同时在G地区市委市政府信访办公室（下称“信访办”）下设G地区“111”市民服务热线管理办公室

（下称“热线办”），负责G地区“111”市民服务热线的运营管理工作。

G地区“111”市民服务热线运营服务采取政府购买服务的方式，委托中国电信G地区分公司（下称“G地区电信”）实施，并签订政府购买服务协议。根据协议内容，由G地区电信设立111市民服务热线运营中心（下称“运营中心”），负责热线来电处理及日常运营工作。信访办视每年运营业务量和运营实际情况，按程序报市热线领导小组审定后，确定每年服务费用并签订当年度的服务协议。2013年信访办与G地区电信签订的“111”市民服务热线服务内容主要包括：热线日常运维及维护、门户网站的建设和维护，以及热线承办部门的工单对接等。

（二）项目预算

2013年度G地区“111”市民服务热线建设运行购买服务费用由G地区本级财政承担，列入G地区机关事务管理局（以下简称“机管局”）的部门预算。该项目2013年度批复预算为5000万元。在项目实施过程中，由于新增了业务项目，也随之增加了网站上网线路及维护线路的费用、一楼房租和物业管理费、新增功能费用（如演示系统、7楼演示屏、三级承办单位工单项目等），年中申请追加预算1000万元，经核定同意追加预算500万元。项目2013年度最终预算批复金额为5500万元。截至2013年12月31日，本项目共使用资金5500万元，预算资金执行率为100.00%。

（三）相关主体与服务程序

“111”市民服务热线整体架构由市民服务热线领导小组、热线办、G地区“111”市民服务热线承办单位和G地区电信市民服务热线运营中心组成。其中，市民服务热线领导小组统筹市民服务热线建设和运营，推动形成全市统一协调、互联互通的市民服务热线工作网络；热线办承担市民服务热线领导小组办公室职责，认真落实领导小组各项决策部署；热线承办单位为G地区提供公共服务的各级政府部门及企事业单位，负责接收、办理市民服务热线转交办事项（2013年“111”市民服务热线共有承办单位135家）；市民服务热线运营中心则为市民服务热线一级工作平台，负责市民电话的接听、记录、解答、受理、转交办和回访。

（四）项目绩效目标

项目总目标是通过“111”市民服务热线的建设运行，整合利用各类行政资源，最大限度方便市民咨询、投诉和反映问题；及时回应解决市民诉求，维护群众权益，提高政府办事效率；广泛听取民意，了解民情，集中民智，推动科学民主决策。努力打造一条具有G地区特色、代表G地区形象的政务服务热线。

根据G地区“111”市民服务热线建设运行服务外包经费的总目标要求，从产出和效果两方面分解项目的年度目标。其中，产出目标包括：① 完成2013年外包协议和追加协议中的所有项目内容，保证项目配套设备设施、信息化建设、场地和人员安排均在计划时间内完成；② 保证热线服务7×24小时正常运行，服务水平和服务质量达到或超过协议约定的标准水平（根据协议的要求，热线接通率不小于88%，一次性解答率不小于30%，有责投诉率不大于0.03%，有责退单率不大于8%)；③ 保证工单及时准确地派送给各委办单位，保证联网和非联网的各委办单位按照“1515”的时间要求及时有效地办结工单。效果目标包括：① 有效提高市民对“111”市民服务热线的知晓度；②通过多方共同努力最大限度地提高来电市民的满意度水平。保证来电市民对热线服务和对市政服务的满意度水平保持在85%以上；③通过“111”市民服务热线平台广泛倾听民意，及时分类处理市民的意见和建议，以推动政府部门改进工作流程，出台新的政策和措施。

二、评价设计与实施

(一) 评价思路

本次绩效评价的目的主要是为了考察“111”市民服务热线建设运行的效率和效益，通过资料收集、基础表填写、问卷调查、访谈、数据分析等形式，总结G地区“111”市民服务热线建设运行服务中的经验、问题，并提出有针对性的建议，以促进政府购买市民热线相关服务的完善和发展。

根据绩效评价基本原理、原则和市民服务热线项目的特点，结合2013年度“111”市民服务热线运行服务的绩效目标，评价组从项目决策、项目采购与监管、组织管理、服务产出、项目成效及相关方满意度五个维度设计绩效评价指标体系，对2013年度“111”市民服务热线运行政府购买服务经费使用的经济性、效率性和效益性进行客观评价。具体考察内容包括：“111”市民服务热线网站建设、工单对接系统等信息化建设内容、项目配套设备设施、场地安排和人员安排的完成情况，热线服务水平和服务质量的达成情况及热线工单的办结情况，以及市民服务热线的知晓率和市民对热线的满意度水平。

(二) 评价实施

项目实施分三个步骤完成：一是方案制定阶段。评价组通过与信访办进行前期沟通，了解信访办政府购买服务的组织流程，项目设立的背景和目的、基本实施内容、预算安排和执行情况等内容，结合委托目的，梳理项目评价思路和评价指标体系，明确评价方法及评价实施路径；二是实施阶段。在评价工作方案经过委托方确认后，评价组通过资料采集、访谈、基础数据表填制和数据复核、问卷调查等方式深入了解项目情况、采集评价所需信息。为了全面、真实地了解市民对服务热线的满意程度，评价组对全市市民进行随机问卷调查，并获取了1000份有效问卷。三是报告撰写阶段。评价组汇总、整理、分析采集到的信息，按照既定的评价指标体系对各项购买服务进行评分，总结项目经验，分析扣分原因，梳理项目实施中存在的问题，并提出可行性建议，完成绩效评价报告的撰写。

(三) 评价分析与结论

评价组通过数据采集、实地调研和访谈获得的数据和资料，对G地区“111”市民服务热线运行政府购买服务的总体情况进行客观公正的评价。通过评价发现，G地区“111”市民服务热线自2013年试运营以来，全年共接听市民来电156万余次，办结工单51万余份，涉及市民生活的各个方面，绩效目标也均已实现。

产出目标实现情况包括：①2013年按照服务外包协议和追加协议中约定，项目配套设备设施、场地和人员安排按标准配备；②2013年度“111”市民服务热线7×24小时正常运行，服务水平和服务质量超过协议约定的标准水平；③2013年度纳入市热线办考核范围内的70家委办单位，有51家与热线系统联网，联网率为72.86%；④在工单处理及时性方面，来电市民的工单全部在规定时间内完成派发。但工单在办结及时性上，及时办结率为80.30%，实际办结率为88.91%。

效果目标实现情况包括：①根据问卷调查的结果，“111”市民服务热线的知晓率达到了51.78%；②根据问卷调查的结果，调查对象对“111”市民服务热线运营中心服务的满意度水平为78.76%，对各承办单位市政服务的满意度水平为76.83%，参与热线建设的相关单位对热线建设情况的满意度水平为77.35%。③2013年度“111”市民服务热线平台广泛倾听民意，及时分类处理市民的意见和建议，根据市民的意见和建议，市热线办编发涉及河道污染、社会生活噪音治理、窨井盖管理等方面专报6件，有关市领导对专报均做出了重要批示。

总体而言，“111”市民服务热线积极发挥了服务市民的重要窗口作用，为G地区市民解决问题，参与社会治理提供了一条方便的途径。但由于热线开通时间较短，经验不足，在服务和管理方面存在着诸多需要改进之处，具体包括：①热线办人员受体制编制影响，人员从属于市信访办、外包经费则从属于机管局，协调管理工作难度大，并且缺乏专业财务管理、数据分析等方面人员；②部分建设运行经费论证流程不健全，管理文件未对外包服务费用的各项费用标准做出明确说明，且市民服务热线新增信息化项目的服务费用尚未建立经费论证流程；③合同约定的服务标准和内容不够细致，服务质量的考核仅以4项关键指标为依据，且未明确约定新增建设项目的建设内容、需要达到的建设标准、需要完成建设的日期；④超期未办结的工单数量仍然较多，每年有责退单数量高达15493份，部分复杂难办工单的办结理由缺乏说服力。热线协助处理问题的速度、委办单位问题处理结果、工单办理结果反馈及时性、热线对明确部门职责效果等方面依然存在较大提升空间。

三、案例总结

本案例的特点在于：本次绩效评价运用预算绩效管理信息系统，在充分参考绩效目标申报内容及绩效监控情况的基础上开展绩效评价工作，实现了绩效评价信息化、数据管理系统化目标。评价组利用信息系统选取评价与指标公式，建立基础表和综合评价表的运算关系，提高指标体系打分效率。并通过问卷分析系统进行问卷统计分析，最终生成标准化评价报告。

本案例还需进一步探讨的主要问题是评价组在考察G地区“111”市民服务热线的服务质量时，虽然尽量参考其他服务类热线的服务标准和要求及该服务的历史标准，但由于市民服务热线具有其自身的特殊性，部分绩效评价指标的资料和标准获取难度很大。尽管评价组尝试将G地区市民服务热线的情况与同等城市的情况进行比较，但涉及比较指标时，由于相关资料和标准的获取困难大，评价组无法获得同类热线运营情况的有效数据，因此，在指标和标准设置上更多地参考了热线服务的历史情况和G地区热线电话服务地方标准。

同时，由于时间、技术和数据等客观条件的限制，本次绩效评价未对服务资源配置和项目的成本效益进行分析。今后在对类似服务对象实施评价时，对于服务持续时间长的项目应尽可能利用现代化的技术手段如“大数据分析”，进行纵向和横向的双向比较及开展更加精确的项目成本与效益分析，为提高财政资金使用效益提供更加精准的建议。

第七章

政府购买服务绩效评价信息技术应用

随着政府购买服务改革的持续深入，中共中央全面深化改革委员会第三次会议通过了《关于推进政府购买服务第三方绩效评价工作的指导意见》（财综〔2018〕42号），将绩效评价作为促进改革的重要手段，规范政府购买服务行为，提高政府购买服务质量，积极引入第三方机构对购买服务行为的经济性、规范性、效率性、公平性开展评价，提升财政资金效益和政府公共管理水平。

当然，我们应该看到，规范开展政府购买服务绩效评价工作，还需要相应的基础实施条件，包括统一规范的工作标准、集中整合的工作资源、高效运转的工作模式。这些基础实施条件的满足，和政府购买服务绩效评价信息平台的开发完善相关性很高。借助新兴信息技术，打破人员地域的局限性，实现绩效信息实时采集、实时更新和实时共享是信息平台建设完善的目标。在信息平台建成完善的基础上，进一步实现指标设计、问卷设计、方案撰写、数据采集、报告撰写等工作均于线上完成，可以参照提供涵盖不同领域、类型的案例，进而降低实施成本、提升评价效率，鼓励评价模式创新、促进跨界融合，发展“互联网＋绩效评价”的新工作业态。

｜第一节｜　政府购买服务绩效评价信息技术应用原理

政府购买服务绩效评价是行政管理和绩效管理的交汇点，相关工作要求会随着行政管理体制改革的不断深入和预算绩效管理改革的持续推进而逐步提升。绩效评价工作要求的提升，使得工作模式和实施标准的建立完善成为各地工作推进过程中面临的最大问题。因此，基于信息技术的相关优势，我们应该借助其及时采集、实时分享、规范统一等特点，将绩效评价工作作为推动政府购买服务改革深入的重要工具，持续扩展评价的范围、层次和深度。

一、政府购买服务绩效评价信息技术应用背景

政府购买服务绩效评价信息平台的构建，是建立在政府购买服务改革持续深入、预算绩效管理工作全面实施铺开、财政一体化建设的相关背景基础上的。因此，对信

息平台的构建背景进行系统性梳理，有助于强化信息平台与政府购买服务改革、全面实施预算绩效管理、财政信息化建设一体化的关联，服务于国家重大改革、重大事项、重大工作的推进。

政府购买服务预算绩效管理既是政府购买服务改革的组成部分，也是全面实施预算绩效管理的重要内容。按照中共中央、国务院在《关于全面实施预算绩效管理的指导意见》中的指示精神，全覆盖的预算绩效管理体系建设离不开政府购买服务项目预算绩效管理工作的推进。而政府购买服务绩效评价作为其绩效管理的先导，应按照高定位、高标准、高水平的要求持续推进，为政府购买服务预算绩效管理工作的整体推进提供示范标杆。

为了达成建成绩效管理示范标杆的目标，借助信息平台开展工作已经成为各地推进相关工作的基本共识。因而，在推进政府购买服务绩效评价的过程中，也应当积极依靠政务信息平台的建设。按照国务院发布的《政务信息系统整合共享实施方案》（国办发〔2017〕39 号）和财政部《关于地方财政信息化建设的指导意见》（财信办〔2016〕7 号）的相关要求，财政信息系统建设既要着眼于一体化整合，也要着眼于横向全业务、纵向各层级的全方位覆盖。依照上述指示精神，既要使得财政信息化建设覆盖政府购买服务绩效评价，也要将信息化建设作为财政改革举措落地和管理模式创新发展的重要保障。

从各地预算绩效管理信息化建设的现状来看，许多财政部门及预算部门业已上线并使用了预算管理信息系统，信息化建设应用已成为预算绩效管理的组成部分。在政府购买服务绩效评价的推进过程中，结合相关领域的实际需要，建设相应的信息化平台可谓势在必行。然而，因缺乏顶层设计、理论研究、实践积累、信息化手段和远期规划，工作推进仍存在诸多不足。针对政府购买服务绩效评价中存在的不足，面对亟待整合学术研究、咨询服务、软件开发、培训服务等资源，政府购买服务绩效评价信息平台应运而生，旨在打破购买主体、承接主体、评价主体、服务对象之间在人员、时间、地域的局限性，助力推动政府改革持续深入。

二、政府购买服务绩效评价信息技术应用设计

政府购买服务绩效评价信息平台致力于建立健全政府购买服务监督管理机制，形成完善政府购买服务综合评价机制。为服务于政府购买服务绩效评价工作的推进，按照政府购买服务绩效评价信息平台的架构需要，首先需要明确具平台建设的目标、原则和内容。

（一）建设目标

平台建设的总体目标是：促进客观全面评价，推进政府购买服务改革绩效；建立科学规范的政府购买服务绩效评价体系和模式，提升评价质量；总结经验及不足，优化政府购买服务绩效管理路径。具体目标包括：

第一，运用统一平台，统一的政府购买服务指导性目录，分项目、分区域、分领域构建绩效评价指标体系，探讨不同模式下的绩效评价特点和方法，便于全面总结政府购买服务质量和开展方式，为推进政府购买服务改革提供支持。

第二，根据目标运用平台，构建完整的政府购买服务绩效评价指标及标准体系，统一评价行为，规范评价路径，有利于开展统一质控，提高第三方评价质量。

第三，加强政府购买服务项目绩效目标管理，强化过程动态监控，提高绩效评价质量，不断完善和优化政府购买服务绩效管理。

（二）建设原则

1. 高效性

完整覆盖政府购买服务目录下的所有项目绩效评价指标和标准体系，根据角色不同，各司其职，结合 AI 智能算法推荐功能运用，可极大提高绩效评价工作效率。

2. 科学性

平台在科学的指标体系基础上，将提供系列的绩效评价方法，支持汇总统计和数据建模，按照科学规范、定量优先、分级分类、绩效相关进行评价，系统自动评分且智能化匹配问题和建议，使得评价更加科学，结论更准确。

3. 便捷性

操作界面简单友好，专业操作指引，填报数据简化，上传资料方便，查询信息方便，线上线下有机衔接，便于第三方开展评价和管理者开展质控。

4. 经济性

通过平台可实现指标体系共享，实现方案、报告、调查问卷自动生成，借助紧密的数据钩稽结构，结束繁复的人工制作，可以节约大量的时间和人员，提高评价的经济性。

（三）服务内容

1. 平台服务内容

平台提供包括评价所需要的信息采集、指标和标准体系、问卷设计调查和分析，数据采集、自动指标评分和形成项目的综合评价结论并生成评价报告，支持区域和分行业数据汇总和形成汇总结论，生成区域和行业的绩效评价报告。

2. 咨询服务

在平台运用的基础上，结合丰富的项目实操经验和强大的研究保障，独立或联合其他各类第三方机构全面深入科学开展政府购买服务第三方绩效评价，确保评价质量。

3. 质控服务

按照具体的财政部门或预算部门的相应要求，借助强大的业务能力和专家力量，为针对第三方机构绩效评价工作开展后台质控服务。既提高第三方机构绩效评价规范性，也提高第三方绩效评价质量，从而提高整体的服务水平和能力。

三、政府购买服务绩效评价信息技术应用特点

（一）基于指导性目录构建指标体系，以绩效思路实现项目管理的规范要求

根据政府购买服务指导性目录的不同层级，科学、系统地设定项目的分类体系；按照资金用途分类设计投入和管理类、产出类的共性指标，按照服务目录设计产出、效果、影响力等个性指标，实现项目管理和绩效管理的融合与规范，管理的方法更加科学、标准更加均一。用户可定制项目分类下的共性指标体系，从而加强各类项目统一标准的管理。

（二）专业化的流程设计和数据采集管理方案，有效解决评价过程中信息不对称问题

通过平台各模块（全面评价、联动评价、重大项目评价）的一体化设计，每个服务项目的重要信息在各阶段穿透使用。支持绩效随需监控使用，动态采集数据并实时监控。提供科学的指标体系和权重设计，以及完善的数据采集管理方案，定制化形成业务流程和表样。

（三）通过智能推荐、辅助判断等功能设计增强系统的智能化程度，以信息化手段促进绩效业务水平的提升

平台能根据服务项目特征推荐指标，并支持科学测算标杆值，加强绩效与预算的匹配性。同时，根据服务项目特征推荐权重、评分公式，增强评价的规范性和科学性。在绩效评价过程中，依据业务人员填报的实际完成值直接计算得出项目得分，判断项目的优良情况和形成综合结论。

（四）强大的数据分析功能及业务实践指导供参考，辅助预算、项目的科学决策与科学管理

平台提供强大的辅助数据库支持，辅以专业团队进行服务支持，提高业务规范和质量水平。平台还采用了专业的数据分析模型和分析工具，通过开展数据挖掘、计量统计实证分析可以实现服务内容、购买服务项目绩效的纵向、横向对比，为财政有效投入、效益提升提供管理和决策参考。通过数据积累，平台可以制定面向不同地区、不同类型目录的绩效标准，建立绩效标准体系（包括服务标准、支出标准、评价标准），进一步提高评价的科学性。

（五）设计简洁易用，降低系统的使用门槛，有助于政府购买服务绩效评价工作的全面推广

平台设计考虑到界面功能友好，采用流程向导式填报方式，填报界面简洁，易于理解，经过少量培训加以指导就可以上手，降低了系统使用门槛。在绩效评价实施阶段，更多地采用数据对接和模型化设计，最大限度地降低了填报人员的数据录入量和填报难度。

（六）通过建立连接财政内外网的平台，提供标准化在线评价、评审流程和规范，提升评价质量，节约评价成本

通过打通财政内外网，平台提供了完善的绩效评价在线执行流程、科学的绩效评价指标体系、严谨的基础数据录入规范和通用的社会调查问卷模板，以及动态的数据分析标准构建。平台的建设为财政部门更好地利用中介和专家资源、打通内外网数据交互隔阂、推进政府购买服务改革提供了更为便捷的通道。

｜第二节｜ 政府购买服务绩效评价信息技术应用实践

政府购买服务绩效评价信息技术应用及平台开发的最终目的在于服务相应的应用主体、明确具体的应用场景、使用便捷的应用功能。根据信息平台开发的具体要求，以下将对信息平台的应用主体、应用场景、应用功能和应用展望进行详细论述。

一、政府购买服务绩效评价信息技术的应用主体

政府购买服务绩效评价信息平台是面向包括财政部门、预算主管部门、预算单位、第三方机构、专家等在内的专业化绩效管理工具，可以实现在线全面评价、联动评价、重大项目评价等各种类型的绩效评价工作。

财政部门和预算部门通过平台并借助互联网，可以实现面向政府部门的内网和面向第三方机构和专家的外网相互统一。内部通过数据交换实现委托方动态监控三方人员，外部完成项目信息实时采集、更新、共享，评价机构在线评价，专家在线评审，优化传统绩效评价模式，实现“互联网＋绩效评价”的新型工作模式。

第三方机构主要受财政部门或预算部门委托，提供政府购买服务绩效评价业务辅导、开展不同类型绩效评价等服务；专家的参与则包括绩效评价工作方案及报告评审，同时提供理论指导、咨询与技术支持等服务。

二、政府购买服务绩效评价信息技术的应用场景

政府购买服务绩效评价涵盖监督主体、购买主体、承接主体和服务对象等多个不同的主体，按照《政府购买服务管理办法》关于政府购买服务绩效评价目的的表述，具体评价工作可分为重大项目评价、联动评价和全面评价三种，三种不同类型评价的分类标准、实现路径和实施流程将在下面具体介绍。

（一）信息平台应用场景

重大项目评价是对具体部门实施的资金金额和社会影响大的政府购买服务项目开展的重点评价工作。按照《政府购买服务管理办法》中“对部门政府购买服务整体工作开展绩效评价”的要求，还应当开展联动评价和全面评价。联动评价是对整个相关领域政府购买服务绩效状况开展的评价工作，需要覆盖整个相关领域政府购买服务绩

效状况；全面评价是对整个区域政府购买服务绩效状况开展的评价工作。项目评价应是全面评价的构成要素，项目评价结果为全面评价结果提供支撑。

(二) 信息平台应用实现路径

重大项目评价往往社会影响度较高、资金金额较大，对政府购买服务改革推进情况有较大影响，应当投入人力、物力、财力，重点开展实施，按照这类项目的具体特征设计评价工作总体思路、绩效评价指标体系、社会调查方案等实施路径具体内容。

联动评价，是依托与特定服务相关的政府购买服务项目、自上而下覆盖相应政府层级、以评判该领域政府购买服务绩效状况为目的的评价类型。在联动评价工作开展过程中，依然要基于单个项目评价的结果开展，但需要重点关注单个政府购买服务行为在不同政府层级的具体表现状况，注意理顺具体政府购买服务项目的实施框架，尝试开展省级联动评价、市级联动评价和县级联动评价。

全面评价，是以单个项目评价结果为基础、以判定整个区域政府购买服务绩效状况为首要目标、兼顾了解该区域内政府购买服务绩效评价工作推进状况的评价类型。针对单个项目评价，应当应用信息平台建立分类指标模板，按照分解形成的指标要素对项目数据特征进行评判，自动形成项目评价的最终结果；在此基础上，按政府购买服务指导分目录的具体内容、通过指数化整合方法形成分项报告，并可以进一步汇总形成该区域政府购买服务项目的综合报告，对整个区域的政府购买服务绩效状况作全景化展现。

(三) 信息平台的应用实施流程

1. 重大项目评价模式

重大项目评价由第三方机构按照绩效评价项目要求在平台上实施，可由平台上的相关服务人员提供质控服务，基本流程见图 7-1。

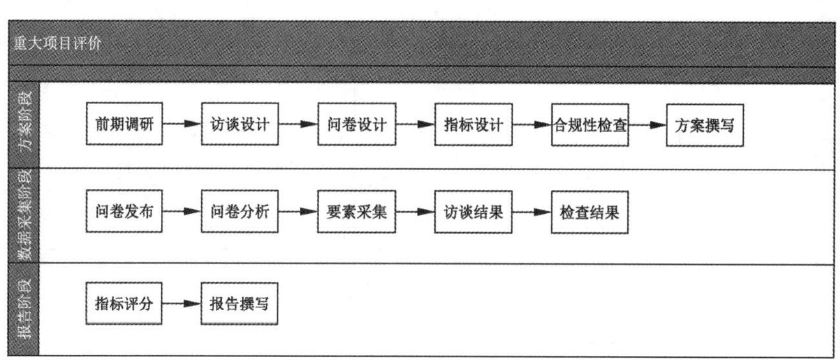

图 7-1 重大项目绩效评价的基本流程

2. 全区域联动评价模式

全区域可以选择某类三级目录开展联动评价。联动评价由一家牵头机构提供总体方案设计（含绩效评价指标体系、评价标准和问卷调查），联合下级政府委托的其他中介机构共同开展评价。牵头机构出具总报告，具体第三方出具分报告，牵头机构负责总质控。该模式可全面了解某类政府购买服务转移支付资金绩效状况，为今后建立科学的转移支付政策提供支撑，其基本流程见图 7-2。

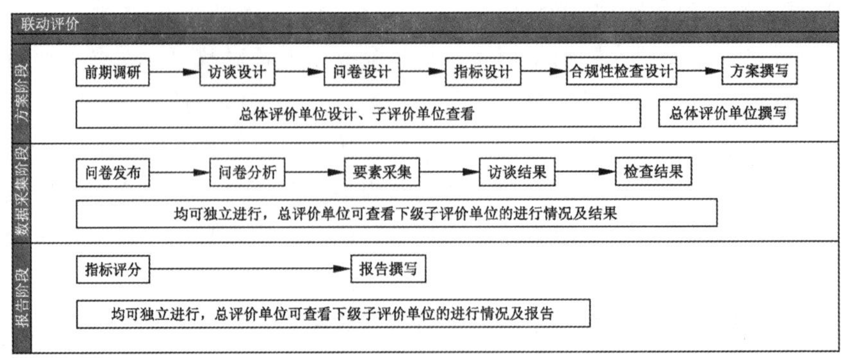

图 7-2　联动评价的基本流程

3. 全面评价模式

全面评价是对全区域政府购买服务绩效状况开展的评价工作，具体实施可选择全部目录或某类二级目录。该模式是以三级目录项目评价为基础，汇总全区域该目录下政府购买服务绩效评价绩效状况，进而分析汇总该区域内政府购买服务二级目录或全部项目的绩效评价，为区域进一步开展政府购买服务绩效管理提供支持，其基本流程见图 7-3。

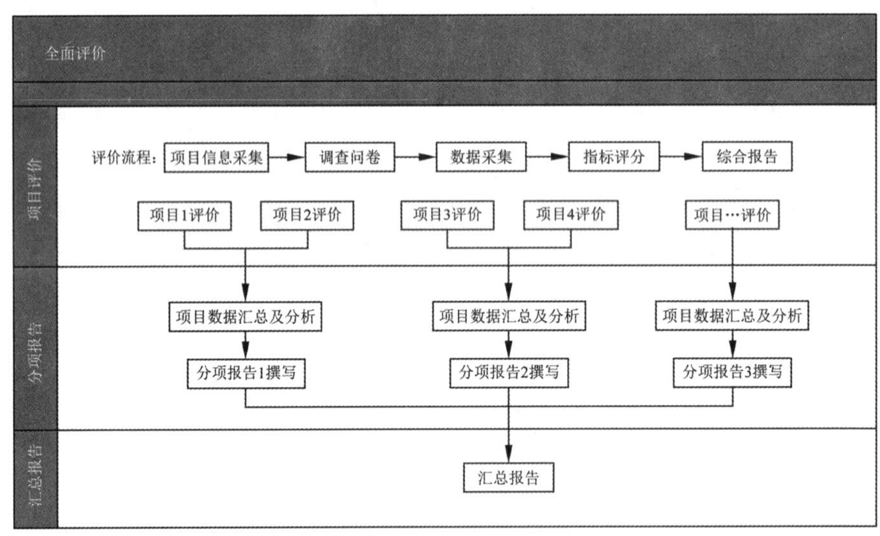

图 7-3　全面评价的基本流程

三、政府购买服务绩效评价信息技术的应用功能

政府购买服务绩效评价信息平台通过加强预算绩效管理的顶层设计，以政府购买服务指导目录为基础，以政府购买服务绩效指标为媒介，以具体的评价项目为对象，

按照评价项目实施的时间顺序，提供角色分配、项目分类、工作安排、方案安排、指标设计、问卷设计、方案撰写、信息查询等八种应用功能，并在此基础上后续推出报告撰写、报告评审、结果应用等应用功能，利用信息系统的科学化、便利化优势，动态采集项目绩效信息，最大限度降低工作实施难度，提高政府购买服务绩效评价工作的水平和效率。

（一）角色分配

评价项目实施的第一步是组建形成评价的项目组，为不同的项目组成员分配相应的角色权限。在信息平台上，每个用户在使用系统初始都会有一个登录账号，不同的项目组成员将按照登录角色分配相应的平台操作权限。目前，用户登录身份主要有项目总监、项目经理和项目组员三种角色。项目总监承担接受、分配项目总任务的权限；项目经理有分配项目各节点任务的权限，但也可具体参与项目的实施；项目组员主要按照被安排的任务实施操作。

（二）项目分类

评价项目实施的第二步是按照不同的项目类型进入相应的操作流程。依照前述，具体评价项目按评价目的分为三类，分别为重大项目评价、联动评价和全面评价。下面按照上述顺序分别描述不同类型评价项目的实施流程，在描述过程中体现项目分类在划定评价项目操作流程中的具体作用，见图 7-4。

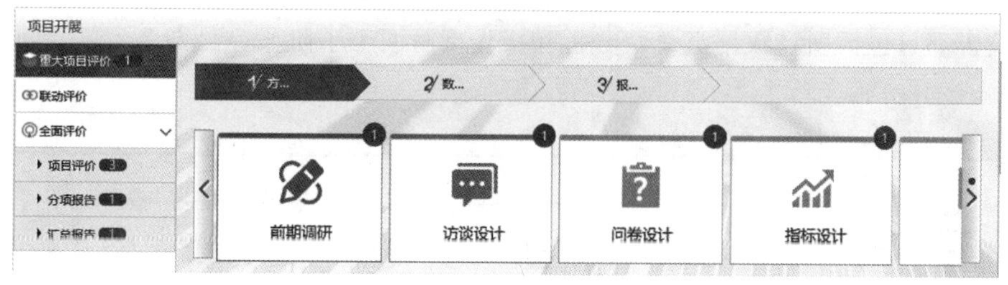

图 7-4　重大项目评价方案阶段设计内容

重大项目评价包括方案阶段、数据采集和报告阶段三个项目实施阶段。其中，方案阶段包括前期调研、访谈设计、问卷设计、指标设计、合规性检查、方案撰写、初稿提交和终稿提交等八个子阶段；数据采集包括问卷发布、问卷分析、要素采集、数据复核、访谈结果、检查结果六个子阶段，报告阶段包括指标评分、报告撰写、初稿提交和终稿提交四个子阶段。主要功能界面如图 7-4 至图 7-6 所示。

联动评价内容和重大项目评价相似，功能界面及实施流程差异不大，具体界面可参考重大项目评价相关功能界面。

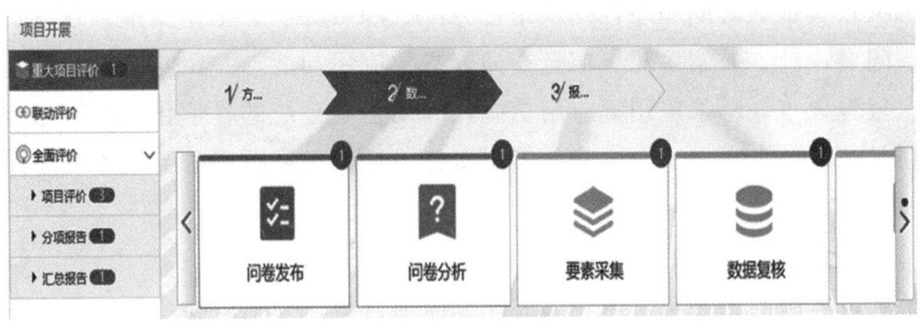

图 7-5　重大项目评价数据采集阶段设计内容

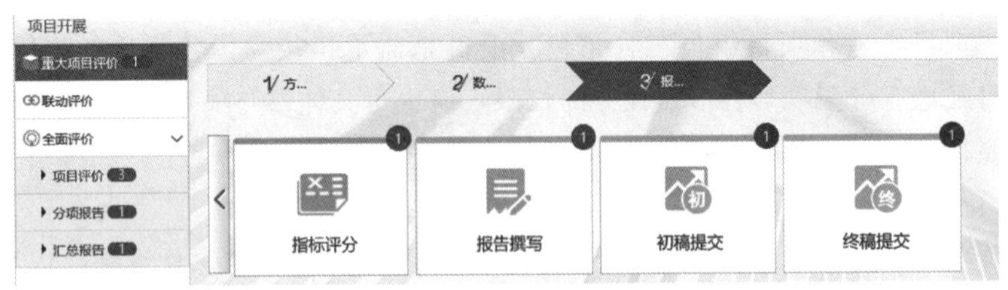

图 7-6　重大项目评价报告撰写阶段设计内容

全面评价分为项目评价、分项报告和汇总报告三个项目实施阶段，项目评价涵盖项目信息采集、调查问卷、数据采集、指标评分和综合结论五个子阶段，分项报告和汇总报告都只包括项目数据汇总及分析和报告撰写两个子阶段，见图 7-7。

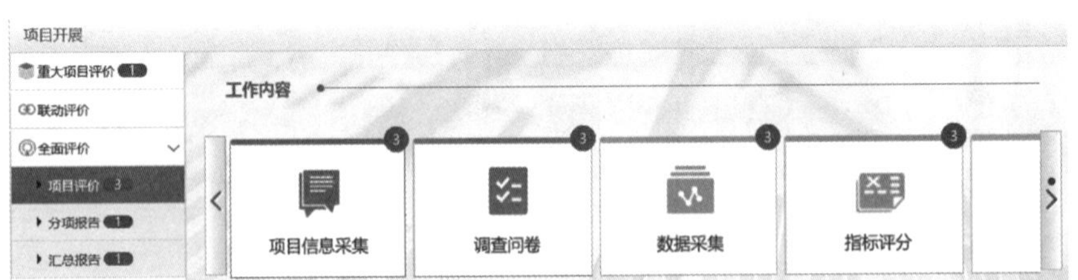

图 7-7　全面评价项目评价设计内容

（三）工作安排

工作安排功能主要是向项目组成员分配评价项目每个工作阶段的具体工作，直接选取需要进行工作安排的项目就可进入工作安排界面。目前，这一权限仅限于项目总监和项目经理。

选中项目需要安排的某个工作节点后，可以选择需要分配的人员信息，可在工作提醒处填写提醒信息及上传评价所需资料文件，被工作安排的用户，登录账号可以点击功能节点图标选择项目进行项目的评价工作。其中，项目经理主要安排的是方案撰写这一模块。

（四）方案安排

方案安排功能主要用于项目经理在方案阶段具体安排方案设计相应功能的分配，

可选择项目组员完成之后相应的功能模块，具体的功能模块包括指标设计、问卷设计和方案撰写。

项目经理选中方案阶段的方案撰写项目，然后点击相应按钮，即会出现下一步界面，项目经理先选中项目组员再勾选右侧任务事项，保存后即完成方案安排的相应功能要求。

(五) 指标设计

指标设计体系主要包括综合表和要素表，综合表主要包括指标设计，业绩值设计，评分公式等整体设计，要素表是对各指标进行要素解释及数据类型定义。

利用指标设计功能对项目绩效评价指标体系进行设计和维护，具体可满足用户新增、修改、删除指标的需要，并可以帮助客户对指标进行权重和评分公式的设置及修改指标层级，利用指标体系综合表对单个二级指标逐个进行维护。绩效评价指杆设计要素见图 7-8。

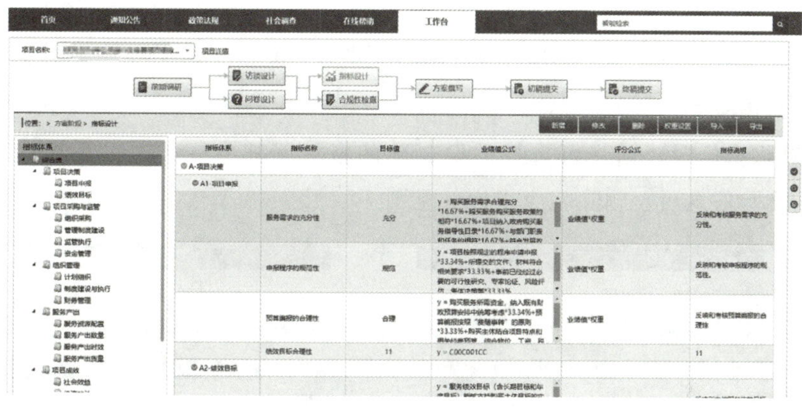

图 7-8　绩效评价指标设计要素

1. 指标新增

新增指标时，用户可根据需要填写指标信息。指标名称（系统提供指标联想功能)、用途分类及层次分类为指标新增填写中的必填项，见图 7-9。

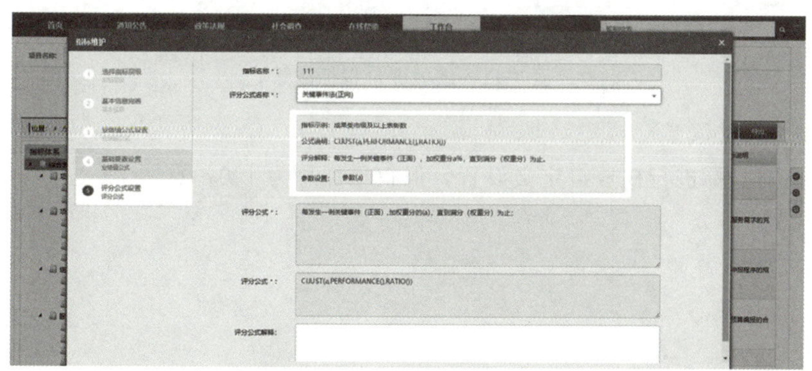

图 7-9　绩效评价指标新增

2. 指标修改

需要修改指标时，用户可选择需要修改的三级指标（其中一级、二级指标不可以进行修改），可根据需要填写需要修改的指标信息，见图 7-10。

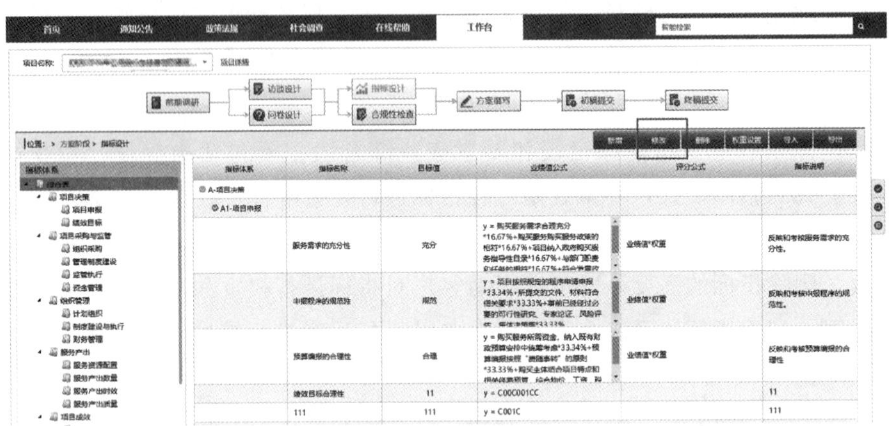

图 7-10 绩效评价指标修改

3. 指标删除

需要删除指标时，用户可选择需要删除的指标（其中一级、二级指标不可以删除），确认删除信息后，删除相应指标，见图 7-11。

图 7-11 绩效评价指标删除

4. 指标权重设置

用户可对指标进行权重自定义设置，但权重加总为 100，见图 7-12。

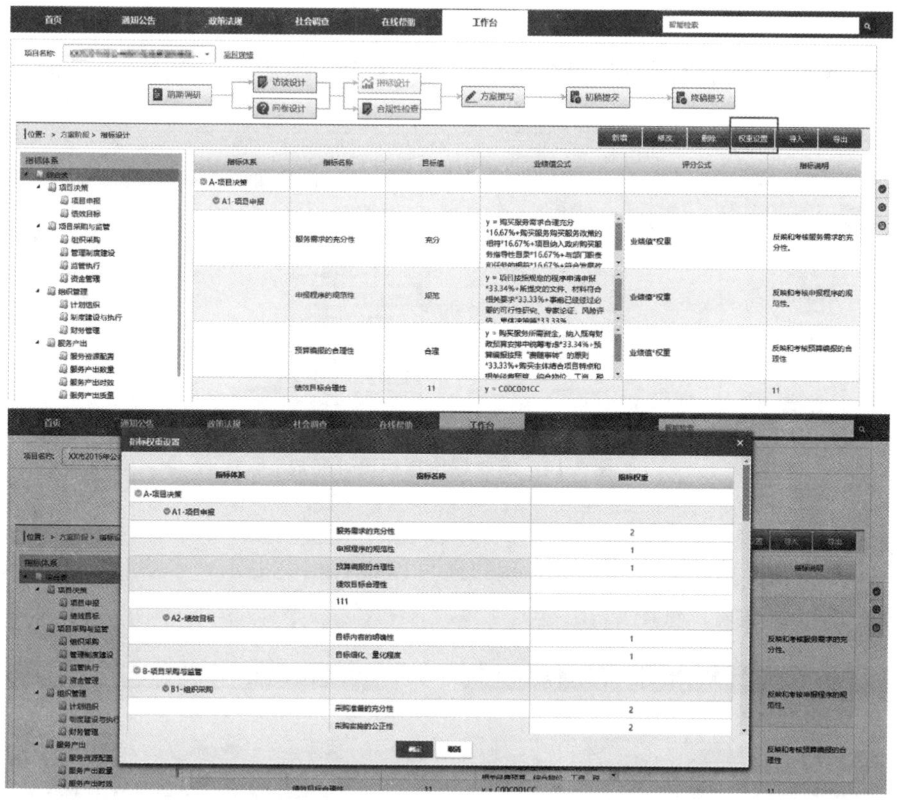

图 7-12　绩效评价指标权重设置

5. 导出

根据用户需要，可导出指标，见图 7-13。

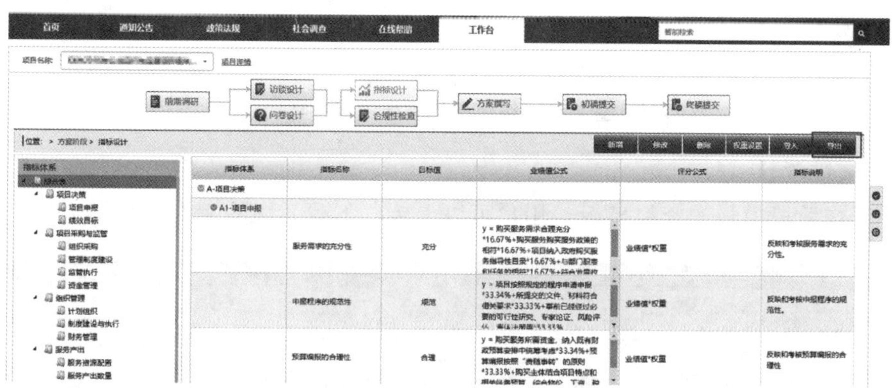

图 7-13　绩效评价指标内容导出

6. 完成

当用户完成指标设计阶段所需开展的工作时，信息平台将在项目节点导图中“前期调研阶段状态”显示为已完成，方便用户在功能菜单中查看项目的哪些阶段工作已经是完成状态，见图 7-14。

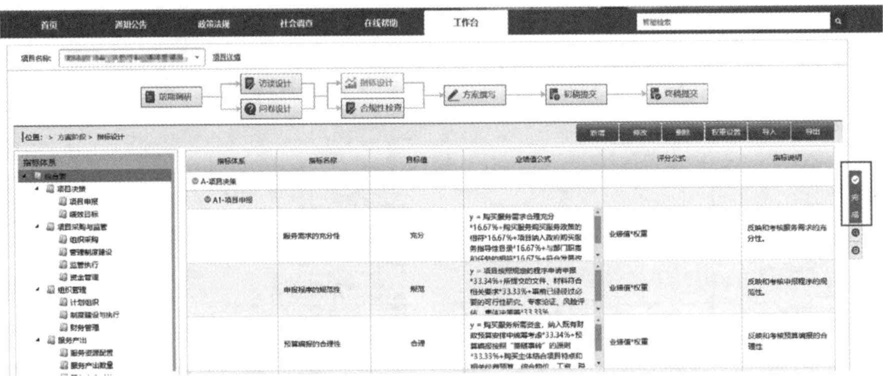

图 7-14　绩效评价指标设计完成

7. 提示

在工作安排处填写的工作提醒，用户还可以查看相关提示，了解目前工作状况和其他角色的工作要求，见图 7-15。

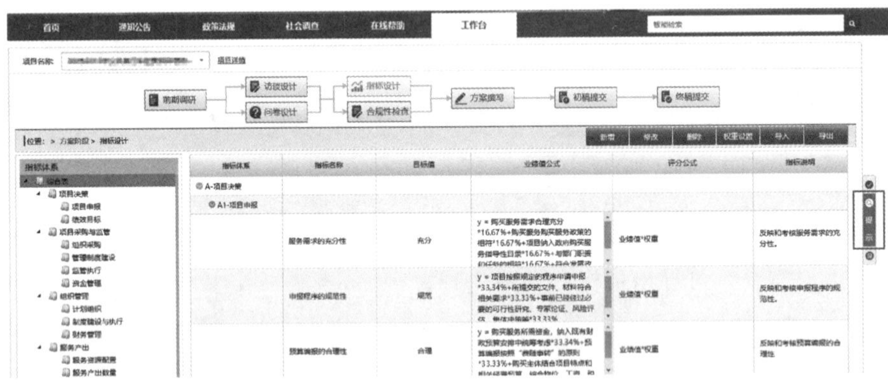

图 7-15　绩效评价指标提示查看

8. 文件资料

在工作阶段模板的资料模板，用户可以上传、下载、删除文件，见图 7-16。

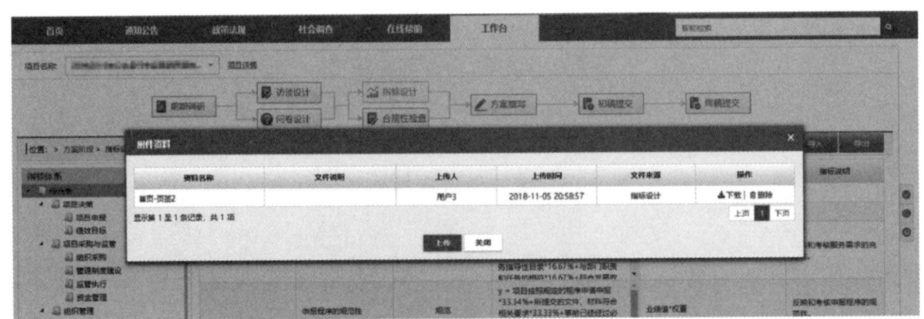

图 7-16　绩效评价文件资料

（六）问卷设计

问卷设计功能主要用于满足用户的调查问卷设计需要。用户可以在信息平台中进行问卷的自定义设计，系统提供问卷的新增、修改、删除、提示信息的相应功能，问卷涉及的问题类型包括基本信息单选题、基本信息多选题、满意度题、主观题等多种，见图 7-17 至图 7-23。

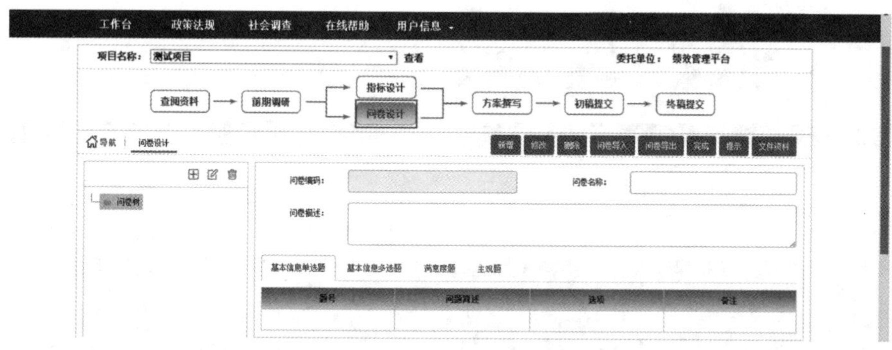

图 7-17　问卷设计

1. 问卷新增

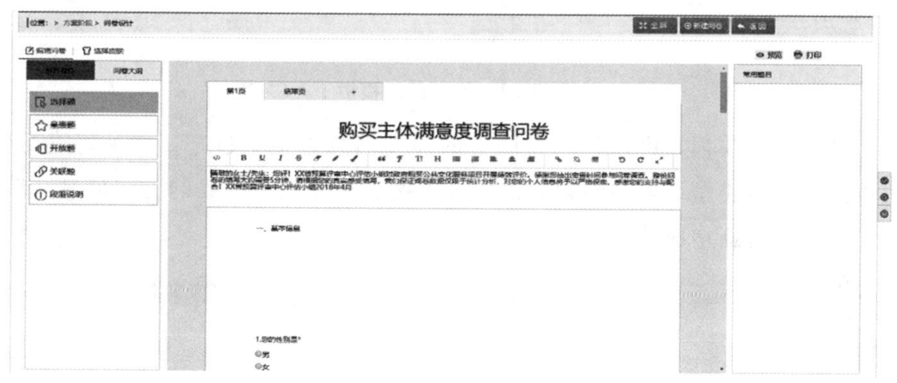

图 7-18　问卷新增

在问卷设计功能界面区域，用户直接创建问卷，问卷编码系统自动生成，填写问卷名称、问卷描述，核对问卷信息后，新增问卷成功。

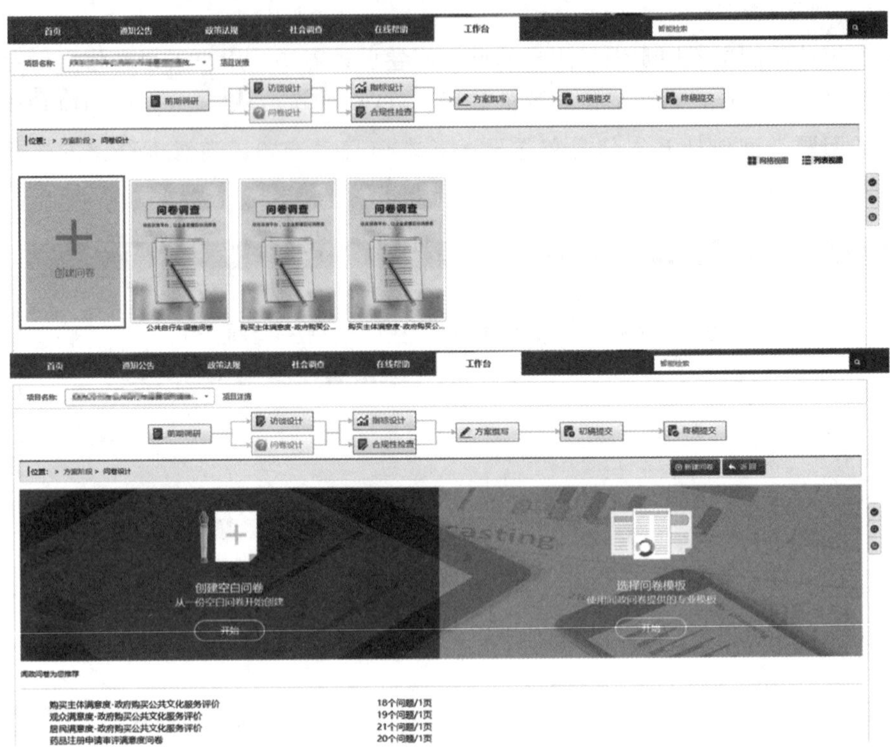

图 7-19 问卷新增模板

用户选择问卷模板，可以将问卷库中的问卷信息直接带过来，并可以进行修改。用户可以选择题目类型，填写问题描述，录入题目选项和所需要的备注信息，填写题目信息，问卷即可新增成功。

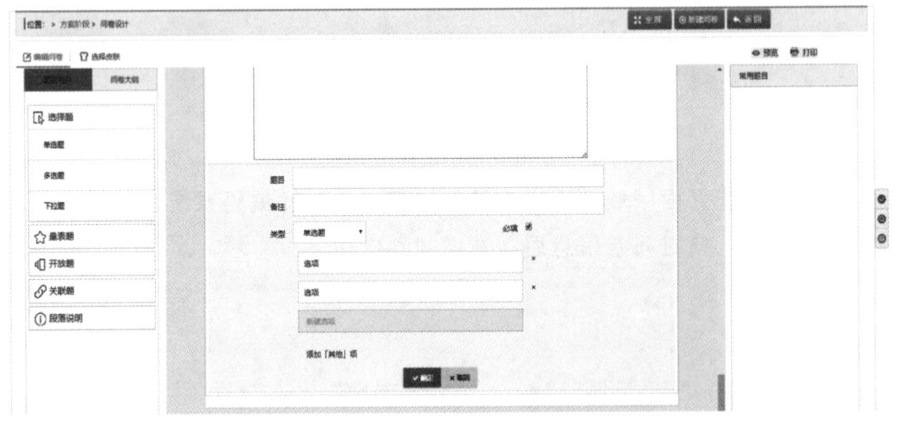

图 7-20 新增问卷成功

2. 问卷修改

用户选择需要修改的问卷，可对问卷信息重新进行修改。

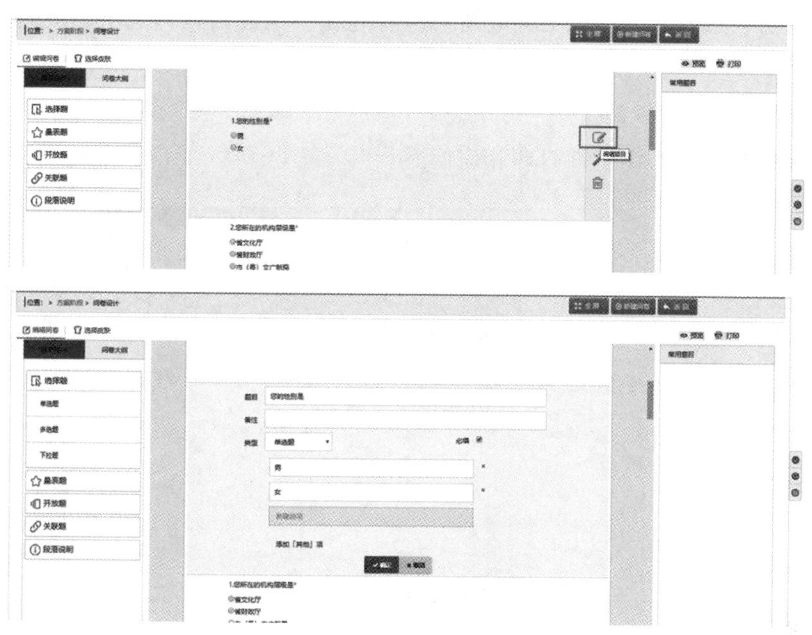

图 7-21　修改问卷

对于已经保存的问卷，用户可以直接编辑相关信息，修改问卷题目类型下的问卷信息，对问题信息重新进行修改。

3. 问卷删除

用户可以选择需要删除的问卷，对整套问卷进行删除操作。

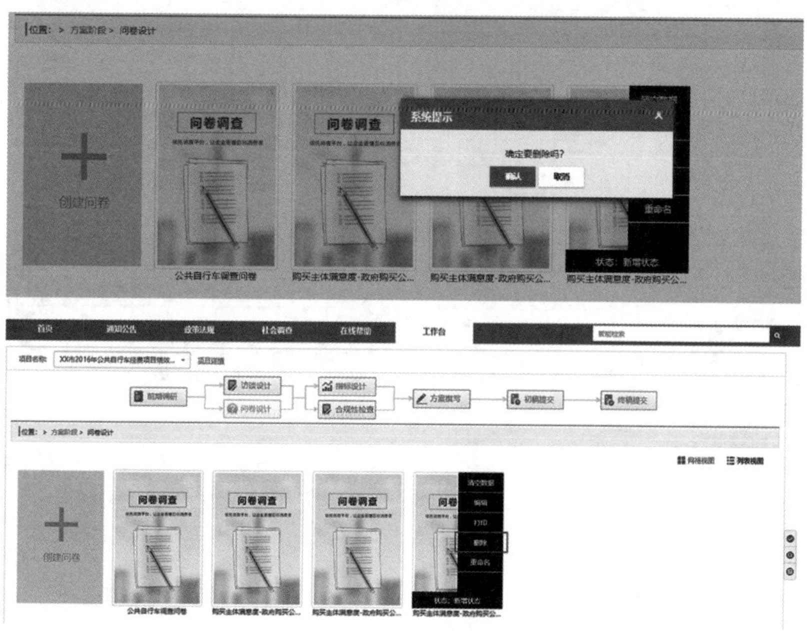

图 7-22　问卷删除

用户还可以选择需要删除的问卷所对应各题型中的题目，对选中的问题进行删除操作。

4. 问卷浏览、打印

用户可根据需要，浏览并打印相应问卷。

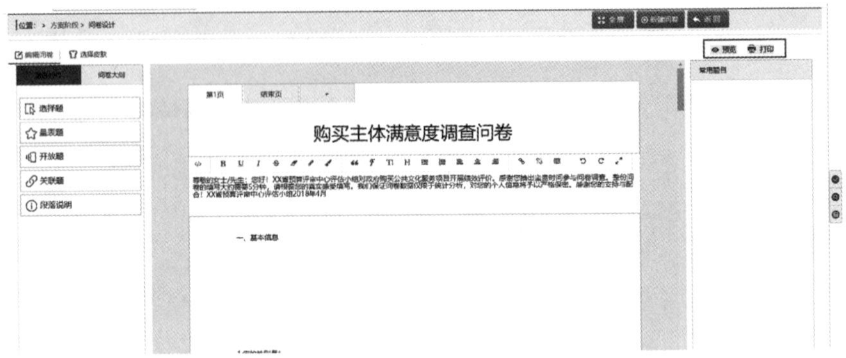

图 7-23　问卷浏览、打印

（七）方案撰写

信息平台支持用户进行评价方案的在线编写工作。用户可以选择需要进行方案撰写的项目，进入方案撰写界面。用户还可依照系统提供的评价方案模版，自动生成评价方案，同步生成内容和排版，也可进行删除和在线查看等功能操作，见图 7-24。

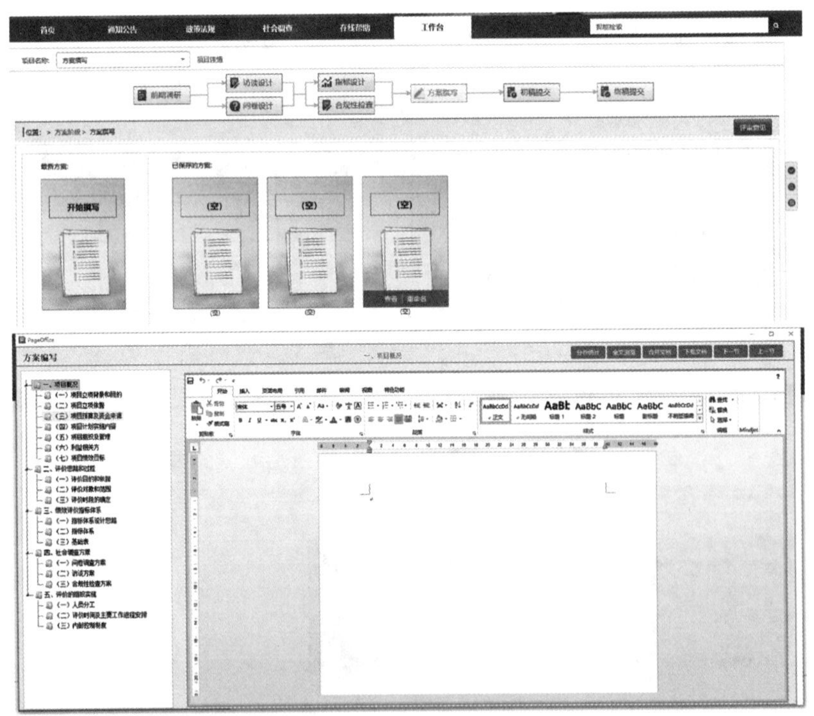

图 7-24　方案撰写

按照系统已提供评价方案内容和排版，用户可根据需要对相应模块进行填写，系统同步提供粘贴、复制、粗体、斜体、下划线、图片、颜色等功能按钮，也可直接从其他文件中粘贴与复制。

1. 文档生成

方案信息填写完成后，可等待系统自动生成方案，见图 7-25。

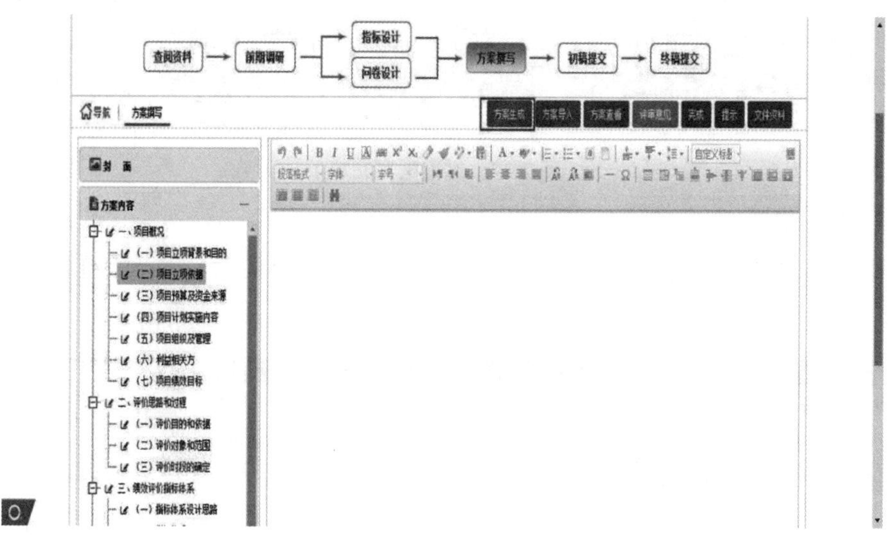

图 7-25　方案文档生成

2. 评审意见

在专家评审后，用户可以查看评审汇总得分、评审综合结论和意见、相关专家部分意见未采纳理由，见图 7-26。

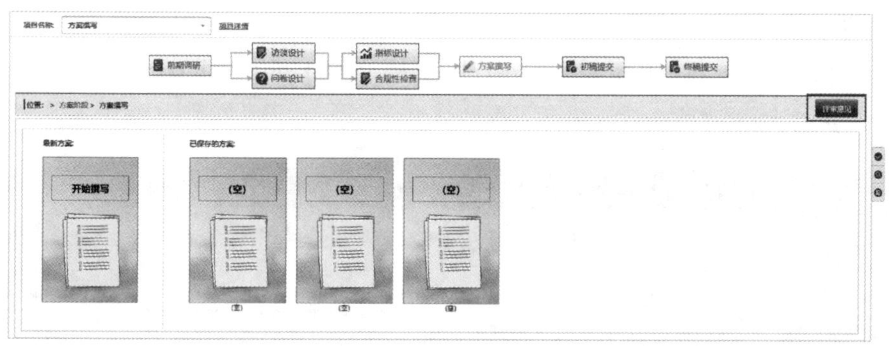

图 7-26　方案评审意见

3. 方案撰写完成

当用户完成方案撰写阶段所需开展的工作时，信息平台将在项目节点导图中“前期调研阶段状态”显示为已完成，方便用户在功能菜单中查看项目的哪些阶段工作是已经完成状态，见图 7-27。

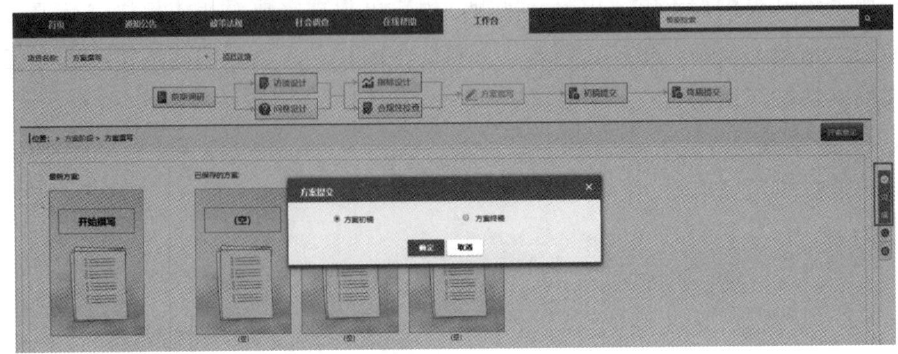

图 7-27　方案撰写完成

4. 方案撰写提示

用户可以通过提示功能，查看工作安排中上传的资料信息，以及系统提供的帮助信息，见图 7-28。

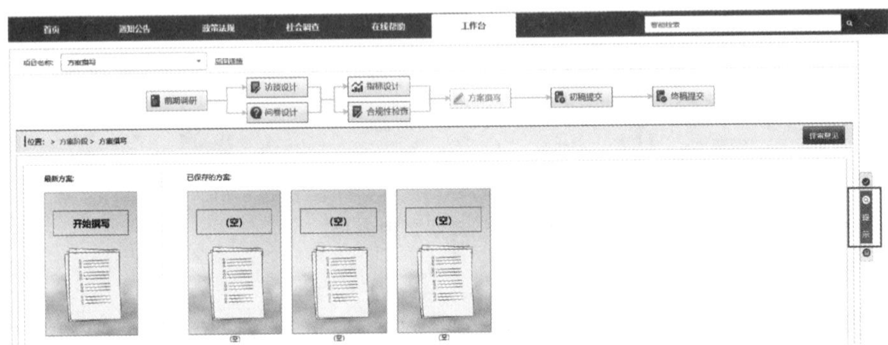

图 7-28　方案撰写提示图样

5. 文件资料

在工作阶段模板和工作安排处上传的资料模板，可以进行上传、下载、删除文件等操作，见图 7-29。

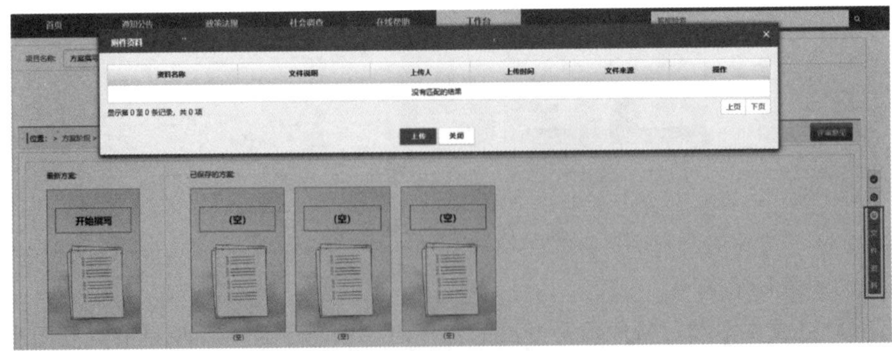

图 7-29　方案撰写文件资料

（八）信息查询

信息查询功能是帮助用户查看各类评价项目当前工作状况。项目总监和项目经理拥有查看权限，按照用户的实际需要赋予不同的开放权限。具体功能界面如图 7-30 所示。

图 7-30　信息查询

四、政府购买服务绩效评价信息技术的应用前景

政府购买服务绩效评价信息平台建设的目的在于结合预算绩效管理的业务需求，有效地应对当前政府购买服务绩效评价面临的各项挑战。因此，系统的设计必须依据当前最前沿的预算绩效管理理论，使各种操作规范化、简便化，力求科学、高效、规范、经济开展绩效评价工作。

根据目前政府购买服务改革的推进状况，引入“互联网＋”的新模式，能有效地解决传统绩效评价模式中的局限性。下一步，平台将继续丰富项目动态管理的功能，完善问卷线上数据采集，提供多平台的客户接入手段，扩充系统分析模型，项目数据的实时分析实时反馈，进一步降低评价成本。目前政府购买服务绩效评价信息平台使用群体还比较小，主要群体包括第三方机构和评审专家，平台的功能主要为解决评价管理服务，其主动性和开放性不强，后续需要扩大平台使用群体，提供信息发布、绩效管理、实时反馈、费用撮合与结算等一系列功能，提升使用的友好度。

目前，线下采集数据、社会调研、数据汇总分析、方案与报告撰写等诸多工作的开展不利于远程异地的及时交流和实时反馈，绩效评价水平提升需投入的成本很高，既不利于信息的共享，也不利于政府购买服务绩效的跨区域比对，亟待有效运用受众面广、可实时交流、提供高质量质控、咨询服务的互联网管理平台，实现数据对接和交换，实现绩效评价工作的远程操作。

附录 1　政府购买服务指导性目录（节选）

附表 1　政府购买服务指导性目录（参考）

编号	一级目录	二级目录	三级目录
A	基本公共服务	A01 教育服务	A0101 教师教育培训
			A0102 农村困难学生爱心营养餐
			A0103 校园安保
			……
		A02 就业服务	A0201 劳动就业规划、就业服务规划、创业服务体系建设规划和政策研究、咨询及宣传服务
			……
		A03 人才服务	A0301 人才培训
			A0302 人才引进规划与政策研究
			……
		A04 社会救助服务	A0401 流浪乞讨人员救助服务
			A0402 社会救助对象的信息收集、核实
			……
		A05 养老服务	A0501 居家照护及社区托养服务（为符合条件的老年人购买助餐、助浴、助洁、助急、助医、护理等上门服务及社区托养服务）
			A0502 老年康复文体活动
			……

续表

编号	一级目录	二级目录	三级目录
		A06 扶贫济困服务	A0601 贫困地区资助服务
			A0602 失学儿童资助服务
			……
		A07 优抚安置服务	A0701 退役士兵职业教育和技能培训
			A0702 优抚安置信息系统管理与维护
			……
		A08 残疾人服务	A0801 残疾人照料服务
			A0802 残疾人基本康复辅具配置服务
			……
		A09 食品药品安全服务	A0901 食品药品安全监管辅助服务
			A0902 食品药品检测及风险预警监测
			……
		A10 医疗服务	A1001 城乡居民健康档案管理服务
			A1002 城乡居民健康教育服务
			……
		A11 公共卫生服务	A1101 城乡居民公共卫生教育服务
			A1102 传染病的报告和处理
			……
		A12 人口和计划生育服务	A1201 人口和计划生育政策研究、宣传服务
			A1202 计划生育免费技术服务
			A1203 优生两免服务
		A13 住房保障服务	A1301 保障性住房规划和政策研究、宣传服务
			A1302 保障性住房对象资格信息采集与管理辅助性工作
			……

续表

编号	一级目录	二级目录	三级目录
		A14 科技推广服务	A1401 科技发展规划和政策研究、宣传服务
			A1402 科学技术交流与合作辅助性服务
			……
		A15 文化服务	A1501 公益性舞台艺术作品的创作、演出与宣传
			A1502 公益性广播影视作品的制作与宣传
			……
		A16 体育服务	A1601 全民健身和公益性运动训练竞赛的宣传与推广
			A1602 面向特殊群体的公益性体育产品的创作与传播
			……
		A17 公共安全服务	A1701 公共安全政策研究、宣传辅助服务
			A1702 安全生产应急救援服务
			……
		A18 交通运输服务	A1801 城市公共交通服务
			A1802 农村公共交通服务
			……
		A19 农业服务	A1901 动物强制免疫服务
			A1902 农作物种子代繁代贮
			……
		A20 水利服务	A2001 小型水利工程运行管护
			A2002 水务工程设施管理与维护
			……

续表

编号	一级目录	二级目录	三级目录
		A21 生态保护服务	A2101 资源节约生态保护规划和政策研究、宣传服务
			A2102 资源生态评估服务
			……
		A22 环境治理服务	A2201 大气污染防治服务
			A2202 水污染防治服务
			……
		A23 城市维护服务	A2301 城市规划和设计服务
			A2302 市政设施管理服务
			……
		A24 公共信息服务	A2401 市场信息平台建设及运行维护
			A2402 政务公开信息平台建设及运行维护
			……
		A25 社会保险	A2501 社会保险经办服务
			A2502 社会保险稽核服务
			……
		A26 儿童福利服务	A2601 儿童福利项目组织与实施
			A2602 公办儿童福利设施管理与维护
			……
		A27 其他	A2701 乡村公共设施维护及服务
			A2702 其他基本公共服务

续表

编号	一级目录	二级目录	三级目录
B	社会管理性服务	B01 社区治理服务	B0101 社区治理服务政策研究、规划及宣传服务
			……
		B02 社会组织孵化培育服务	B0201 社会组织政策研究、规划、咨询及宣传服务
			……
		B03 社会工作服务	B0301 社工人才培训
			B0302 社工服务项目的组织实施
			……
		B04 法律援助服务	B0401 法律援助对象情况信息收集等辅助性服务
			……
		B05 防灾救灾服务	B0501 公共灾害应对训练服务
			……
		B06 人民调解服务	B0601 人民调整政策研究、咨询及宣传服务
			……
		B07 社区矫正服务	B0701 社区矫正政策研究、咨询及宣传服务
			……
		B08 流动人口管理服务	B0801 流动人口人事档案管理
			……
		B09 安置帮教服务	B0901 安置帮教政策的宣传和咨询
			……
		B10 志愿服务运营管理	B1001 志愿者组织的培育服务
			……

续表

编号	一级目录	二级目录	三级目录
		B11 公共公益宣传服务	B1101 政策法规宣传服务
			……
		B12 其他	B1201 乡村（社区）法律顾问服务
			B1202 其他社会管理性服务
C	行政管理与协调服务	C01 行业规划服务	C0101 行业布局等总体规划与政策研究服务
			……
		C02 行业调查服务	C0201 经济社会发展情况调查
			……
		C03 行业统计分析服务	C0301 行业统计指标研究、制定等辅助性工作
			……
		C04 行业职业资格和水平测试管理服务	C0401 行业职业资格标准和政策研究
			……
		C05 行业规范服务	C0501 行业规范研究和宣传服务
			……
		C06 行业标准制修订服务	C0601 强制性行业标准制修订辅助性工作
			……
		C07 行业投诉处理服务	C0701 行业投诉举报热线、网站平台的维护和申诉受理服务
			……
		C08 其他	C0801 其他行业管理与协调事项
D	技术性服务	D01 技术评审鉴定评估服务	D0101 公益性项目技术合规性评审
			……

续表

编号	一级目录	二级目录	三级目录
		D02 检验检疫检测服务	D0201 产品强制检验辅助性服务
			……
		D03 监测服务	D0301 自然环境监测辅助服务
			……
		D04 其他	D0401 其他技术服务
E	政府履职所需辅助性服务	E01 法律服务	E0101 行政诉讼代理应诉法律服务
			……
		E02 课题研究和社会调查	E0201 政府决策、执行、监督等方面的通用课题研究
			……
		E03 政策（立法）调研草拟论证	E0301 立法机关的公共政策调研、草拟、论证等的辅助性工作
			……
		E04 会议经贸活动和展览服务	E0401 会议、经贸活动和展览活动组织设计和实施
			……
		E05 监督检查	E0501 人大监督的政策性技术性监督检查辅助工作
			……
		E06 项目评审评估	E0601 公共项目规划、设计、可行性研究等专家评审服务（含 PPP 项目物有所值和财政承受能力论证）
			……
		E07 绩效评价	E0701 政策实施绩效评价辅助性工作
			……
		E08 财务审计	E0801 财务核算账簿记录服务
			……
		E09 咨询	E0901 立法咨询
			……

续表

编号	一级目录	二级目录	三级目录
		E10 技术业务培训	E1001 政府工作人员专业技能培训服务
			……
		E11 机关信息系统建设与维护服务	E1101 软件开发与维护服务
			……
		E12 后勤管理	E1201 办公设备维修保养服务
			……
		E13 工程服务	E1301 公共工程规划与政策研究
			……
		E14 租赁服务	E1401 计算机设备及软件租赁
			……
		E15 其他维修保养服务	E1501 计算机设备的维修保养
			……
		E16 其他	E1601 广告服务
			……

附录 2　政府购买服务绩效评价指标体系（节选）

附表 2　政府购买服务绩效评价个性指标参考（节选）

一级目录	二级目录	三级目录	一级指标	二级指标	三级指标	指标解释	参考目标值	目标值来源	业绩值计算方式	评分规则
A基本公共服务	A01教育服务	A0101教师教育培训	服务产出	服务资源配置	配置资源到位率	考察履行服务所需的各类各级别配套装备是否配置到位，是否满足服务需求	100%	计划标准	业绩值＝技术人员配置到位率×0.3＋管理人员配置到位率×0.3＋硬件设施配置到位率×0.4	3
			服务产出	数量	教师教育培训举办场次完成率	考察教师教育培训场次是否按约定举办	100%	计划标准	业绩值＝教师教育实际培训场次/计划培训场次×100%	3
			服务产出	数量	教师教育培训人数完成率	考察参加培训的实际教师人数	100%	计划标准	业绩值＝实际参加培训的教师人数/计划培训教师人数×100%	3
			服务产出	质量	教师教育培训对象与合同要求匹配度	考察教师教育培训对象与要求的符合情况	100%	计划标准	业绩值＝培训对象符合要求的培训场次/全部培训场次×100%	3
			服务产出	质量	教师教育培训实际内容与合同要求匹配度	考察教师教育培训内容的质量	100%	计划标准	业绩值＝实际值（采用购买主体调查问卷中题目“承接主体提供服务内容与要求的匹配度”的满意度结果）	3

续表

一级目录	二级目录	三级目录	一级指标	二级指标	三级指标	指标解释	参考目标值	目标值来源	业绩值计算方式	评分规则
			服务产出	质量	教育教育培训平均考核通过率	考察各类培训平均考核通过情况，反映培训效果	≥95%	计划标准	业绩值=通过考核人数/参与培训总人数×100%	3
			服务产出	时效	教师教育培训完成及时率	考察各类培训是否按计划及时完成	100%	计划标准	业绩值=按要求及时完成×100%+未及时完成但未造成重大影响×60%+未及时完成且暂时重大影响×0%	8
			项目成效	社会效益	教师持证上岗率	考察教师中持证上岗的比例	n%	计划标准	业绩值=持证上岗的教师数/教师总人数×100%(取学前、小学、中学等各阶段的平均值)	3
			项目成效	社会效益	中高级职称教师占比增长率	考察中高级职称教师占比的增长情况	n%	计划标准	业绩值=(本年度中高级职称教师占比-上年度中高级职称教师占比)/上年度中高级职称教师占比×100%，其中，中高级职称教师占比=取得中高级职称的教师数/教师总人数(取学前、小学、中学等各阶段的平均值)	3
			项目成效	成本效益分析	成本节约程度	考察政府购买服务行为是否节约财政资金	n%	计划标准	业绩值=显著降低成本×100%+与非购买服务形成成本基本持平×60%+成本增加×0%	8
			相关方满意度	服务对象	教师满意度	考察教师满意程度	90%	计划标准	业绩值=实际值(采用社会调查结果)	3
			相关方满意度	购买主体	购买主体满意度	考察购买主体对购买服务的综合满意程度	90%	计划标准	业绩值=实际值(采用社会调查结果)	3

续表

一级目录	二级目录	三级目录	一级指标	二级指标	三级指标	指标解释	参考目标值	目标值来源	业绩值计算方式	评分规则
A基本公共服务	A01教育服务	A0103校园安保	服务产出	服务资源配置	配置资源到位率	考察履行服务所需的各类各级别配套装备是否配置到位，是否满足服务需求	100%	计划标准	业绩值=管理人员配置到位率×0.5+硬件设施配置到位率×0.5	3
			服务产出	质量	安保人员持证上岗率	考察安保人员持上岗证比例，反映安保人员专业度的规范化情况	100%	计划标准	业绩值=持证上岗的安保人员数/安保人员总数×100%	3
			服务产出	数量	提供安保服务人数完成率	考察提供安保服务人员的数量与计划的满足情况	100%	计划标准	业绩值=实际安保人员数/计划安保人员数×100%	3
			服务产出	时效	安保人员及时上岗率	考察安保人员及时上岗的情况	100%	计划标准	业绩值=按要求及时完成×100%+未及时完成但未造成重大影响×60%+未及时完成且暂时重大影响×0%	8
			项目成效	社会效益	学校火灾事件发生数下降率	考察学校火灾事件发生率的下降率，反映学校火灾防范工作的成效	n%	计划标准	业绩值=(上年度学校火灾事件发生数-本年度学校火灾事件发生数)/上年度学校火灾事件发生数×100%	3
			项目成效	社会效益	学校盗窃事件发生数下降率	考察学校盗窃事件发生率的下降率，反映学校安保工作的成效	n%	计划标准	业绩值=(上年度学校盗窃事件发生数-本年度学校盗窃事件发生数)/上年度学校盗窃事件发生数×100%	3
			项目成效	成本效益分析	成本节约程度	考察政府购买服务行为是否节约财政资金	n%	计划标准	业绩值=显著降低成本×100%+与非购买服务形成成本基本持平×60%+成本增加×0%	8

续表

一级目录	二级目录	三级目录	一级指标	二级指标	三级指标	指标解释	参考目标值	目标值来源	业绩值计算方式	评分规则
			项目成效	社会效益	在校学生人为伤害事件发生数下降率	考察在校学生人为伤害事件发生数的下降率,反映学校安保宣传、督导工作的成效	n%	计划标准	业绩值=(上年度在校学生人为伤害事件发生数-本年度在校学生人为伤害事件发生数)/上年度在校学生人为伤害事件发生数×100%	3
			相关方满意度	购买主体	购买主体满意度	考察购买主体对购买服务的综合满意程度	90%	计划标准	业绩值=实际值(采用社会调查结果)	3
			相关方满意度	服务对象	教师满意度	考察教师满意程度	90%	计划标准	业绩值=实际值(采用社会调查结果)	3
			相关方满意度	服务对象	学生满意度	考查学生满意程度	90%	计划标准	业绩值=实际值(采用社会调查结果)	3
A基本公共服务	A01教育服务	A0104校车接送服务	服务产出	服务资源配置	配置资源到位率	考察校车司机是否配置到位	n	计划标准	业绩值-配置校车司机到位率×50%+配置校车数到位率×50%	3
			服务产出	数量	校车日发车班次完成率	考察校车日发车班次是否达到约定值	100%	计划标准	业绩值=校车实际日发车班次/校车计划日发车班次×100%	3
			服务产出	时效	校车接送正点率	考察校车正点程度,反映校车接送工作质量情况	100%	计划标准	业绩值=接送正点的校车车次/校车总车次×100%	3
			服务产出	质量	校车超载率	考察校车超载程度,反映校车接送的安全情况	0%	计划标准	业绩值=校车载客数/校车容载数×100%	4

续表

一级目录	二级目录	三级目录	一级指标	二级指标	三级指标	指标解释	参考目标值	目标值来源	业绩值计算方式	评分规则
			项目成效	社会效益	校车接送有责安全事故发生数	考察校车接送有责安全事故发生数,反映学校校车安全事故防范的成效	0%	计划标准	业绩值＝校车接送有责安全事故发生数	4
			项目成效	成本效益分析	成本节约程度	考察政府购买服务行为是否节约财政资金	n%	计划标准	业绩值＝显著降低成本×100%＋与非购买服务形成成本基本持平×60%＋成本增加×0%	8
			相关方满意度	购买主体	购买主体满意度	考察学校对购买服务的综合满意程度	90%	计划标准	业绩值＝实际值(采用社会调查结果)	3
			相关方满意度	服务对象	家长满意度	考查家长满意程度	90%	计划标准	业绩值＝实际值(采用社会调查结果)	3
			相关方满意度	服务对象	学生满意度	考查学生满意程度	90%	计划标准	业绩值＝实际值(采用社会调查结果)	3
A基本公共服务	A01教育服务	A0106公共教育基础设施管理与维护	服务产出	服务资源配置	配置资源到位率	考察履行服务所需的各类各级别配套装备是否配置到位,是否满足服务需求	100%	计划标准	业绩值＝技术人员配置到位率×0.6＋管理人员配置到位率×0.4	3
			服务产出	数量	维护设备数量完成率	考察实际维护设备数量,反映设备维修工程完成情况	100%	计划标准	业绩值＝实际维护设备数/计划维护设备数×100%	3
			服务产出	质量	维护设备平均完好率	考察设备实际完好情况,反映设备维修是否达标	100%	计划标准	业绩值＝完好设备数量/总设备数量×100%	3
			服务产出	时效	维护需求响应及时率	考察设备维修工作响应是否及时	100%	计划标准	业绩值＝按要求及时完成×100%＋未及时完成但未造成重大影响×60%＋未及时完成且暂时重大影响×0%	8

续表

一级目录	二级目录	三级目录	一级指标	二级指标	三级指标	指标解释	参考目标值	目标值来源	业绩值计算方式	评分规则
			项目成效	社会效益	公共教育设备损坏率	考察公共教育设备的完好情况,反映公共教育设施维护效果	n%	历史标准	业绩值＝在使用周期内损坏的教育设备数/教育设备总数×100%	4
			项目成效	社会效益	安全事故发生数	考察公共教育设施范围内是否发生安全事故,反映公共教育设施维护的影响	0	计划标准	业绩值＝安全事故发生数	2
			项目成效	成本效益分析	成本节约程度	考察政府购买服务行为是否节约财政资金	n%	计划标准	业绩值＝显著降低成本×100%＋与非购买服务形成成本基本持平×60%＋成本增加×0%	8
			相关方满意度	购买主体	购买主体满意度	考察学校对购买服务的综合满意程度	90%	计划标准	业绩值＝实际值(采用社会调查结果)	3
			相关方满意度	服务对象	教师满意度	考查教师满意程度	90%	计划标准	业绩值＝实际值(采用社会调查结果)	3
			相关方满意度	服务对象	学生满意度	考查学生满意程度	90%	计划标准	业绩值＝实际值(采用社会调查结果)	33

续表

一级目录	二级目录	三级目录	一级指标	二级指标	三级指标	指标解释	参考目标值	目标值来源	业绩值计算方式	评分规则
A基本公共服务	A03人才服务	A0301人才培训	服务产出	服务资源配置	配置资源到位率	考察履行服务所需的各类各级别配套装备是否配置到位，是否满足服务需求	100%	计划标准	业绩值=技术人员配置到位率×0.3+管理人员配置到位率×0.3+硬件设施配置到位率×0.4	3
			服务产出	数量	人才培训举办场次完成率	考察开展人才培训任务是否按计划完成	100%	计划标准	业绩值=实际培训举办场次/计划培训举办场次×100%	3
			服务产出	数量	人才培训人数完成率	考察参加培训的实际人数	100%	计划标准	业绩值=实际参加培训的人数/计划培训人数×100%	3
			服务产出	质量	人才培训实际内容与合同要求匹配度	考察人才培训内容的质量	100%	计划标准	业绩值=实际值（采用购买主体调查问卷中题目“承接主体提供服务内容与要求的匹配度”的满意度结果）	3
			服务产出	质量	人才培训对象与合同要求匹配度	考察人才培训对象与要求的符合情况	100%	计划标准	业绩值=培训对象符合要求的培训场次/全部培训场次×100%	3
			服务产出	时效	人才培训完成及时率	考察就业培训完成的及时情况	100%	计划标准	业绩值=按要求及时完成×100%+未及时完成但未造成重大影响×60%+未及时完成且暂时重大影响×0%	8
			项目成效	社会效益	培训人才数量增长率	考察政府购买人才培训服务培训人才数量的增长情况	n%	计划标准	业绩值=新增培训人才数量/上年（次）培训人才数量	3
			项目成效	社会效益	培训人才考核通过率提升度	考察政府购买人才培训服务的培训考核通过情况	n%	计划标准	业绩值=本次（年）购买服务培训人才考核通过率-上次（年）服务购买服务培训人才考核通过率	3

续表

一级目录	二级目录	三级目录	一级指标	二级指标	三级指标	指标解释	参考目标值	目标值来源	业绩值计算方式	评分规则
			相关方满意度	服务对象	参训人员满意度	考察培训人才的满意程度	90%	计划标准	业绩值=实际值(采用社会调查结果)	3
			相关方满意度	购买主体	购买主体满意度	考察服务购买政府部门的满意程度	90%	计划标准	业绩值=实际值(采用社会调查结果)	3
A基本公共服务	A03人才服务	A0302人才引进规划与政策研究	服务产出	服务资源配置	配置资源到位率	考察履行服务所需的各类各级别配套装备是否配置到位,是否满足服务需求	100%	计划标准	业绩值=技术人员配置到位率×0.3+管理人员配置到位率×0.3+硬件设施配置到位率×0.4	3
			服务产出	数量	政策报告完成率	考察政策研究报告的完成情况	100%	计划标准	业绩值=完成的政策报告数量/合同规定的政策报告数量	3
			服务产出	质量	政策研究成果验收通过率	考察政策研究成果的验收通过情况	100%	计划标准	业绩值=通过验收的政策研究成果数/政策研究成果总数量	3
			服务产出	时效	政策研究成果提交及时率	考察政策研究成果提交的及时情况	100%	计划标准	业绩值=按要求及时完成×100%+未及时完成但未造成重大影响×60%+未及时完成且暂时重大影响×0%	8
			项目成效	社会效益	政策研究成果应用率	考察课题成果的应用情况	n%	计划标准	业绩值=课题成果应用数/总课题成果数×100%	3
			项目成效	社会效益	人才引进人数增长率	考察人才引进人数的增长情况	n%	计划标准	业绩值=(政策发布后人才引进数量-政策发布前人才引进数量)/政策发布前人才引进数量×100%	3
			相关方满意度	购买主体	服务购买政府部门满意度	考察服务购买政府部门的满意程度	90%	计划标准	业绩值=实际值(采用社会调查结果)	3

续表

一级目录	二级目录	三级目录	一级指标	二级指标	三级指标	指标解释	参考目标值	目标值来源	业绩值计算方式	评分规则
			相关方满意度	社会公众	社会公众满意度	考察政策服务目前群体的满意程度	90%	计划标准	业绩值=实际值（采用社会调查结果）	3
			相关方满意度	服务对象	引进人才满意度	考察政策服务受益人才群体的满意程度	90%	计划标准	业绩值=实际值（采用社会调查结果）	3
A基本公共服务	A03人才服务	A0303人才信息收集与统计分析	服务产出	服务资源配置	配置资源到位率	考察履行服务所需的各类各级别配套装备是否配置到位，是否满足服务需求	100%	计划标准	业绩值=技术人员配置到位率×0.3+管理人员配置到位率×0.3+硬件设施配置到位率×0.4	3
			服务产出	数量	人才信息收集数量完成率	考察信息收集人才数量的完成情况	100%	计划标准	业绩值=完成收集信息的人才数量/合同约定收集信息的全部人才数量	3
			服务产出	质量	人才信息收集的完整率	考察收集人才信息数据的完整情况	100%	计划标准	业绩值=完成收集的数据量/全部应收集的数据量	3
			服务产出	质量	人才信息收集的准确率	考察信息收集的准确情况	100%	计划标准	业绩值=准确收集的数据量/全部收集的数据量	3
			项目成效	社会效益	信息收集人才覆盖率提升度	考察收集的信息对各类人才覆盖率对比购买服务之前的提升情况	n%	计划标准	业绩值=信息收集人才覆盖率-之前信息收集人才覆盖率	3
			项目成效	社会效益	分析成果应用率	考察分析成果的应用情况	n%	计划标准	业绩值=课题成果应用数/总课题成果数×100%	3
			相关方满意度	购买主体	服务购买政府部门满意度	考察服务购买政府部门的满意程度	90%	计划标准	业绩值=实际值（采用社会调查结果）	3

续表

一级目录	二级目录	三级目录	一级指标	二级指标	三级指标	指标解释	参考目标值	目标值来源	业绩值计算方式	评分规则

评分规则：

1.【关键事件+】:业绩值达到目标值,得 a%权重分;(若 a<100,则继续“业绩值每增加 1,再得 b%权重分,当业绩值达到 n 及以上得满分”;若 a=100,则直接跳至下一规则);业绩值每减少 1,扣权重分的 x%,当业绩值达到 m 及以下不得分。

2.【关键事件-】:业绩值持平目标值,得 a%权重分;(若 a<100,则继续“业绩值每减少 1,再得 b%权重分,当业绩值达到 n 及以下得满分”;若 a=100,则直接跳至下一规则);业绩值每增加 1,扣权重分的 x%,当业绩值达到 m 及以上不得分。

3.【普通线性+】:业绩值达到目标值,得 a%权重分;(若 a<100,则继续“每高于目标值的 1%,再得 b%权重分,当业绩值达到 n 得满分”;若 a=100,则直接跳至下一规则);业绩值每低于目标值的 1%,扣 a%权重分的 x%,当业绩值低于 m 不得分。

4.【普通线性-】:业绩值持平目标值,得 a%权重分;(若 a<100,则继续“每低于目标值的 1%,再得 b%权重分,当业绩值达到 n 得满分”;若 a=100,则直接跳至下一规则);业绩值每高于目标值的 1%,扣 a%权重分的 x%,当业绩值高于 m 不得分。

5.【区间线性】业绩值持平目标值,得 a%权重分;在[n1,目标值)及(目标值,n2]范围内,得 b%权重分;业绩值若高于 n2,每增加 1%扣除权重分的 i%,当业绩值高于 m,不得分;业绩值若低于 n1,每降低 1%扣除权重分的 e%,当业绩值低于 k,不得分。

6.【分段评分+】:业绩值在目标值的[n1%,n2%]范围内,得 a%权重分;(若 a<100,则继续“在目标值的(n2%,n3%]范围内,再得 b%权重分……直至满分”;若 a=100,则直接跳至下一规则);业绩值在目标值的[n0%,n1%)范围内,扣 a%权重分的 x%……当业绩值低于 nx%,不得分。

7.【分段评分-】:业绩值在目标值的[n1%,n2%]范围内,得 a%权重分;(若 a<100,则继续“在目标值的[n0%,n1%)范围内,再得 b%权重分……直至满分”;若 a=100,则直接跳至下一规则);业绩值在目标值的(n2%,n3%]范围内,扣 a%权重分的 x%……当业绩值高于 nx%,不得分。

8.【业绩值×权重(定性指标)】:业绩值×权重。

附录3　政府购买服务及绩效评价相关制度文件清单

附录3-1　中央层面政府购买服务相关制度文件清单

1.《中华人民共和国政府采购法》(2014年8月31日第十二届全国人民代表大会常务委员会第十次会议修订通过)

2.《中华人民共和国政府采购法实施条例》(中华人民共和国国务院令第658号)

3.《国务院办公厅关于政府向社会力量购买服务的指导意见》(国办发〔2013〕96号)

4.《财政部关于政府购买服务有关预算管理问题的通知》(财预〔2014〕13号)

5.《财政部关于坚决制止地方以政府购买服务名义违法违规融资的通知》(财预〔2017〕87号)

6.《财政部关于推进政府购买服务第三方绩效评价工作的指导意见》(财综〔2018〕42号)

7.《政府购买服务管理办法》(中华人民共和国财政部令第102号)

附录3-2　各地政府购买服务及绩效评价相关制度文件清单

北京市:《北京市人民政府办公厅关于政府向社会力量购买服务的实施意见》(京政办发〔2014〕34号)、《北京市政府购买服务预算管理办法》(京财综〔2020〕510号);

天津市:《天津市市级政府向社会力量购买服务监督检查和绩效评价管理暂行办法》(津财预〔2015〕98号);

河北省:《河北省人民政府办公厅关于政府向社会力量购买服务的实施意见》(冀政办〔2014〕3号)、《河北省省级政府购买决策咨询服务管理办法(试行)》(冀财教〔2016〕12号);

河南省:《河南省人民政府办公厅关于推进政府向社会力量购买服务工作的实施意见》(豫政办〔2014〕168号)、《河南省政府购买服务操作指南(试行)》(豫财综

〔2016〕11 号）、《河南省政府购买服务绩效评价暂行办法》（豫财综〔2017〕14 号）；

山西省：《山西省政府购买服务实施办法》（晋政办发〔2021〕12 号）；

山东省：《山东省财政厅关于山东省政府购买服务第三方绩效评价工作实施意见》（鲁财采〔2019〕51 号）、《山东省政府购买服务管理实施办法》（鲁财采〔2021〕10 号）；

辽宁省：《辽宁省政府购买服务管理办法》（辽财综规〔2020〕9 号）；

吉林省：《吉林省开展政府购买服务第三方绩效评价试点工作方案》（吉财综〔2018〕896 号）；

黑龙江省：《黑龙江省财政厅关于进一步做好政府购买服务管理工作的通知》（黑财综〔2020〕13 号）；

上海市：《上海市政府购买社会组织服务项目绩效评价管理办法（试行）》（沪财绩〔2016〕18 号）、《上海市政府购买服务管理办法》（沪财发〔2021〕3 号）；

江苏省：《江苏省政府向社会组织购买服务实施办法》（苏财购〔2015〕32 号）、《江苏省政府向社会组织购买服务绩效评价办法》（苏财购〔2015〕27 号）、《江苏省财政厅关于贯彻落实＜政府购买服务管理办法＞规范做好政府购买服务工作的通知》（苏财购〔2020〕34 号）；

浙江省：《浙江省人民政府办公厅关于政府向社会力量购买服务的实施意见》（浙政办发〔2014〕72 号）、《浙江省政府购买服务预算管理办法》（浙财预〔2014〕25 号）、《浙江省深化政府购买服务第三方绩效评价工作试点实施方案》（浙财综〔2019〕19 号）、《浙江省财政厅关于进一步规范政府购买服务采购管理的通知》（浙财采监〔2021〕2 号）；

安徽省：《安徽省人民政府办公厅关于政府向社会力量购买服务的实施意见》（皖政办〔2013〕46 号）；

江西省：《江西省人民政府办公厅关于政府向社会力量购买服务的实施意见》（赣府厅发〔2014〕27 号）；

湖北省：《湖北省人民政府办公厅关于政府向社会力量购买服务实施意见（试行）》（鄂政办发〔2014〕1 号）、《湖北省政府向社会力量购买服务工作实施方案》（鄂财综规〔2020〕17 号）

湖南省：《湖南省政府购买服务管理实施办法》（湘财综〔2020〕6 号）；

福建省：《福建省财政厅关于进一步做好政府购买服务有关工作的通知》（闽财综〔2021〕3 号）；

深圳市：《深圳市人民政府办公厅关于印发政府购买服务的实施意见及两个配套文件的通知》（深府办〔2014〕15 号）；

广东省：《广东省政府向社会力量购买服务暂行办法》（粤府办〔2014〕33 号）、《关于推进政府购买服务第三方绩效评价工作的实施意见》（粤财行〔2020〕18 号）；

广西壮族自治区：《广西壮族自治区财政厅关于贯彻落实政府购买服务管理办法的通知》（桂财综〔2020〕45号）；

海南省：《海南省政府购买服务预算管理办法》（琼财综规〔2020〕17号）；

重庆市：《重庆市政府购买服务暂行办法》（渝府办发〔2014〕159号）、《重庆市政府购买服务第三方绩效评价实施办法（试行）》（渝财规〔2019〕12号）；

四川省：《四川省政府购买服务管理办法（暂行）》（川财综〔2015〕63号）、《四川省财政厅推进政府购买服务第三方绩效评价试点工作实施方案》（川财综〔2019〕35号）；

贵州省：《贵州省政府向社会力量购买服务操作流程》（黔财采〔2014〕20号）、《贵州省财政厅关于推进政府购买服务第三方绩效评价工作的实施办法（试行）》（黔财综〔2018〕80号）；

云南省：《云南省县级以上政府向社会组织购买服务暂行办法》（云政办发〔2013〕124号）、《云南省人民政府办公厅关于政府向社会力量购买服务的实施意见》（云政办发〔2015〕62号）、《云南省财政厅关于推进政府购买服务第三方绩效评价工作的实施意见》（云财综〔2018〕68号）；

陕西省：《陕西省人民政府办公厅关于政府向社会力量购买服务的实施意见》（陕政办发〔2014〕107号）、《陕西省政府向社会力量购买服务暂行办法》（陕财办综〔2014〕117号）；

宁夏回族自治区：《宁夏回族自治区关于推进政府购买服务工作 指导意见的通知》（宁政办发〔2014〕73号）；

甘肃省：《甘肃省政府购买服务管理办法》（甘财综〔2021〕2号）；

青海省：《青海省政府购买服务管理实施办法》（青政办〔2020〕82号）；

内蒙古自治区：《内蒙古自治区政府向社会力量购买服务管理办法》（内政办发〔2015〕154号）、《内蒙古自治区政府向社会力量购买服务项目监督检查和绩效评价管理暂行办法》（内政办发〔2017〕2号）；

西藏自治区：《西藏自治区政府购买服务管理办法》（藏财综〔2020〕40号）；

新疆维吾尔自治区：《新疆维吾尔自治区政府购买服务绩效管理暂行办法》（新财综〔2018〕48号）。

附录4　财政部关于推进政府购买服务第三方绩效评价工作的指导意见

财政部关于推进政府购买服务第三方绩效评价工作的指导意见

财综〔2018〕42号

党中央有关部门，国务院各部委、各直属机构，全国人大常委会办公厅，全国政协办公厅，国家监察委办公厅，高法院，高检院，各民主党派中央，有关人民团体，各省、自治区、直辖市、计划单列市财政厅（局），新疆生产建设兵团财政局：

为贯彻落实党中央、国务院决策部署，提高政府购买服务质量，规范政府购买服务行为，现就推进政府购买服务第三方绩效评价工作提出以下意见。

一、总体要求

（一）指导思想。以习近平新时代中国特色社会主义思想为指导，全面贯彻党的十九大和十九届二中、三中全会精神，坚持和加强党的全面领导，坚持稳中求进工作总基调，坚持新发展理念，紧扣我国社会主要矛盾变化，按照高质量发展的要求，统筹推进“五位一体”总体布局和协调推进“四个全面”战略布局，坚持以供给侧结构性改革为主线，按照党中央、国务院决策部署和加快建立现代财政制度、全面实施绩效管理的要求，扎实有序推进政府购买服务第三方绩效评价工作，不断提高规范化、制度化管理水平，逐步扩大绩效评价项目覆盖面，着力提升财政资金效益和政府公共服务管理水平。

（二）基本原则。一是坚持问题导向。针对当前政府购买服务存在的问题，准确把握公共服务需求，创新财政支持方式，加快转变政府职能，将第三方绩效评价作为推动政府购买服务改革的重要措施。二是坚持分类实施。结合开展政府购买服务指导性目录编制工作，进一步研究细化项目分类，探索创新评价路径。三是坚持统筹协调。按照全面实施绩效管理和推广政府购买服务的要求，加强政府购买服务第三方绩效评价与事业单位分类改革、行业协会商会脱钩改革等之间的衔接，形成合力，统筹考虑各地区、领域和部门的实际情况，提高评价实效。四是坚持公开透明。遵循公开、公平、公正原则，鼓励竞争择优，注重规范操作，充分发挥第三方评价机构的专业优势，确保评价结果客观、公正、可信。

二、工作内容

（一）明确相关主体责任。各级财政部门负责政府购买服务第三方绩效评价制度建设和业务指导，必要时可直接组织第三方机构开展绩效评价工作；购买主体负责承担第三方机构开展绩效评价的具体组织工作；第三方机构依法依规开展绩效评价工作，并对评价结果真实性负责；承接主体应当配合开展绩效评价工作。

（二）确定绩效评价范围。受益对象为社会公众的政府购买公共服务项目，应当积极引入第三方机构开展绩效评价工作，就购买服务行为的经济性、规范性、效率性、公平性开展评价。各地区、各部门可以结合自身实际，具体确定重点领域、重点项目，并逐步扩大范围。

（三）择优确定评价机构。严格按照政府购买服务相关规定，择优选择具备条件的研究机构、高校、中介机构等第三方机构开展评价工作，确保评价工作的专业性、独立性、权威性。探索完善培育第三方机构的政策措施，引导第三方机构提高服务能力和管理水平。结合政务信息系统整合共享，充分利用现有第三方机构库组织开展评价工作。

（四）建立健全指标体系。编制预算时应同步合理设定政府购买服务绩效目标及相应指标，作为开展政府购买服务绩效评价的依据。指标体系要能够客观评价服务提供状况和服务对象、相关群体以及购买主体等方面满意情况，特别是对服务对象满意度指标应当赋予较大权重。

（五）规范开展评价工作。将绩效管理贯穿政府购买服务全过程，推动绩效目标管理、绩效运行监控和绩效评价实施管理相结合，根据行业领域特点，因地制宜、规范有序确定相应的评价手段、评价方法和评价路径，明确第三方机构评价期限、权利义务、违约责任、结项验收、合同兑现等事项。

（六）重视评价结果应用。财政部门直接组织开展第三方绩效评价的，应及时向购买主体和承接主体反馈绩效评价结果，提出整改要求，并将评价结果作为以后年度预算安排的重要依据。购买主体组织开展第三方绩效评价的，应及时向承接主体反馈绩效评价结果，探索将评价结果与合同资金支付挂钩，并作为以后年度选择承接主体的重要参考。

（七）做好评价经费管理。财政部门和购买主体要做好评价成本核算工作，合理测算评价经费。允许根据项目特点选择预算安排方式，对于一般项目，评价费用在购买服务支出预算中安排；对于重大项目或多个项目一并开展评价工作的，可以单独安排预算。

（八）加强信息公开和监督管理。财政部门和购买主体要做好信息公开工作，及时充分地将评价机构、评价标准、评价结果等内容向社会公开，自觉接受社会监督；加强评价机构信用信息的记录、使用和管理，将第三方评价机构的信用信息纳入共享平台，对于失信评价机构依法依规限制参与承接评价工作；对评价工作应实行全过程监督，及时处理投诉举报，严肃查处暗箱操作、利益输送、弄虚作假等违法违规行为，依法依规对违规评价机构进行处罚。

三、工作要求

（一）坚持试点先行。为积极稳妥推进政府购买服务第三方绩效评价工作，财政部将于2018—2019年组织部分省市开展试点，通过试点完善政府购买服务绩效指标体系，探索创新评价形式、评价方法、评价路径，稳步推广第三方绩效评价。综合考虑地方经济社会发展及评价工作开展情况等因素，选取天津市、山西省、吉林省、上海市、江苏省、浙江省、河南省、四川省、贵州省、深圳市等10个省、直辖市、计划单列市开展试点。

（二）加强组织领导。试点地区财政部门要切实加强对政府购买服务第三方绩效评价工作的组织领导，统筹规划、统一部署，理顺工作机制，制定试点工作方案，明确工作目标和具体措施，科学设置政府购买服务绩效指标体系，为开展评价工作提供制度保障；要结合本地实际，优先选择与人民群众生活密切相关、资金量较大、社会关注度高的公共服务项目开展试点，并定期将评价结果向同级审计部门通报。试点地区要认真总结试点经验，完善评价制度，每年年底前向财政部报送试点情况。

（三）做好宣传解读。试点地区要加强政策宣传，全面解读相关政策要求，引导有关方面充分认识开展政府购买服务第三方绩效评价工作的重要意义，广泛调动社会力量参与的积极性主动性，为开展第三方绩效评价工作创造良好氛围。

财政部

2018年7月30日

主要参考文献

[1] 郑晓燕. 中国公共服务供给主体多元发展研究[M]. 上海：上海人民出版社，2012.

[2] 莱昂·狄骥. 公法的变迁：法律与国家[M]. 郑戈，冷静译. 沈阳：辽海出版社、春风文艺出版社，1999.

[3] 马庆钰. 关于"公共服务"的解读[J]. 中国行政管理，2005(2)：79.

[4] 陈昌盛，蔡跃洲. 中国公共服务综合评估报告(摘要)[N]. 中国经济时报，2007.

[5] 王锋，陶学荣. 政府公共服务职能的界定、问题分析及对策[J]. 甘肃社会科学，2005(4)：1.

[6] 蔡乐渭. 公共服务的发展与行政法的新任务[J]. 中国行政管理，2008(6)：25－28.

[7] 马庆钰. 公共服务的几个基本理论问题[J]. 中共中央党校学报，2005(2)：58－64.

[8] 李善峰. 山东社会蓝皮书2010年：城乡公共服务体系建设[M]. 济南：山东人民出版社，2010.

[9] 刘昆. 贯彻落实三中全会精神大力推广政府购买服务[J]. 中国社会组织，2014(4).

[10] 马英娟. 公共服务：概念溯源与标准厘定[J]. 河北大学学报(哲学社会科学版)，2012(2)：77.

[11] 王海龙. 公共服务的分类框架：反思与重构[J]. 东南学术，2008(6)：48－58.

[12] E. S. 萨瓦斯. 民营化与公私部门的伙伴关系[M]. 周志思，等译. 北京：中国人民大学出版社，2003.

[13] 李慷. 关于上海市探索政府购买服务的调查与思考[J]. 中国民政杂志，2001(6)：23－25.

[14] 虞维华. 政府购买公共服务对非营利组织的冲击分析[J]. 中共南京市委党校南京市行政学院学报，2006(4)：46－51.

[15] 顾平安. 推进政府公共服务的合同制管理[J]. 理论前沿，2008(18)：25－26.

[16] 闫海，张天金. 政府购买公共服务的法律规制[J]. 唯实，2010(6)：68－72.
[17] 王浦劬，莱斯特·萨拉蒙. 政府向社会组织购买公共服务研究：中国与全球经验分析[M]. 北京：北京大学出版社，2010.
[18] 杨灿明，李景友. 政府采购问题研究[M]. 北京：经济科学出版社，2004.
[19] 章辉. 扩大服务类政府采购路径分析[J]. 财政研究，2013(4)：51－54.
[20] 珍妮特·登哈特，罗伯特·登哈特. 新公共服务：服务，而不是掌舵[M]. 丁煌译. 北京：中国人民大学出版社，2004.
[21] 许燕. 国外政府购买公共服务范围及特点比较分析[J]. 价格理论与实践，2015(2)：111.
[22] 唐纳德·凯特尔. 权力共享：公共治理与私人市场[M]. 孙迎春译. 北京：北京大学出版社，2009.
[23] 何海兵，刘易. 从包办到购买：政府公共服务供给模式的转变——以上海市五里桥社区为例[C]. 2010 年中国社会学年——社会建设的理论与实践：本土化的探索，2010.
[24] 杨宝，王兵. 政府购买公共服务模式的中外比较及启示[J]. 甘肃理论学刊，2011(1)：142.
[25] 贺巧知. 政府购买公共服务研究，财政部财政科学研究所，2011.
[26] 杨桦，刘权. 政府公共服务外包：价值、风险及其法律规制[J]. 学术研究，2011(4)：56－57.
[27] 欧莉萍. 地方政府购买公共服务研究[D]. 长沙：湖南大学，2012.
[28] 丁煊. 政府的职责："服务"而非"掌舵"——《新公共服务：服务，而不是掌舵》评价[J]. 中国人民大学学报，2004(6)：151－152.
[29] 黄薇. 新公共服务：理论认可及其现实困境[J]. 中共郑州市委党校学报，2007(1)：61－62.
[30] 王枫云. 从新公共管理到新公共服务——西方公共行政理论的最新发展[J]. 行政论坛，2006(1)91－93.
[31] 全球治理委员会. 我们的全球伙伴关系[M]. 牛津：牛津大学出版社，1995.
[32] 黄珊. 国外大都市区治理模式[M]. 南京：东南大学出版社，2003.
[33] 格里·斯托克，华夏风. 作为理论的治理：五个论点[J]. 国际社会科学杂志(中文版)，1999(2)：19－30.
[34] 毛寿龙，李梅. 西方政府的治道变革[M]. 北京：中国人民大学出版社，1998.
[35] 俞可平. 全球治理引论[J]. 马克思主义与现实，2002(1)：20－32.
[36] 罗月领. 城市治理创新研究[M]. 北京：清华大学出版社，2014.
[37] 杰瑞·斯托克，楼苏萍，郁建兴. 地方治理研究：范式、理论与启示[J]. 浙江大学学报(人文社会科学版)，2007(2)：5－15.

[38] 欧文·E.休斯.公共管理导论[M].张成福,马子博译.北京:中国人民大学出版社,2001.
[39] 金太军."新公共管理":当代西方公共行政的新趋势[J].国外社会科学,1997(5):21.
[40] 戴维·奥斯本,特德·盖布勒.改革政府:企业家精神如何改革着公营部门[M].周敦仁译.上海:上海译文出版社,1996.
[41] 蒂文·科恩,罗纳德·布兰德.政府全面质量管理实践指南[M].孔宪遂译.北京:中国人民大学出版社,2002.
[42] 莱斯特·M.萨拉蒙.公共服务中的伙伴——现代福利国家中政府与非营利组织的关系[M].田凯译.北京:商务印书馆,2008.
[43] 邱晶.北京市政府向社会链织购买公共服务研究[D].北京:首都经济贸易大学,2012.
[44] 竺乾威.从新公共管理到整体性治理[J].中国行政管理,2008(10):52—58.
[45] 曾凡军.从竞争治理迈向整体治理[J].学术论坛,2009(9):82—86.
[46] 曾凡军,韦彬.后公共治理理论:作为一种新趋向的整体性治理[J].天津行政学院学报,2010(2):59—64.
[47] 彭锦鹏.全观型治理:理论与制度化策略[J].政治科学论丛(台湾),2005(23):61—100.
[48] 马骏,叶娟丽.西方公共行政学理论前沿[M].北京:中国社会科学出版社,2004.
[49] 刘有贵,蒋年云.委托代理理论述评[J].学术界,2006(1):69—78.
[50] 刘东,徐忠爱.关系型契约特殊类别:超市场契约[J].经济理论与经济管理,2004(9):54—59.
[51] 张喆,贾明,万迪防.不完全契约及关系契约视角下的PPP最优控制权配置探讨[J].外国经济与管理,2007(8):24—29.
[52] 马骏,叶娟丽.西方公共行政学理论前沿[M].北京:中国社会科学出版社,2004.
[53] 赵慧云.合同制治理视角下的社区卫生服务政府购买研究:以长沙市A区为例[D].长沙:中南大学,2011.
[54] 魏中龙.政府购买服务的运作与效率评估研究[M].武汉:武汉理工大学出版社,2000.
[55] 魏中龙.政府购买服务的理论与实践研究[M].北京:中国人民大学出版社,2014.
[56] 许光建,吴茵.政府购买公共服务国际经验比较与借鉴[J].人民论坛,2013(32):24—25.
[57] 撒拉蒙,王浦劬.政府向社会组织购买公共服务研究:中国与全球经济分析[M].北京:北京大学出版社,2010.
[58] 玛丽莲·泰勒.政府第三部门和契约文化:迄今为止的英国经验[M].克鲁维尔,2014.

[59] 张建伟.西方国家政府购买公共服务对我国的启示[J].东方企业文化,2010(11):260—261.
[60] 李一宁,金世斌.推进政府购买公共服务的路径选择[J].中国行政管理,2015(2):95.
[61] 财政部机关党校第60期进修班.健全完善政府购买服务管理体制研究[J].中国财政,2014(8):45.
[62] 麻富根.政府购买公共服务的国际经验与启示[J].中国政府采购,2014(5):27.
[63] 王洋.发达国家政府购买公共服务的经验及启示[J].辽宁经济,2013(23):8.
[64] 周宝砚,吕外.英国政府购买公共服务特点及其启示[J].中国政府采购,2014(12):19.
[65] 朱晓红.西方政府购买基本医疗服务的风险管理及其启示[J].中南林业科技大学学报(社会科学版),2013(7).
[66] 孙辉.城市公共物品供给中的政府与第三部门合作——以上海市社区矫正为例[M].上海:同济大学出版社,2010.
[67] 贾西,津苏明.中国政府购买公共服务研究终期报告[EB/OL].http://www.docin.com/p—69911928.html.
[68] 刘军民.英国政府采购制度考察[J].财经,2012(28):19.
[69] 周学荣.英国公共服务改革及其启示[J].国家行政学院学报,2010(6):34—39.
[70] 张建伟.西方国家政府购买公共服务对我国的启示[J].东方企业文化,2010(16):260—261.
[71] 句华.公共服务合同外包的适用范围:理论与实践的反差[J].中国行政管理,2010(4):51.
[72] 摩雨果.公私合作制(PPPs)中的政府角色分析[J].甘肃行政学院学报,2006(3):4.
[73] 陈如男.特许经营反垄断问题研究,江苏省法学会经济法学研究会.
[74] 张可心.特许经营合同法律风险控制研究以服装公司特许经营合同为视角[J].行政管理,2011(6):3.
[75] 袁屹.公共服务市场化探析——国际经验与中国对策[D].武汉:华中师范大学,2004.
[76] 杨欣.公共服务合同外包中的政府责任研究[M].北京:光明日报出版社,2012.
[77] 詹中原.民营化政纪:公共行政理论与实务之分析[M].台北:五南图书出版公司,1993.
[78] 吕孝礼.德国非营利组织参与提供公共服务的经验和启示[J].中国行政管理,2016(10):140—144.
[79] 龚志兴.德国公共服务的管理与改革[EB/OL][2010—06—08].http://www.

chinareform. org. cn/gov/gov — ernance/Experience/201006/120100609 _ 25417. html.
[80] 瑞典考察团. 德国、瑞典政府向社会组织购买服务情况考察报告[J]. 中国社会组织,2013(11):27—30.
[81] 陈熙. 公私合作伙伴关系下公共项目融资的研究[D]. 南京:东南大学,2010.
[82] 财政部机关党校第 60 期进修班. 健全完善政府购买服务管理体制研究[J]. 中国财政,2014(11):45.
[83] 饶博. "政府购买服务"调查[EB/OL][2013—07—08]. http://jx. offcn. com /html/2013/07 /17886_ 5. html.
[84] 殷瑞锋. 德国公共服务供给与监管的经验与启示[EB/OL][2010—06—08]. http://www. chinareform. org. cn/gov/governance/Experience/201006/t20100609_ 25417. html .
[85] 龚志兴. 德国公共服务的管理与改革[J]. 社会主义论坛,2011(2):5.
[86] 陈天祥. 建立科学的政府购买公共服务机制[J]. 人民论坛(中旬刊),2013(32):16—18.
[87] 刘石磊. 德国:公民可对公共服务打分[J]. 中国社会组织,2014(2):49.
[88] 王德讯. 日本规制改革评析[J]. 亚非纵横,2008:56—62.
[89] 植草益. 微观规制经济学[M]. 北京:中国发展出版社,1992.
[90] 韩丽荣,盛金,高瑜彬. 日本政府购买公共服务制度评析[J]. 行政科学论坛,2013(2):188.
[91] 莱斯特·萨拉蒙. 全球公民社会——非营利部门视界[M]. 贾西律,等 译. 北京:社会科学文献出版社,2002.
[92] 王婷. 日本政府如何向民间购买公共服务[J]. 中国经济周刊,2013(34).
[93] 李秀峰. 韩国金大中政府行政改革的成效及特点分析[J]. 太平洋学报,2006(8).
[94] 李圭成. 财政经济部长官访谈录[J]. 新东亚,1998(5).
[95] 公共改革白皮书. 韩国企划预算处 2003.
[96] 施雪华,孙发锋. 中韩服务型政府建设比较研究[J]. 学习与探所,2011(4).
[97] 梁时娟,张子龙,王守清. 中、英、日、韩 PPP 模式的政府管理比较研究[J]. 项目管理技术,2013(5).
[98] 陈雅忆. 论行政任务委托民间办理——以法国公共服务委托契约为中心[D]. 台北:台北大学,2004.
[99] 苏财源. 行政机关业务委托民间办理成功因素之研究——以高雄市政府建设局屠宰场业务委外之个案分析[D]. 高雄:(台湾)中山大学,2003.
[100] 姜晓萍,吴菁. 国内外基本公共服务均等化研究述评[J]. 上海行政学院学报,2012(5):4—16.

[101] 姜清舫,陈方正.风险度量原理[M].上海:同济大学出版社,2000.
[102] 何文炯.风险管理[M].大连:东北财经大学出版社,1999.
[103] 世界银行.2000/2001年世界发展报告:与贫困做斗争[M].本报告翻译组译.北京:中国财政经济出版社,2001.
[104] 罗观翠,王军.政府购买服务的香港经验和内地发展探讨[J].学习与实践,2008(9):125—130.
[105] 王名,乐园.中国民间组织参与公共服务购买的模式分析[J].中共浙江省委党校学报,2008(4):5—13.
[106] 张文礼,吴光芸.论服务型政府与公共服务的有效供给[J].兰州大学学报(社会科学版),2007(3):96—102.
[107] 詹国彬.政府购买公共服务的风险及其防范对策[J].宁波大学学报(人文科学版),2014(6):72—79.
[108] 沈建明.项目风险管理[M].北京:机械工业出版社,2003.
[109] 郭捷.项目风险管理[M].北京:国防工业出版社,2007.
[110] 闫琨,黎涓.虚拟企业风险管理中模糊综合评判法的应用[J].工业工程,2004(3):40—43.
[111] 李辉,徐霞.基于熵值权的PPP项目风险的模糊综合评价方法研究[J].商业现代化,2008(528):163—164.
[112] 陈波,李远富.模糊综合评判法在PPP项目风险评价中的应用[J].交通科技与经济,2008(10):119—121.
[113] 俞可平.治理与善治[M].北京:社会科学文献出版社,2008.
[114] 刘新立.风险管理[M].北京:北京大学出版社,2002.
[115] 陈勇强.项目采购管理[M].北京:机械工程出版社,2006.
[116] 罗建钢.委托代理——国有资产管理创新[M].北京:中国财政经济出版社,2004.
[117] 任金秋,曹淑芹,蔡永亮.服务型政府导向下的政府绩效评估[J].中国行政管理,2010(2).
[118] 王欢明,诸大建等.基于效率、回应性、公平的公共服务绩效评估——以上海市公共汽车交通的服务绩效为例[J].软科学,2010(7).
[119] 卓越,徐国冲.绩效标准:政府绩效管理的新工具[J].中国行政管理,2010(4).
[120] 邓国胜.非营利组织“APC”评估理论[J].中国行政管理,2004(10).
[121] 黄春蕾等.政府购买公共服务绩效评估研究述评[J].山东行政学院学报,2013(6).
[122] 陈振明.公共服务绩效评价的指标体系建构与应用分析——基于厦门市的实证研究[J].理论探讨,2009(5).
[123] 蔡立辉.政府绩效评估:现状与发展前景[J].中山大学学报(社会科学版),2007(5).

[124] 周志忍.政府绩效评估中的公民参与:我国的实践历程与前景[J].中国行政管理,2008(1).

[125] 王春婷.政府与买公共服务绩效及其影响因素的实证研究——基于深圳市与南京市的调查分析[D].华中师范大学,2012.

[126] 彭国甫.基于DEA模型的地方政府公共事业管理有效性评价——对湖南省11个地级州市政府的实证分析[J].中国软科学,2005(8).

[127] 贺先国.国外政府购买公共服务的法治经验与启示[J].企业导报,2015(24):100－101.

[128] 周正.发达国家的政府购买公共服务及其借鉴与启示[J].西部财会,2008(5):15－20.

[129] 李中英,李军.政府购买公共服务的国际经验借鉴[J].浙江经济,2013(10):68－70.

[130] 许燕.国外政府购买公共服务范围及特点比较分析[J].价格理论与实践,2015(2):109－112.

[131] 句华.公共服务合同外包的使用范围:理论与实践的反差[J].中国行政管理,2010(4):38－40.

[132] 姜禾.国外政府购买社会组织服务的经验与启示[J].学理论,2015(2):40－42.

[133] 齐海丽.我国政府购买公共服务的研究综述[J].四川行政学院学报,2012(1):25－28.

[134] 陈霞.政府购买公共服务的国际经验借鉴与思考[J].中国政府采购,2013(9):56－58.

[135] 王玉明.国外政府绩效评估模型的比较与借鉴[J].四川行政学院学报,2006(6):37－40.

[136] 姜爱华.政府购买公共服务绩效及影响因素文献述评[J].中国行政管理,2016(5):38－42.

[137] 曹现强.当代英国公共服务改革研究[D].济南:山东大学,2007.

[138] B. Guy Peters. The future of governing: four emerging models. University Press of Kansas. 1996: 25.

[139] Karla W. Simon. Civil society in China[M]. Oxford University Press, 2012: 22－23.

[140] Paul Anthony Samuelson. The pure theory of public expenditure[J]. Review Of Economics and Statistics, 1954 (36):387 －389.

[141] James M. Buchana. An Economic Theory of Clubs[J]. Economics, 1965 (32): 1－14.

[142] Vinzant Janet. Where Values Collide : Motivation and Role Confliction Child and Adult Protective Services [J]. American Review of Public Administration, 1998 (4) :347－366

[143] Rhodes R. A. W. Understanding Governance; Policy Networks, Governance, Reflexivity and Accountability [M]. Buckingham: Oxford University Press: 1997:46－60.

[144] Kooiman J. Modern Governance: New Government—Society interactions [M]. London :SAGE Publications, 1993:12.

[145] Lester M. Salamon. The Tools of Government:A Guide to the New Governance [M]. Oxford: Oxford University Press, 2002:38.

[146] Osborne, Gaebler T. Reinventing Government: How the Entrepreneurial Spirit is Transforming the Public Sector Form the Schoolhouse to Statehouse [M]. Mass: Addison—Wesley. 1992:5.

[147] Patrick Dunleavy. Digital Era Governance: IT Corporations, the State, and E—Government. Oxford University Press, 2006:227—237.

[148] Hansmann H. B. The role of nonprofit enterprise [J]. The Yale law journal, 1980,89(5):835—901.

[149] Fernandez S. Understanding contacting performance an empirical analysis[J]. Administration& Society,2009(1):67—100.

[150] Akerlof G. A. The market for "lemons": quality uncertainty and the market mechanism[J]. The quarterly journal of economics,1970:488—500.

[151] Sappington DEM. Incentives in principal—agent relationships[J]. The Journal of Economic Perspectives, 1991(6):45—66.

[152] Gazley B. Beyond the contract: The scope and nature of informal government—nonprofit partnerships [J]. Public Administration Review, 2008, 68(1): 141—154.

[153] Salamon Lester M. Of market failure, voluntary failure, and third— party government: Toward a theory of government — nonprofit relations in the modem welfare state [J]. Nonprofit and Voluntary Sector Quarterly, 1987(1—2): 29—49.

[154] Sundquist J. L. Privatization : No panacea for what ails government[C]. Public — Private Partnership: New Opportunities— for Meeting Social Needs. Cambridge: Ballinger Books,1984:303—318.

[155] DeHoog R. H. Competition, negotiation, or cooperation: three models for Service contracting[J]. Administration& Society,1990,22(3):317—340.

[156] Johnston J. M. , Romzek B S. Contracting and accountability in state Medicaid reform: Rhetoric, theories, and reality[J]. Public Administration Review, 1999: 383—399.

[157] Lamothe M. , Lamothe S. Beyond the search for competition in social contracting procurement, consolidation, and accountability[J]. The American Review of Public Administration,2009,39(2):164—188.

[158] Baker G. , Gibbons R. Murphy K. J. Relational contracts and the theory of the firm[J]. The Quarterly Journal of Economics,2002(1):39—84.

[159] Ray D. The time structure of self—enforcing agreements[J]. Econometrics, 2002(2):547—582.

[160] Karla Simon. Government politics and guidelines of England[J]. Country(Region) Studies,2013(12):37—39.

[161] BOWMAN. The great train robbery: Rail privatization and after[EB/OL]. http:// www. cresc. ac. uk/sites/default/files/GTR% 20Report% 20final% 205% 20June% 202013. pdf,2014—03—05.

[162] APSE. The value of returning local authority services in— house in an era of budget constraints [EB/OL] . http: //www. unison, org. uk, 2014 — 04 — 15.

[163] Lucas. Privatizing the railways was a disaster[N]. The Guardian, 2013(5).

[164] Wistrich E. Contracting in the public services: the case of transport in the UK [J]. New Public Management EGPA, 1997 (6): 32.

[165] Marion J. G. Costs and benefits of affirmative action in California government contracting[J]. Executive Summary, 2005 (5) : 60 — 68.

[166] Warner M. E. ,AmirHafez. Privatization and the market structuring role of local government [J]. Economic Policy Institute, 2001 (17): 112.

[167] Savas E. S. Privatization and Public — Private Partnerships[M]. New York: Chatham House Publishers, 2000 : 73—76.

[168] James I. Buchanan. An economic theory of clubs [J]. Economics, 2007 (32): 1—14.

[169] Fred S. Machesney. Rent extraction and rent creation in the economic theory of re-gulation[J]. Journal of Legal Studies, 1987, 16 (1): 78 —84.

[170] J. D. Donahue. The privation decision: Public ends,private means[M]. New York : Basic Book, 1989: 138.

[171] Paul C. S. L. , Angus W. L. Public sector purchasing of health services: A comparison with private sector purchasing [J]. Journal of Purchasing and Supply Management, 2004,10 (6): 247.

[172] Kaase M and Newton K. What People except from the State: plus Ca Chang,in British European Social Attitudes, How Britain Differs, Ashgate, Aldershot,1998.

[173] Lawson N. The view form No. ll, London, Bantam, 1992.

[174] Littlechild S. Regulation of British Telecommunications Profitability, London,

HMSO,1983.

[175] Steve Martin, Implementing Best Value: Local Public Service in Transition, Public Administration, 78(1).

[176] Melvin M Brodsky. Public－service employmentprograms in selected OECD countries,Monthly Labor Review; MLR; Washington Oct 2000.

[177] Morley. Strategic direction in the British public service Long Range Planning, Jun 1993.

[178] http://europa. eu. int/comm/employment_social/employment_strtegy/nap_2004. Produced by Department for Work and Pensions, September 2004.

[179] Jones G. Incentivizing service contracts: methodology and recommendations, Euro-pean Journal of Purchasing&Supply Management Dec 1997.

[180] Institute of Government－Building government's commercial capability,2006.

[181] Roblyn Simeon. Evaluating The Strategic Implications Of Japanese IT Offshore Outsourcing In China And India. International Journal of Management Information Systems, Third Quarter 2010.

后　记

《中共中央 国务院关于全面实施预算绩效管理的意见》发布以来的三年多时间里，各级政府各部门都在积极推进相关工作，在不断取得成果的同时，也面临着新形势下的各种新要求、新问题。总的来说，全面实施预算绩效管理正处在一个关键时期。在这个关键期里，过去的许多经验需要梳理，面临的许多问题需要回答，当下的最新要求需要分析，将来的发展形势需要研判。

上海闻政管理咨询有限公司（以下简称“闻政”）基于长期研究积累和过往经验，将这三年多来的工作进行系统性梳理总结，并尝试对学界和业界关心的一系列问题给出一些答案，为让更多的人能读懂全面实施预算绩效管理这部“巨著”贡献自己的力量。为此，我们在 2019 年出版的《全面实施预算绩效管理系列丛书》的基础上进行了修订和再版，形成了呈现在读者面前的这套全新的《全面实施预算绩效管理系列丛书》(修订版)。

作为上海财经大学等国内多个高校的“产学研”基地，闻政始终坚持以绩效为核心，以“驱动绩效 定义未来 给力政府”为己任。在多年的发展和实践中，闻政以苛求专业的精神、求真务实的作风积极为各级政府部门、业内第三方机构等提供专业的全方位绩效管理服务，是一家集“预算绩效管理研究、政府绩效咨询、绩效信息化产品开发与服务、绩效大数据建设与应用、政府绩效管理培训”于一体的智库型企业，并不断深入开展关于政府治理能力现代化大数据决策应用体系的研发构建。

本套修订版丛书由闻政团队结合实践经验和研究成果精心打磨、淬炼而成。其中，《全面实施预算绩效管理专业基础（第二版）》和《全面实施预算绩效管理实践指导（第二版）》由 2019 年版《全面实施预算绩效管理系列丛书》修订而成，内容上更加细致全面；《全面实施预算绩效管理案例解读（2021）》根据闻政近三年的实际案例全新编撰。此外，闻政团队还基于2017年财政部与共建高校联合研究课题“关于政府购买服务第三方绩效评价机制研究”上海财经大学研究成果编著了《政府购买服务绩效评价：理论、实践与技术》，基于2019年财政部部省共建联合研究委托课题“政府债务预算绩效管理研究”中国国债协会和上海财经大学联合研究成果编著了《政府债务预算绩效管理路径探索：基于代际公平和投融资机制的视角》，两本新书提供了实现预算绩效管理全覆盖的典型范例，是对当前预算绩效管理新要求的一种回应。

丛书由刘国永担任主编，李文思、王萌担任副主编。丛书编委由孙晓霞、王华巍、姜蓉、张林、罗杰、王文才、何文盛、马蔡琛、华清君、李宜祥、俞红梅、任晓辉、彭锻炼、汤泉、刘敏、信俊汝、吴晶、夏和飞组成。具体来说，《全面实施预算绩效管理专业基础（第二版）》和《全面实施预算绩效管理实践指导（第二版）》由刘国永、李文思、王萌主导编撰；最新分册《全面实施预算绩效管理案例解读（2021）》由信俊汝、朱文、王春影、梁园园撰写；《政府购买服务绩效评价：理论、实践与技术》由熊羽、罗杰、刘敏撰写；《政府债务预算绩效管理路径探索：基于代际公平和投融资机制的视角》由孙晓霞、黄超、刘敏编撰。丛书再编过程中还参考、借鉴了国内外有关专家学者的最新研究成果。借此致敬前人的智慧，同时也对成书过程中给予关怀和支持的社会各界、领导同志、绩效同仁及读者表示深深的感谢。

本书作者熊羽，上海闻政管理咨询有限公司研究员，经济师，预算绩效管理研究方向涉及教育、卫生、农业等领域，曾参与过财政部政府购买服务绩效评价的课题研究、机制建立、规范设计等工作。本书作者罗杰，上海公共绩效评价行业协会特邀绩效专家，注册会计师、注册税务师、经济师，从事政府财税管理工作30年，有10余年预算绩效管理和实践经历，负责参与拟定“上海市全面实施预算绩效管理实施意见”和《关于进一步支持和规范本市社会组织承接政府购买服务工作的通知》等相关财政管理制度建设工作，政策和实践结合度较高。本书作者刘敏，上海闻政管理咨询有限公司高级研究员，经济师，研究领域涉及基础教育和高等教育的预算绩效管理，参与过政府购买服务绩效评价相关课题研究和咨询服务工作。三位作者在政府购买服务绩效评价相关领域均有相应的建树。

本着“孜孜以求，不断探索”的精神，闻政深知绩效之路深远绵长，唯以匠人之心继往开来，敢于在实践中求证，方能近道。今后，闻政还将继续全方位多触角发力，陆续推出关于基层政府预算绩效管理改革，教育、公交、国企等行业绩效管理探索，以及地方实践模式创新等领域的更多成果，旨在为绩效行业发展献上自己的智慧果实，让绩效管理更专业、更科学，从而为政府的科学决策提供有力支持。

编者
2021年12月